江苏高校优势学科建设工程三期项目
教育部人文社会科学研究规划基金项目（14YJA790073）

高技术服务业发展水平测度与效率评价研究

——基于区域、行业、企业多个层面的视角

姚正海◎著

中国财经出版传媒集团
中国财政经济出版社

图书在版编目（CIP）数据

高技术服务业发展水平测度与效率评价研究：基于区域、行业、企业多个层面的视角 / 姚正海著. -- 北京：中国财政经济出版社，2022.3

ISBN 978-7-5223-1100-5

Ⅰ. ①高… Ⅱ. ①姚… Ⅲ. ①高技术产业－服务业－研究－中国 Ⅳ. ①F269.2

中国版本图书馆 CIP 数据核字（2022）第 018083 号

责任编辑：彭　波　　　　责任印制：史大鹏

封面设计：孙俪铭　　　　责任校对：胡永立

中国财政经济出版社 出版

URL：http：//www.cfeph.cn

E-mail：cfeph@cfeph.cn

社址：北京市海淀区阜成路甲 28 号　邮政编码：100142

营销中心电话：010-88191522

天猫网店：中国财政经济出版社旗舰店

网址：https：//zgczjjcbs.tmall.com

北京财经印刷厂印刷　各地新华书店经销

成品尺寸：170mm×240mm　16 开　20.75 印张　310 000 字

2022 年 3 月第 1 版　2022 年 3 月北京第 1 次印刷

定价：88.00 元

ISBN 978-7-5223-1100-5

（图书出现印装问题，本社负责调换，电话：010-88190548）

本社质量投诉电话：010-88190744

打击盗版举报热线：010-88191661　QQ：2242791300

本专著获得

“江苏高校优势学科建设工程三期项目”资助

“教育部人文社会科学研究规划基金项目（14YJA790073）”资助

前 言

高技术服务业是现代服务业中增长最快、最具发展潜力的产业，代表着服务业优化升级的最新方向，其具有高增值、低消耗、高技术和集聚性强等特点，同时具有大大高于传统产业的乘数效应，能够支撑和带动社会经济的发展。作为高技术产业与现代服务业有机结合的高技术服务业正逐步成为区域经济增长的重要引擎。

虽然近年来我国高技术服务业取得了快速的发展，但与国外发达国家相比还比较落后，并且存在总量不足、效率水平有待提升和明显的区域发展不平衡现象。探讨高技术服务业发展的动因、成长规律和培育政策，科学测度我国高技术服务业的发展水平，基于多个层面进行我国高技术服务业效率评价与影响因素分析，不仅是理论界需要解决的问题，而且是探索加速现代服务业发展实现经济发展方式转型升级的现实需要。

本书综合运用管理经济学、数量经济学、科技政策学等理论和方法，结合我国经济发展的特点和高技术服务业的实际状况，采用规范研究和实证研究相结合、定性分析和定量分析相结合的方法，较为全面地进行了高技术服务业发展水平测度与效率评价问题研究。

本书研究主要集中于以下几个方面。

（1）高技术服务业基本理论研究。在明确高技术服务业内涵和相关概念区别的基础上，提炼该产业的特征，论述了高技术服务业发展的理论基础、成长规律和演化动力机制。

（2）高技术服务业发展现状分析与水平测度研究。客观分析了我国高技术服务业的发展现状，定量分析了高技术服务业推动国民经济增长的贡献。近年来我国高技术服务业增加值呈现不断增长的趋势，其在国内生产总值中所占比重从3.75%增加到5.15%，但总体而言比重仍然偏低。科学构建测度高技术服务业发展水平的指标体系，运用熵值法和变异系数法确定权重，定量测度了我国典型区域的高技术服务业发展水平，结果表明，我国高技术服务业发展总体水平明显提升，但仍具有较大发展空间；各区域之间的高技术服务业综合发展水平、子系统发展水平与增长速度差异较大。

（3）我国高技术服务业效率评价研究。本书分别从区域层面、行业层面、企业层面多个维度进行了我国高技术服务业的效率评价，剔除外部环境因素和随机误差的影响，进一步探寻影响效率的主要因素，分析其影响方向和程度。研究结论表明，我国多数省区市高技术服务业投入产出效率不高，逐年呈现下降趋势；高技术服务业行业投入产出效率不稳定；企业层面维度，我国高技术服务业上市公司效率值，第一阶段效率呈现时升时降、整体减少的趋势，技术对效率有着更明显的制约作用，第三阶段效率均值整体上逐年减少，企业规模相比技术对效率的制约作用更大。

（4）软件和信息技术服务业上市公司融资效率评价与影响因素分析研究。以专题的形式，鉴于融资活动的重要性，专门针对代表性行业——软件和信息技术服务业上市公司的融资效率与影响因素问题展开研究。

（5）我国高技术服务业发展的政策分析、环境评价与对策建议研究。基于内容分析法系统梳理我国促进高技术服务业发展的政策措施；客观评价其发展环境；系统梳理发达国家促进高技术服务业发展的经验；结合我国实际和行业特点，提出促进我国高技术服务业发展的对策建议。基于理论分析和实证研究的结论，促进我国高技术服务业发展的对策建议主要有：深化高技术服务业机制体制改革，强化配套制度建设；加强政府扶持力度，优化高技术服务业发展政策；完善知识产权保护管理制度，构建高技术服务业科学评价体系；建立产业联盟，促进高技术服务业集聚化发展；加大研发创新投入力度，提升高技术服务业创新效率水平；拓展高技术服务业分工的深度和广度，促进产业协同发展；完善财税金融优惠政策，优化高技术服务业成长环境；重视培养高技术服务业的人才队伍，构建人才高地；深化高技术服务业的对外合作，扩大开放力度；延伸核心产业链，创新高技术服务业新业态新模式。

本书是在本人主持的教育部人文社会科学研究规划基金项目（项目编号：14YJA790073）的部分研究成果的基础上修改和补充而完成的，并受到“江苏高校优势学科建设工程三期项目”的资助。

该书撰写过程中，张海燕博士、姚佩怡博士、李胜硕士生参与了部分章节的写作；我的硕士生胡明明、王艺、刘肖、姚苗苗、付一慧、陈露、王凯、王珊珊、莫晓雪等参与了文献收集与部分章节的写作，尤其是胡明明为“第五章代表性高技术服务业上市公司融资效率评价与影响因素研究——以软件和信息技术服务业为例”的辛勤付出。本书写作过程中，参考了部分文献，在此谨向所有的文献作者表示深深的感谢。由于本人学识有限，另外，研究高技术服务业相关资料有限，不足之处在所难免，欢迎各位专家和学者提出宝贵意见。

姚正海

2021 年 12 月

目　录

第一章

绪论

第一节 研究背景与研究意义

一、研究背景

（一）国际背景

自第二次世界大战以后，服务业在全世界范围内开始快速发展，是全球经济中最具增长性的产业，发挥着越来越大的影响作用，在国民经济中的地位日益提高。许多发达国家在20世纪60年代完成了“工业型经济形态”向“服务型经济形态”的转换，不仅出现服务业向制造业渗透和产业之间融合的现象，而且服务业自身的内部结构也发生很大变化。随着服务业发展日趋知识和技术的密集化，其正超越工业在国民经济中的地位，服务经济成为工业社会向信息社会过渡阶段的标志性经济结构。全球GDP规模、服务业占GDP比重、代表性国家服务业发展情况如表1-1、表1-2和图1-1所示。

从表1-1和图1-1可以看出，1998~2017年全球GDP呈现不断增长的趋势，服务业增加值在全球GDP中所占份额由1998年的59.93%增加到2017年的65.13%，2015~2017年均在65%左右，总体上来看，服务业的发展表现为稳步上升的态势。

表 1-1　　全球 GDP 规模与服务业占 GDP 比重情况

年份	全球 GDP 规模（2010 年美元为基准）（万亿美元）	服务业占全球 GDP 比重（%）
1998	46.34	59.93
1999	47.84	60.14
2000	49.94	60.18
2001	50.92	61.20
2002	52.03	61.74
2003	53.57	61.77
2004	55.93	61.37
2005	58.12	61.39
2006	60.67	61.32
2007	63.29	61.65
2008	64.47	61.97
2009	63.39	63.90
2010	66.11	63.22
2011	68.19	62.94
2012	69.91	63.45
2013	71.77	63.75
2014	73.81	64.03
2015	75.94	64.93
2016	77.90	65.43
2017	80.45	65.13

数据来源：WDI 数据库。

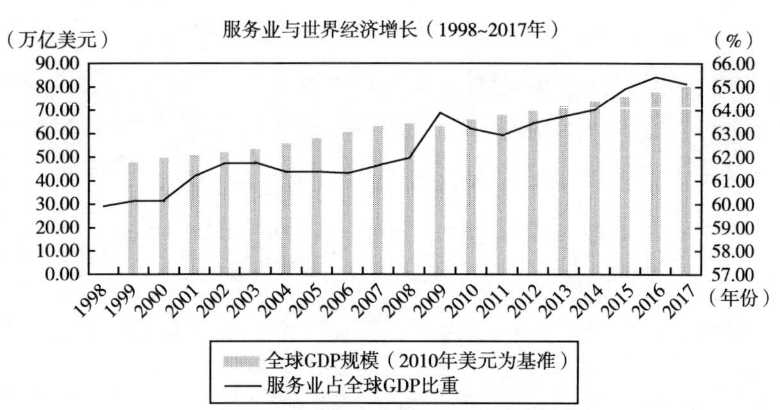

图 1-1　全球 GDP 规模与服务业占 GDP 比重趋势

表 1-2 2017 年 GDP 排名前 30 位国家服务业与制造业增加值占 GDP 百分比变化情况

单位:%

国家	制造业		服务业	
	2007 年	2017 年	2007 年	2017 年
美国	12.71	11.60（2016）	74.25	77.02（2016）
中国	32.37	29.34	42.86	51.63
日本	22.08	21.05（2016）	69.09	68.78（2016）
德国	21.09	20.66	61.76	61.9
法国	11.63	10.14	69.01	70.24
英国	9.06	9.2	70.16	70.07
印度	17.28	15.09	42.48	48.74
巴西	14.15	10.15	57.73	63.07
意大利	15.95	14.69	64.14	66.28
加拿大	12.25	9.78（2014）	62.87	64.65（2014）
俄罗斯	15.11	11.92	50.67	56.18
西班牙	13.48	13.06	61.1	66.44
澳大利亚	9.29	5.75	64.41	66.97
韩国	25.46	27.57	54.42	52.84
墨西哥	15.92	17.24	59.19	60.85
土耳其	16.82	17.56	54.64	53.37
印度尼西亚	27.05	20.16	39.48	43.63
荷兰	12.21	10.75	66.06	70.38
沙特阿拉伯	9.94	12.87	34.2	50.89
瑞士	19.65	18.15	69.16	71.19
波兰	16.51	17.59	55.3	56.1
瑞典	18.11	13.6	60.06	65.18
伊朗	12.91	11.99	47.61	54.35
比利时	15.1	12.54	66.15	68.83
挪威	8.28	6.56	50.33	56.77
尼日利亚	8.4	8.74	49.96	55.8
阿根廷	17.05	12.99	49.51	56.79
奥地利	18.15	16.51	60.32	62.79
南非	14.36	11.86	60.17	61.49
泰国	30.75	27.09	51.1	56.29

数据来源：WDI 数据库。

从表1-2中可见，2017年美国、英国等国服务业增加值占GDP的比重均超过70%，日本、比利时、巴西等国也超过了60%；同年，英国、法国、巴西、美国等国制造业占GDP的比重均小于20%。2007~2017年，虽然GDP的总额在增加，服务业增加值也在呈现较快速的增长趋势，但中国服务业增加值占比仅为51.63%。从世界范围来看，服务业已经成为拉动各国经济增长的重要力量和提升经济竞争力的关键，相比之下，我国服务业的绝对规模和在GDP中所占的比重则处于较低水平。

服务经济的发展虽然直接地表现为服务业总量的持续增长，但深层次却是技术进步导致的服务业内部结构的改变。高技术服务业是在经济全球化和进入知识经济时代背景下产生的，高新技术的出现，促使服务业发生了质的变化，产业价值链日益向服务环节延伸，高技术服务业顺应历史发展的潮流在全球范围内兴起。

（二）国内背景

高技术服务业是现代服务业中增长速度最快、最具发展潜力的产业，引领着服务业优化升级的最新趋势，其具有高增值、低消耗、高技术和集聚性强等特点，发挥着远远高于传统产业的乘数效应，能够支撑和带动社会经济的发展。作为高技术产业与现代服务业有机结合的高技术服务业正逐步成为区域经济增长的重要引擎，我国自2003年开始科技部科技型中小企业技术创新基金开始对高技术服务业项目进行试点，近年来高技术服务业呈现快速发展的趋势。

第一，我国经济发展方式转变的需要。目前，中国经济的增长主要是建立在消耗资源的基础上取得的，产业层次低下、过度依赖于制造业和低价格竞争。传统的高投入、高消耗、高排放、粗放型扩张的发展模式面临着严重的转型压力。随着科学技术的进一步发展，世界经济正在从以制造业为代表的工业经济时代向服务经济时代转变，产业分工日益呈现专业化的趋势。国际经济的发展表明，发达的服务业是一个地区现代化的集中表现，是经济快速发展的基本动力。近年来，正是由于服务业内部处于价值链高端的产业部分已成为服务业增长的主体，最终才形成全球服务业的增加值超过制造业的局面。我国的服务业落后，主要就是落后在服务业的高端部分。“十一五”以来，我国坚持以结构调整和自主创新培育新的增长点，但由于多种原因，其服务业比重长期难以较大幅度地提升。高技术服务业对于推进产业结构优化升级，提升产业竞争力具有重要支撑作用。大力发展高技术服务业，是保证高技术产业规模不断增长，提升高技术产业发展质量的必然选择，也是加快培育战略性新兴产业、实现从“中国制造”向“中国创造”转变的迫切需要。

第二，政府引导支持力度日益加强。2007 年国家发展和改革委员会发布的《高技术产业发展“十一五”规划》中，高技术服务业已被明确列入 8 大高技术产业中，已成为新经济的增长点。国务院 2007 年发布的《关于加快发展服务业的若干意见》，明确提出了“到 2020 年，基本实现经济结构向以服务经济为主的转变，服务业增加值占国内生产总值的比重超过 50%”的战略目标。2010 年 5 月 12 日，国家发改委办公厅下发了《关于当前推进高技术服务业发展有关工作的通知》，拟在江苏等省市先期开展高技术服务业创新发展工作，为以后全面部署高技术服务业工作奠定基础。2011 年 12 月 12 日，国务院办公厅下发了《关于加快发展高技术服务业的指导意见》，进一步推进高技术服务业快速健康发展。我国国民经济和社会发展“十二五”规划明确要求要培育壮大高技术服务业，提出“以高技术的延伸服务和支持科技创新的专业化服务为重点，大力发展高技术服务业”。党的十八大报告明确指出，要推动经济持续健康发展，确保转变经济发展方式取得重大进展。

第三，产业融合促进高技术服务业兴起。进入 20 世纪 90 年代，随着电子信息技术的快速发展，产业融合逐步拓展到更广的范围，各大产业内部不同行业之间不断出现相互融合现象。制造业服务化与服务业高技术化的产业发展趋势导致了高技术服务业的出现和发展，它不同于一般意义上的现代服务业。高技术服务业是围绕某一特定的行业或者固定的市场主体而展开的科技服务活动，其发展对促进高技术产业发展、提高经济发展质量具有重要作用。

第四，我国高技术服务发展水平有待提高。高技术服务业是否发达是判断一个国家现代化发展水平高低的重要标志。从总体上来讲，我国高技术服务业与发达国家和地区相比，仍然存在一定的差距，主要表现为：（1）高技术服务业总量不足。从全球范围来看，高技术服务业在整个国民经济中所占比重呈现不断上升的趋势，但我国的发展相对缓慢，其占国民生产总值的比重仍然偏低。(2) 发展效率水平有待提升、区域发展不平衡。我国高技术服务业发展水平参差不齐，呈现出一种区域非均衡发展的态势，环渤海、珠三角、长三角经济圈发展水平较高，而西部地区则较为落后。

目前社会各界对高技术服务业的内涵尚未形成统一认识，对其在经济社会发展中的重要性认识不够。从政府角度来看，仅仅重视软件等个别行业，针对高技术服务业的发展规律、政府在其发展过程中发挥的作用等方面的研究仍然处于起步阶段，在该产业发展整体规划和相应配套措施的制定方面还存在不足。对我国高技术服务业发展状况进行客观评价，分析各地区特点，确定其产业定位，既要进行总体研究，又要开展区域研究，以获得高技术服务业对不同地区、不同阶段发展的差异认识，进而提出加速我国高技术服务业发展的战略与对策建议。

我国关于促进高技术服务业的政策法规尚不健全，虽然我国政府出台了多项促进政策，但这些政策多数是针对整个服务业的，而服务业内部层次多样、结构复杂，并且涉及多产业的互动和协调发展，因此这些政策在推动高技术服务业发展的过程中往往缺乏有效性、系统性和实践性，导致无法从根本上解决高技术服务业发展中所涉及的体制性障碍。需要针对政策的效应进行评价，为促进高技术服务业发展的政策设计提供参考资料。

二、研究意义

本书将研究对象定位于高技术服务业，充分考虑其产业特征，系统研究其发展水平的测度、效率评价、影响因素与提升对策问题。研究目的如下：揭示高技术服务业产生和发展的理论基础、成长规律和动力机制；测度我国高技术服务业的发展水平、进行我国高技术服务业的效率评价、分析影响效率水平的影响因素；根据实证分析的结果，提出促进我国高技术服务业快速健康发展的系统性对策建议，为行业主管部门制订该产业发展规划和高技术服务企业提高发展水平提供决策依据。

本书的研究理论价值和现实意义体现在以下方面。

（一）理论价值

1. 丰富现代服务业发展理论体系

探讨高技术服务业发展的动因、成长规律和培育政策，为促进产业集群形成、优化经济结构调整和保障经济可持续发展提供理论支撑，有助于进一步完善现代服务业发展理论体系，丰富理论内容，具有重要的学术价值。

2. 为制订高技术服务业发展政策提供理论支撑

本书基于内容分析法对我国促进高技术服务业发展的政策进行了系统的梳理与客观分析，寻找政策实施过程中存在的问题，并提出具有可操作性的政策建议，拓展了促进高技术服务业发展的政策研究内容，为进一步制订“十四五”时期高技术服务业的发展政策提供理论支撑。

3. 推动我国高技术服务业健康可持续发展发挥理论指导作用

科学测度我国高技术服务业的发展水平，基于行业层面、区域层面、企业层面评价高技术服务业的效率水平，找出发展过程中存在的问题与原因，为有效发挥政府调控作用提供相应的学理分析，以供其决策参考。寻找高技术服务业发展效率提升的影响因素，探索其健康可持续发展的路径，具有重要的理论指导作用。

（二）现实意义

1. 有助于促进我国高技术服务业的高质量发展

只有不断完善政策程序，加强制度建设，客观评价政策实施效果，才能提高政策质量。剖析我国高技术服务业发展政策实施过程中存在的“失灵”现象及其原因，适应政策执行纠偏的需要，有利于政策制定的科学化进程，从而促进提高高技术服务业的发展水平。只有明确高技术服务业发展进程中的制约因素，才能为科学制订相应政策奠定基础，进而促进我国高技术服务业的高质量发展，提高行业发展水平。

2. 有助于加速实现经济发展方式的转变

核心竞争力是产业赖以生存和发展的基础，分析寻找影响高技术服务业发展水平和效率的关键影响因素，进而提出改进路径，增强该产业的核心竞争力。世界经济发展的实践表明，经济的高速发展总是与产业结构的适时调整紧密相连，高技术服务业的发展有利于资源合理和充分的利用，实现三次产业结构的优化，进而加速实现我国经济发展方式的转变。如何增强高技术服务业的核心竞争力是当前迫切需要解决的现实问题，本书的研究结论具有重要的实践指导作用。

3. 有利于提升居民生活质量和吸纳就业

高技术服务业通过互联网、电信和计算机等高新技术的应用深刻影响着人们的生活。网上购物、电子银行、数字影音、数字动漫、健康游戏、网络文学和远程医疗等技术给人们的生活和工作方式带来了很大便利，极大地提高了生活质量。高技术服务业涉及的专业领域范围很广，能容纳大量就业人口，加快高技术服务业的发展可以提高我国全社会就业水平，并能够在一定程度上促进劳动力综合素质逐步提高，有利于更高水平小康社会的建设。本书的研究结论对于提高居民生活水平和缓解就业压力具有一定的指导意义。

4. 对促进相关产业发展具有重要的借鉴意义

科学借鉴国际上成功地促进高技术服务业发展经验，并且对促进高技术服务业发展的具体政策进行甄别，根据实证分析结论，结合我国国情和发展条件，探索适合我国实际的高技术服务业发展机制与路径，解决体制性障碍，实现对策体系创新，其发展思路与具体对策建议对促进相关产业发展也具有重要的借鉴意义。

第二节 国内外研究现状述评

一、国外高技术服务业研究现状综述

（一）关于高技术服务业作用的研究

高技术服务业是我国特有的名词，国外并没有这一提法，对此没有统一确定

的界定标准。但国外的科技服务业种类基本包括我国高技术服务业的大部分细分行业，并且增加了商务服务的内容[①]。

国外文献对高技术服务业的功能作用研究主要涉及现代服务业、生产性服务业、知识密集型服务业、科技服务业、高技术服务业等方面。Beyers（1993）针对投资者进行现代服务业的相关投资活动问题进行了研究，其研究结论显示，经济越发达城市吸引的现代服务业投资者越多[②]。知识密集型服务业在知识经济中发挥着重要的枢纽作用。Harrington（1995）通过对不同国家生产者服务各个方面实证研究的系列分析，掌握了生产性服务在国际市场上的增长情况与地位，主要研究了生产性服务增长对国家就业的影响[③]；Harrington 和 Campbell（1997）研究了华盛顿地区的生产性服务业对就业趋势的影响，研究结果表明，生产性服务业的发展为华盛顿的就业增长做出了一定贡献[④]；Muller 和 Zenker（2001）认为，知识密集型服务业中，通过客户与服务机构的互动能够产生新的知识[⑤]，尤其是专门向社会和企业提供以知识为基础的知识型产品和服务；Jensen 等（2017）通过使用文献计量法主要分析了 Science，Scopus 和 SciELO 数据库中存在的 235 项科学文章，旨在研究随着时间的推移知识密集型商业服务的发展，及其对巴西经济发展的贡献[⑥]。科技服务业有别于传统的科技中介，作为一种服务于创新活动的新兴产业，发挥着服务新经济的重要作用。Dunn 和 Probstein（2003）认为高科技服务业包括高科技服务的一系列公司，具有高技术产业的特征[⑦]；Hoppe（2005）强调科技服务业创新主体之间以及外部环境与创新主体之间的一体化和网络化对创新技术的成功转

---

① 阎小培. 信息产业与城市发展［M］. 北京：科学出版社，1999.

② Beyers W B. Producer Services［J］. Progress in Human Geography，1993（17）：221－231.

③ Harrington J W. Empirical Research on Producer Service Growth and Regional Development：International Comparisons［J］. The Professional Geographer，2010，47（1）：66－74.

④ Harrington J W.，Campbell H S. The Suburbanization of Producer Service Employment［J］. Growth and Change，2006，28（3）：335－359.

⑤ Muller E.，Zenker A. Business Services as Actors of Knowledge Transformation：The Role of KIBS in Regional and National Innovation Systems［J］. Research Policy，2001，30（9）：1501－1516.

⑥ J－Figueiredo，R.，J. V. Neto，et al. "Knowledge Intensive Business Services（KIBS）：bibliometric analysis and their different behaviors in the scientific literature：Topic 16－Innovation and services.." RAI Revista de Administração e Inovação，2017，14（3）：216－225.

⑦ Dunn D，Probstein S C. Marketing High Tech Services［J］. Review of Business，2003，24.

化意义重大[①]。部分文献则论述了高技术服务业发展的重要性。Jensen（2008）分析了美国高技术服务业的发展特征，结果表明，高技术服务业总量规模大，就业人数增加，创新产业和信息服务业发展迅速[②]；Matouskova 和 Czesana（2011）研究了高技术服务业对欧盟成员国经济与就业的影响，实证结果表明，高技术服务业的发展促进了各成员国经济增长与就业的增加，但各成员国之间存在较大差异[③]。

（二）关于高技术服务业与制造业相互关系的研究

高技术服务业与其他产业相互关系的研究文献，主要集中在其与制造业互动的研究，相关研究主要集中在以下几个方面。

1. 服务业发展附属于制造业发展

部分学者认为制造业是服务业发展的基础，制造业发展到一定水平时会引发对服务的需求，即制造业是服务业产出的重要需求部门，服务业发展附属于制造业发展（Solo，1987[④]；Rowthorn and Ramaswamy，1999[⑤]）。Solo（1987）选取工业化发展初期和中期国家作为研究对象，认为制造业与科技服务业的相互作用并不对称，制造业明显处于主导地位[⑥]。

2. 服务业发展主导制造业发展

部分学者认为服务业是提高制造业生产率与竞争力的前提，服务业扩张所带来的专业化分工有力促进了制造业劳动生产率的飞跃，即服务业发展到一定水平

① Hoppe H C，Ozdenoren E. Intermediation in Innovation [J]. International Journal of Industrial Organization，2005，23（5）：483 - 503.

② Jensen J B. Trade in High - Tech Services [J]. Journal of Industry Competition and Trade，2008，8（3 - 4）：181 - 197.

③ Z Matouskova，V Czesana. The Role of High - Technology Services in the Knowledge Economy [J]. Journal of European Industrial Training，2011，35（7）：702 - 720.

④ Solo R A. Manufacturing Matters：The Myth of the Postindustrial Economy [J]. California Management Review，1987，29（3）：9 - 26.

⑤ Rowthorn，Ramaswamy，R. Growth. Trade and Deindustrialization [J]. IMF Staff Papers，1999，46：18 - 41.

⑥ Solo R A. Manufacturing Matters：The Myth of the Postindustrial Economy [J]. California Management Review，1987，29（3）：9 - 26.

能够主导制造业发展（Pappas and Sheehan，1998[①]）。例如，Park（1994）以处于工业化后期的美国为研究对象，发现当时美国科技服务业的地位显著提高，科技服务业已取代制造业占据主导地位[②]。

3. 高技术服务业与制造业互动发展

“互动论”认为服务业和制造业呈现出互相依赖、彼此促进、协同发展的关系（Daniels，1998[③]；Bathla，2003[④]）。从理论机理来看，服务业壮大离不开制造业部门的需求，制造业生产率的提高同样依赖服务业的增长，两者互为基础、相互推动、共同发展（Shugan，1989[⑤]）。从实证分析来看，学者多借助地区投入产出表探究服务业与制造业之间的关联效应。例如，Park 和 Chan（1989）依据不同收入水平的26个国家的投入产出表数据，研究了这些国家工业化不同阶段制造业和服务业之间的部门之间关系的性质与演变过程，结果显示，制造业和服务业之间表现为不对称依赖关系，即服务活动往往取决于制造业作为投入来源的程度远大于产出。实际上，服务行业产生和维持高水平就业能力在很大程度上取决于其与制造业的重要联系[⑥]。Shugan（1989）将科技服务业与制造业的关系描述为协同发展、互为基础和推进动力的关系[⑦]。Daniels（1998）探讨了亚太地区经济增长、产业转型与服务业上升之间的关系，尤其是生产性服务业的增长模式，似乎与北美或欧洲的关系模式不同[⑧]。Hutton（2003）认为科技服务已经由

---

① Pappas, N., Sheehan, P. The New Manufacturing: Linkages between Production and Services Activities, Working for the Future: Technology and Employment in the Global Knowledge Economy [M]. Victoria University Press, Melnourne, 1998: 127 – 155.

② Park S. H. Intersectoral Relationships between Manufacturing and Services [J]. Asean Economic Bullentin, 1994, 10 (3): 245 – 263.

③ Daniels P. W. Economic Development and Producer Services Growth: the APEC Experience [J]. Asia Pacific Viewpoint, 1998, 39.

④ Bathla S. Inter – Sectoral Growth Linkage in India: Implications for Policy and Liberalized Reforms [J]. 2003.

⑤ Shugan S M. Product Assortment in a Triopoly [J]. Management Science, 1989, 35 (3): 304 – 320.

⑥ Park S H, Chan K S. A Cross – Country Input – Output Analysis of Intersectoral Relationships between Manufacturing and Services and their Employment Implications [J]. World Development, 1989, 17 (2): 199 – 212.

⑦ Shugan S M. Product Assortment in a Triopoly [J]. Management Science, 1989, 35 (3): 304 – 320.

⑧ Daniels P W. Economic Development and Producer Services Growth: the APEC Experience [J]. Asia Pacific Viewpoint, 1998.

最初的辅助管理的角度转变为一种具有高附加值的隐形生产力，促进了新技术的产生和传播[①]。

4. 高技术服务业与制造业融合发展

"融合论"是对服务业与制造业关系演变趋势的描述，即随着信息化程度与专业化分工的加深，服务业与制造业越发呈现你中有我、我中有你的融合趋势（Lundvall and Borras，1998[②]）。制造业服务化和服务业产品化即体现了这两个产业之间内在关联的加深渗透。

（三）关于高技术服务业发展驱动因素的研究

影响高技术服务业发展的因素众多，国外学者主要聚焦创新活动对科技服务业产生的影响。例如，Dutta 和 Rajiv（1999）运用随机边界估计和归档数据方法对高技术服务业企业进行分析，得出高科技市场的企业必须具备不断创新的能力，以及将这些创新商业化到消费者需求和喜好的产品的能力，才能更好地促进高技术服务业的发展[③]。Emmanuel 和 Andrea（2001）简述了知识密集型服务业在创新系统中的功能、作用以及生产、转化和辐射活动，认为创新活动通过知识更新换代和辐射过程连接了制造业中小企业与知识密集型服务业[④]。Allard 等（2004）通过对欧洲、美国和日本公司约 251 个创新项目横截面数据的收集，从决策视角进行了实证研究，结果表明成功的创新对于高科技服务业发展至关重要[⑤]。Eric（2007）论述了知识服务业提供者推动组织创新的能力对地区产业成功的关键作用[⑥]。

---

① Hutton T A. Service Industries, Globalization, and Urban Restructuring within the Asia - Pacific: New Development Trajectories and Planning Responses [J]. Progress in Planning, 2003.

② Lundvall B A, Borras S. The Globalizing Learning Economy: Implication for Innovation Policy [R]. TS-ER Program Report. DG XH. Commission of the European Union. 1998.

③ Dutta S, Rajiv N S. Success in High - Technology Markets: Is Marketing Capability Critical? [J]. Marketing Science, 1999, 18.

④ Emmanuel M., Andrea Z. Business Services as Actors of Knowledge Transformation: the Role of KIBS in Regional and National Innovation Systems [J]. Research Policy, 2001 (30): 1501 - 1516.

⑤ Allard C. R. Van Riel, Jos Lemmink, Hans Ouwersloot. High - Technology Service Innovation Success: A Decision - Making Perspectiv [J]. Product Innovation Management, 2004 (21): 348 - 359.

⑥ Eric H. Opening the Ivory Tower to Business: University - Industry Linkages and the Development of Knowledge - Intensive Clusters in Asian Cities [J]. World Development, 2007 (6): 931 - 940.

除了企业创新活动这一内部因素外，部分学者从市场需求、生产形式、技术要素、品牌效应等视角探究驱动高技术服务业发展的外部因素。例如，Paolo 和 Valentina（2004）通过对 20 世纪 90 年代经合组织国家数据的分析，研究生产性服务国际竞争力和专业化的决定因素。结果显示制造业中间需求与信息通信技术对生产性服务出口产生积极影响①。Coffey 和 Bailly（2010）通过探索生产性服务业增长和位置与灵活生产形式之间的概念联系，指明了在生产性服务业中应适当采用灵活生产框架，以发挥灵活生产对于了解生产性服务业位置和提高劳动力效应的作用②。Sun 和 Gong（2015）从“结构洞”理论的角度模拟分析了高技术服务业的创新网络平台化演进机制和不同类型平台企业的形成过程，结果表明，具有丰富结构孔的节点有助于高技术服务企业成为平台企业，节点桥接大量“结构洞”的更有可能成为系统平台企业③。Bang Nguyen 等（2016）研究和测试了关键品牌创新因素（CBIF）模型，考察了影响中国高技术服务业企业品牌创新和市场表现的关键因素④。

（四）国外研究现状评价

虽然国外学者并未提及高技术服务业的专属名词，而采用科技服务业、知识密集型服务业等相近概念，指具有高技术产业特征的服务业，并对高技术服务业的发展情况进行了相关研究，形成了一定的研究结论，可以观察到其研究动态与方向。学者们针对高技术服务业的作用、与制造业的相互关系以及发展驱动因素展开了探讨，发现该类产业有助于创新的扩散以及其他产业的发展，但从总体上来讲，尚未形成较为清晰的理论脉络与分析框架，对高技术服务业与制造业相互

① Paolo Guerrieri, Valentina Meliciani. International Competitiveness in Producer Services [J]. Social Science Electronic Publishing, 2004 (3).

② Coffey W. J., Bailly A. S. Producer Services and Flexible Production: An Exploratory Analysis [J]. Growth and Change, 1991, 22 (4): 95 - 117.

③ Sun Y, Gong X. Platformization Mechanism and Simulation Analysis of High - Tech Service Innovation Network Based on Structural Holes Theory [J]. International Journal of Security & Its Applications, 2015, 9 (10): 209 - 220.

④ Bang N, Yu X, Melewar T C, et al. Critical Brand Innovation Factors (CBIF): Understanding Innovation and Market Performance in the Chinese High - Tech Service Industry [J]. Journal of Business Research, 2016, 69 (7): 2471 - 2479.

关系的内在机理研究不足。

二、国内高技术服务业研究现状综述

国内学者在高技术服务业概念与分类、功能作用、发展水平评价以及发展现状和对策等方面进行了诸多有益探索，但是对国内研究现状进行回顾和述评的文献很少。本书在现有文献的基础上，依托中国学术期刊网（CNKI），对近年来有关高技术服务业的研究成果进行系统的分析，归纳总结已经取得的成绩和存在的不足，为以后的理论研究和实践提供借鉴。

对于文献数据，有关学者曾经采用元分析的方法对2006～2014年发表的高技术服务业研究文献进行述评[①]。元分析是一种文献的量化综述方法，以同一研究主题的多项独立研究结果为研究对象，在严格设计的基础上，运用适当的统计学方法对多个研究结果进行系统、客观、定量的综合分析[②]。传统的文献综述主要依靠研究者的主观分析和总结，容易出现综述者意见相左的情形，而元分析依据充分的定量信息，可从相互独立的研究中归纳总结出更加科学可靠的结论。

社会科学领域的研究方法一般可分为两大类：实证研究和规范研究。实证研究是通过对研究对象的系统观察，采用程序化、操作化和定量分析的手段获取客观材料，归纳演绎出事物本质属性和发展规律的研究方法，其主要特点是着力说明事物“是什么”。规范研究则主要对事物运行状态做出是非曲直的主观价值判断，力求回答事物“应该是什么”。高技术服务业相关研究中，规范研究多于实证研究。总体来看，2012年之前，规范分析类论文一直多于实证研究类论文，但是采用实证研究方法的论文数量随时间的推移，所占比例逐渐增大，说明国内高技术服务业研究正在走向成熟阶段。

---

① 姚正海，王艺．我国高技术服务业研究述评——基于CNKI的元分析和引证分析［J］．科技和产业，2017（12）：74－80．

② 王永贵，张言彩．元分析方法在国内外经济管理研究中的应用比较［J］．经济管理，2012（4）：182－190．

（一）相关研究文献的计量分析

1. 数据来源与研究结果分析

（1）数据来源。

本书的数据来源为中国学术期刊全文数据库（CNKI），以“高技术服务业”为主题词，并剔除字面相近但非主题研究内容的“高技术产业”。由于高技术服务业概念在中国知网最早提出于2006年，因此文献检索时间从2006年1月至2021年3月。对检索后的数据进行合并、提取、去重以及整理，最后得到清洗后的数据，共计文献225篇，见表1-3。

表1-3 研究数据获取方式

检索设定项目	检索设定内容及结果
数据库	SCI来源期刊、EI来源期刊、核心期刊、CSSCI
检索方式	主题词：“高技术服务业”，不含“高技术产业”
文献类型	期刊
时间跨度	2006~2021
检索时间	2021年3月15日
筛选后结果	635篇
清洗后结果	225篇

本书利用Cite space V软件对高技术服务业研究领域进行知识图谱分析。通过对数据进行深度挖掘、分析并利用可视化的知识图谱等方式将一段时间内该研究领域的热点、演进历程及发展趋势形象地呈现出来。

（2）研究结果分析。

研究成果年代分布。图1-2为2006~2021年CNKI中收录的我国高技术服务业领域发文数量情况。从图1-2可以看出，近16年的发文年份中，发文数量有着显著的突变，2011年和2012年变化非常明显，发文量直线上升，并在2013年和2014年保持高位。由图1-2可见，从2012年开始，我国关于高技术服务业领域的关注度暴涨，研究话题炙手可热。

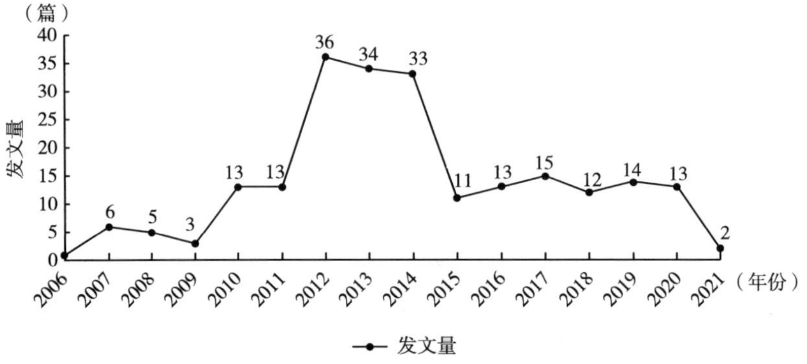

图 1－2 研究成果年度分布

关键词共现分析。运用 Cite space V 软件进行关键词共现分析，按其出现频次的高低依次进行排序，合并意义相同的关键词，如“SWOT 分析”“SWOT”与“SWOT 模型”等，最终整理出排名前 30 位的高频关键词，见表 1－4。

表 1－4 高技术服务业高频词汇表（2006～2021 年）

序号	关键词	频次	序号	关键词	频次
1	高技术服务业	205	16	创新效率	5
2	现代服务业	11	17	因子分析	5
3	SWOT	10	18	高新技术	4
4	制造业	10	19	战略性新兴产业	4
5	服务业	9	20	主成分分析	4
6	产业融合	7	21	数字内容服务	3
7	评价指标体系	7	22	VAR 模型	3
8	高技术产业	7	23	发展环境	3
9	创新	6	24	现状	3
10	信息服务业	6	25	检测检验	3
11	装备制造业	6	26	发展	3
12	高技术	6	27	竞争力	3
13	产业集聚	5	28	同比增长	3
14	国家发展改革委	5	29	产业关联	3
15	对策	5	30	影响因素	3

从表 1－4 中可以发现，首先，学者对高技术服务业领域研究比较深入，其

中现代服务业、制造业、高技术产业、信息服务业和装备制造业等关键词都频繁出现；其次，对高技术服务业的SWOT分析、因子分析等成为研究的重要思路，并且研究对象有高新技术、产业关联等；最后，对高技术服务业的发展对策和国家发展改革委政策的解读也有重要地位。

利用Cite space V软件进行关键词共现分析，时间切片设置为1年，节点类型选择“Keyword”，阈值设置为3，可以得到关键词相互联系形成的关键词共现图谱，如图1-3所示。该图谱共包括347个节点和642条节点连线，分别表示出现频次在3次以上的关键词个数和其间连线条数。

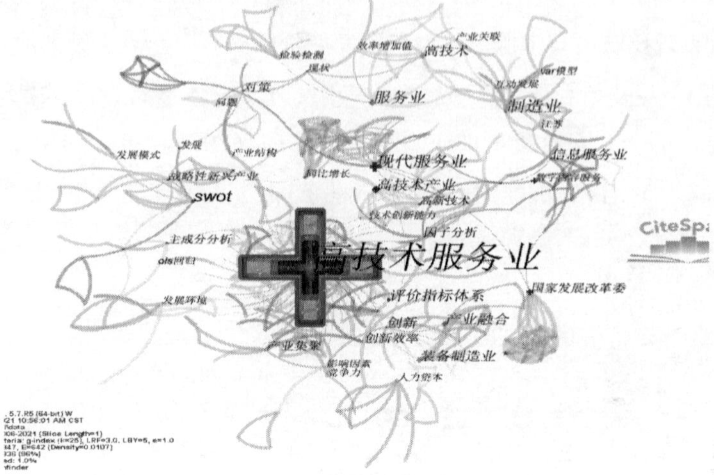

图1-3　2006～2021年高技术服务研究关键词共现图谱

该关键词共现图谱直观地表现出学者的研究主题围绕高技术服务业为核心主题，并向外延伸。其中，关键词的中介中心性大于0.10的节点为关键节点。高技术服务业中心度达到1.36，现代服务业中心度为0.38，制造业中心度为0.16，SWOT达到0.42，这些关键词构成高技术服务业研究热点的第一梯队，这些关键词的出现频次都在10次以上。信息服务业与现代服务业、制造业等高频次、高中心的分析结果都表明关于高技术服务业的行业分类界定的研究是该领域的热门话题。

第二梯队的热点关键词频次为5～9次，包括服务业（频次9，中心性0.13）、高技术产业（频次7、中心性0.54）等。第三梯队出现频次在3～4次，如高新技术（频次4，中心性0.29）、检测检验（频次3、中心性0.07）、产业关联（频次 3，中心性 0.03）、VAR 模型（频次 3，中心性 0.02）等。此外，部分关键词出现频次不高但中心性较强，也是高技术服务业的热点词汇，如聚类分析（频次2，中心性 0.32）、发展动力（频次 1，中心性 0.29）以及国际比较（频次 1，中心性 0.27）等。可见高技术服务业与其他产业互动发展情况以及高技术服务业自身竞争力评价方法研究都在深入推进。围绕高技术服务业主题，学者们使用前沿的研究方法得出的研究成果也引领着该领域的不断深化。

2. 研究热点主题演化分析

根据清洗后数据绘制关键词时间线图谱，用以研究热门关键词的分布和演化进展程度，结果如图 1－4 所示。图中最上方每个时间节点对应匹配该年份的高频关键词，可以直观反映高技术服务领域各个发展阶段的研究热点主题的演变轨迹。

参照图 1－4 并结合图 1－2 研究成果年度分布总体分析，学术界对高技术服务业研究可以分为三个阶段：即研究启蒙推进期（2006～2011 年）、研究深化期（2012～2014 年）、研究沉淀期（2015 年至今）。

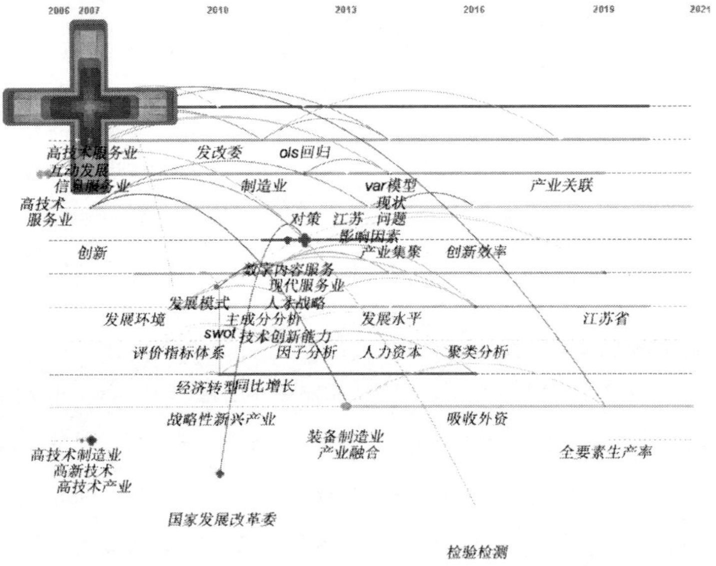

图 1－4　高技术服务研究关键词时间线图谱

第一个阶段是研究的启蒙推进阶段（2006～2011 年），该阶段年度发文量在 2006～2008 年皆低于 6 篇，但影响力和学术价值都很高。其中，以王仰东等的《高技术服务业的内涵特征及成因分析》以及李勇坚和夏杰长的《中国高技术服务业集聚发展现状及政策建议》为代表，截至2021年初，两篇文献被引量分别为111次、47次，下载量分别为1351次、1308次，这两项指标在高技术服务业领域稳居前三位。这两篇文章在很大程度上起到了抛砖引玉的效果，推动国内高技术服务业的研究进程，而从2010年开始高技术服务业研究领域发文量有了明显上升。

第二阶段是2012~2014年。研究呈现井喷式上升，2012年发文量就达到36篇峰值，2013年和2014年发文量也在30篇以上，因此将2012~2014年划为研究深化期。根据时间线图可看到在这个时间段中数字内容服务、现代服务业、主成分分析法和SWOT分析法等关键词集中出现，说明在研究深化期对于高技术服务业与其他产业互动发展、竞争力的评价已经逐步成为研究的主要推进方向。

第三阶段是研究沉淀期，2015年至今。从2015年开始，文献产出呈现出爆发后的下滑阶段，高技术服务领域研究进入沉淀期。在这个时期，关键词的时间线图中聚类分析、产业关联、吸收外资和全要素生产率的词频较高。在经历上一阶段的研究深化后，对于高技术服务业的分析评价方法有了进一步的深化，对高技术服务业与其他产业的发展也有了产业关联的研究名词出现。

3. 关键研究主题分析

将所选文献中的关键词进行聚类分析，在高技术服务业研究领域的关键词有23个形成规模聚类，再进行相似关键词意合并与剔除聚类容量较少的聚类词汇后，保留如图1-5所示前11位最具代表性的规模聚类。

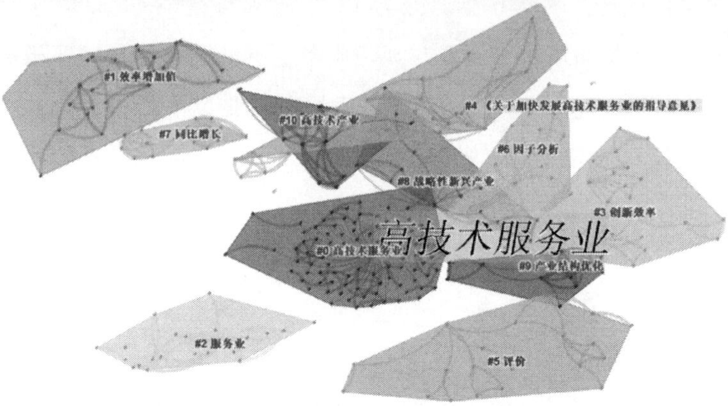

图1-5 2006~2021年高技术服务业研究领域关键词聚类图谱

从聚类规模分析，聚类#0 高技术服务业容量最大（93），其次是#1 效率增加值（26）和#2 服务业（23）；从剪影度来看，各个聚类均大于 0.8，其中容量前三位聚类的紧密程度都达到了 1.000，聚类#10 高技术产业紧密程度最小（0.862）；从年份分布上分析，聚类所属的文献平均年份分布在 2009 ~ 2017 年。从研究内容来看，已有的高技术服务业研究发展主要是以行业之间界定与行业间互动发展，以及高技术服务业竞争力评价等方面为基础。

（二）研究主题现状分析

研究主题的梳理，有助于把握高技术服务业相关研究的现状和热点，揭示该领域研究的发展规律，明确未来的研究方向。结合文献内容与聚类结果将高技术服务业研究领域的研究主题归纳为以下 5 个方面。

1. 关于高技术服务业内涵与行业分类界定的研究

当前，我国政府部门与理论界对于高技术服务业的概念和统计分类尚未形成统一认识。学术界大多从单一角度对高技术服务业进行定义，而政府行政主管部门对高技术服务业的界定主要侧重服务本地的经济发展。王瑞丹（2006）认为，高技术服务业是以高新技术为支撑、服务手段更先进、科技含量和附加值更高的新兴服务业①；王江和李郁璞（2010）则从广义、狭义两个角度来衡量高技术服务业，广义的高技术服务业是指运用了高技术的服务业，狭义上主要包括计算机服务业、软件业等 5 个细分行业②；石庆焱和赵玉川（2010）根据《国民经济行业分类》框架，将高技术服务业划分为 12 个行业门类③；王仰东等（2010）指出，高技术服务业是高新技术产业与现代服务业有机结合逐渐发展所形成的新兴产业④；姚正海和倪杰（2012）认为高技术服务业是以高新技术为支撑，以服务为表现形态，采用现代经营管理理念和商业模式，提供高技术含量和高附加值服

---

① 王瑞丹. 高技术型现代服务业的产生机理与分类研究［J］. 北京交通大学学报（社会科学版），2006（1）：50 - 54.

② 王江，李郁璞. 北京市高技术服务业发展现状及前景分析［J］. 国际商务（对外经济贸易大学学报），2010（3）：57 - 62.

③ 石庆焱，赵玉川. 高技术服务业统计体系研究［J］. 数据，2010（1）：60 - 62.

④ 王仰东，安琴，祖立新，李岱素. 珠三角高技术服务业 SWOT 分析与发展对策研究［J］. 中国科技论坛，2010（10）：75 - 80.

务的新兴服务业[①]。

毛释谊和吴传清（2013）对2004~2011年国家服务业政策中“高技术服务业”的分类表述进行了梳理与评议，并基于《国民经济行业分类》（GB/T 4754—2011）对“高技术服务业”的统计分类进行了探讨[②]。政府有关部门对高技术服务业的分类随着该产业的发展和指导工作的需要及时作了相应规定。

2. 关于高技术服务业功能作用的研究

尽管学术界对于高技术服务业的概念和统计分类尚未形成共识，但对于高技术服务业的功能作用观点基本一致，即促进经济质量提高、推动产业升级、加快转变经济发展方式、带动或推动第一和第二产业以及其他服务业的发展。

从区域层面来看，赵弘和谢倩（2008）认为北京高技术服务业取得快速发展在区域自主创新能力提升、产业结构优化等方面存在明显的带动效应，推动了首都创新型城市建设[③]。江苏创新驱动战略的实施，推进科技创新工程，发展高技术服务业成为产业结构调整、经济发展方式转变与创新型省份建设的必然选择（陈元山和姚山季，2012[④]；查颖冬等，2014[⑤]）。李光和乔亚兰（2011）[⑥]、周霄（2014）[⑦] 分别以湖北省、山西省为样本，前者在分析具体省情基础上，提出了高技术服务业对其跨越式发展的战略支撑作用；后者通过定量研究，指出该行业以及其内部行业对山西省的经济增长所发挥的促进作用。综上所述，可以看出高技术服务业是省域战略性新兴产业发展、制造业转型升级的重要引擎，对加速转变经济发展方式和建设创新型省份以及推进经济结构优化升级和提升产业竞争力

① 姚正海，倪杰．高技术服务业的概念、分类以及对社会经济发展的影响［J］．商业经济，2012（6）：41－43.

② 毛释谊，吴传清．高技术服务业的分类问题刍议［J］．学习月刊，2013（8）：23－25.

③ 赵弘，谢倩．北京高技术服务业发展环境与比较优势分析［J］．中国科技论坛，2008（4）：52－55，59.

④ 陈元山，姚山季．江苏高技术服务业加快发展的对策研究［J］．科技管理研究，2012，32（20）：13－16.

⑤ 查颖冬，梅强，李文元．江苏省高技术服务业培育发展研究［J］．江苏社会科学，2014（2）：263－267.

⑥ 李光，乔亚兰．高技术服务业：湖北跨越式发展的战略支撑［J］．科技进步与对策，2011（8）：22－26.

⑦ 周霄．高技术服务业与经济贡献的关系研究——以山西省为例［J］．科技和产业，2014（7）：40－42.

起着重要作用。

从全国层面来看，高技术服务业功能作用体现在：首先，姚战琪（2012）指出发展高技术服务业的战略意义有：带动中国产业结构的升级和优化；推动我国高技术产业规模不断增长，提升其发展质量；实现“中国制造”向“中国创造”的转变[①]。其次，发展高技术服务业可以推进现代化建设，是推动地方产业结构升级的战略选择，是强化对全国的创新辐射能力、承接国际产业转移、参与全球竞争的重要途径（廖文杰，2012[②]）。最后，高技术服务业作为“高精尖”经济结构的重要组成部分，对于促进产业结构优化升级、提升产业竞争力、转变发展方式发挥着重要的支撑作用（李晖，2015[③]）。

3. 关于高技术服务业与制造业相互关系的研究

对高技术服务业与制造业相互关系的研究始于2007年，近几年逐渐成为研究的热点，相关研究文献主要集中在以下几个方面。

（1）高技术服务业与制造业互动发展的研究。

徐琪（2007）通过分析认为高技术服务业与知识密集型制造业之间呈现出互动发展的状况[④]。王仰东等（2011）分析了制造业服务化和服务业高技术化的趋势[⑤]。华广敏（2013）通过回归分析认为，与美国相比，中国高技术服务业中只有科学研究、技术服务和地质勘探业FDI对制造业效率产生重要影响[⑥]。袁金星（2014）[⑦] 通过构建VAR模型分析，发现我国高技术服务业和制造业之间存在长期稳定的均衡发展关系、两者变动具有同向性特征。华广敏（2015）采用1993～2011年27个经济合作与发展组织国家的跨国面板数据，通过联立方程计量模型实证分析了高技术服务业和制造业之间的互动关系，研究表明，高技术服务业对

① 姚战琪．中国加快发展高技术服务业的意义及模式选择［J］．学习与探索，2012（5）：79－82.

② 廖文杰．率先基本实现现代化背景下苏州高技术服务业发展研究［J］．商业时代，2012（22）：128－130.

③ 李晖．高技术服务业发展的经验借鉴与模式选择——以湖南区域为实证样本［J］．求索，2015（10）：105－109.

④ 徐琪．知识密集型制造业与高技术服务业互动发展研究［J］．商业研究，2007（6）：30－33.

⑤ 王仰东，谢明林，安琴，等．服务创新与高技术服务业［M］．北京：科学出版社，2011.

⑥ 华广敏．高技术服务业FDI对中美制造业效率影响的比较分析——基于中介效应分析［J］．世界经济研究，2013（3）：80－86.

⑦ 袁金星．高技术服务业与制造业互动发展实证研究［J］．区域经济评论，2014（6）：94－99.

制造业效率具有明显的提升作用，但制造业对高技术服务业效率的促进作用并不显著，两者之间还没有形成良好的互动关系[①]；同时借助非竞争型投入产出表，采用感应力系数和影响力系数两个产业关联度指标，认为中国高技术服务业影响力系数和感应力系数均越来越强（华广敏，2019[②]）。

（2）高技术服务业与制造业融合发展的研究。

对于我国高技术服务业与装备制造业的产业融合度的研究，史一鸣和包先建（2013）[③] 结合 AHP 和耦合理论、傅为忠等（2017）[④] 构建耦合评价模型，实证研究表明，两大产业在各省区市都表现出密切的产业关联性，融合度呈波动上升趋势。李胜等（2018）分别利用投入产出表和联立方程模型分析高技术服务业与制造业静态和动态产业关联，实证研究表明，静态层面：信息传输、计算机服务和软件业对制造业的拉动作用高于制造业对它的推动作用，而科学研究、技术服务和地质勘探业与之相反；动态层面：高技术服务业与制造业相互之间具有显著提升作用，制造业对科学研究、技术服务和地质勘探业推动作用高于科学研究、技术服务和地质勘探业对其的拉动作用，而信息传输、计算机服务和软件业与之相反[⑤]。高智和鲁志国（2018）依据系统耦合理论构建耦合评价模型对我国 30 个省区市 2007～2016 年装备制造业与高技术服务业融合发展水平进行测度，研究结果表明，我国装备制造业和高技术服务业在各省区市都表现出密切的产业联动性，融合发展趋势明显[⑥]。肖怡文（2020）基于组织生态学、空间结构和价值链的视角研究了高技术服务业和制造业之间的内在机理，并通过实证分析认为，我国高技术服务业和制造业之间存在长期稳定的协同发展关系，并且呈现显著的

---

① 华广敏．高技术服务业与制造业互动关系的实证研究——基于 OECD 跨国面板数据［J］．世界经济研究，2015（4）：113－120，129.

② 华广敏．高技术服务业对中国制造业效率影响动态变迁［J］．科学学研究，2019（12）：2168－2175.

③ 史一鸣，包先建．高技术服务业与装备制造业的耦合熵模型及运行机制［J］．长春工业大学学报（自然科学版），2013（1）：26－29.

④ 傅为忠，金敏，刘芳芳．工业 4.0 背景下我国高技术服务业与装备制造业融合发展及效应评价研究——基于 AHP－信息熵耦联评价模型［J］．工业技术经济，2017（12）：90－98.

⑤ 李胜，姚正海，付一慧．高技术服务业与制造业互动关系研究——基于产业关联视角［J］．科技与管理，2018（1）：45－50.

⑥ 高智，鲁志国．系统耦合理论下装备制造业与高技术服务业融合发展的实证研究［J］．系统科学学报，2019（2）：63－68.

正相关关系①。还有学者运用熵指数测度全国各省区市高技术服务业与资源型产业融合水平，利用2014~2017年资源型上市公司面板数据检验两大产业融合对资源型企业两阶段创新效率的影响（王延霖等，2020②）。

普遍的研究认为，高技术服务业与制造业之间存在着双向的互动关系，并且两者之间的融合发展趋势日益明显，但不同学者研究得到的结论存在一定的差异性，对相互关系的理论解释和实证检验有待进一步强化，以充实产业结构转型发展的理论依据。

4. 关于高技术服务业竞争力评价和集聚的研究

由于目前公开的省级统计数据中缺乏高技术服务业增加值等指标的统计，对其发展水平的评价指标体系构建与测度成为研究的热点，产出了较为丰富的文献。目前，高技术服务业发展水平的测度，开始转向针对高技术服务业发展效率的研究。

（1）竞争力评价指标体系的研究。

通过设计高技术服务业评价指标体系，有助于评价其发展现状和水平，为决策制定和管理实践提供参考，能否构建科学性、可比性和可操作性相兼顾的评价指标体系，将直接影响评价结果的正确率③。

近年来，对于高技术服务业发展水平的评价问题逐渐成为学术界的热点。例如，王仰东（2009）从技术创新性、项目产品市场前景、项目经济效果及实施风险、企业发展能力等方面确定评价要素，建立了高技术服务业项目评价指标体系④。韩东林等（2013）从发展基础、发展规模等6个层面构建了23个二级指标的评价体系，对三大区域高技术服务业的竞争力水平进行了测算，结果呈现出明显的差异性⑤。高文婷和吴瑞明（2013）从高技术服务业的发展水平、基础

① 肖怡文．高技术服务业与制造业互动发展实证研究［J］．数学的实践与认识，2020（13）：81－89.

② 王延霖，郭晓川，刘虹．高技术服务业与资源型产业融合对资源型企业两阶段创新效率的影响［J］．科技进步与对策，2020，37（11）：60－69.

③ 许其高．知识产权服务业发展水平评价指标体系设计及应用——以江西省为例［J］．商业经济研究，2016（23）：183－184.

④ 王仰东．高技术服务业项目评价指标体系初探［J］．技术经济，2009（2）：21－23.

⑤ 韩东林，杜永飞，夏碧芸．基于因子分析的中国三大区域高技术服务业竞争力评价［J］．中国科技论坛，2013（10）：36－42.

条件和公共环境3个方面初步构建高技术服务业综合实力评价体系，采用因子分析法对上海和中国其他16个省区市的高技术服务业发展水平进行了评价①。也有学者基于独特的视角构建高技术服务业的评价指标体系。例如，王玉梅等（2012）从知识溢出对高技术服务业技术创新能力不同方面的影响分析入手，基于知识溢出视角构建了高技术服务业技术创新能力评价指标体系②；姚正海等（2014）设计了发展规模、产业结构等5个维度评价指标体系，对北京、江苏、上海、广东等省市高技术服务业发展水平进行了实证评价，结果显示其水平参差不齐③。总的来讲，学者们选取高技术服务业竞争力评价指标时，不仅要考虑产业自身的特性和发展特性，还要考虑外部环境、技术变化以及其他产业的影响。

（2）竞争力评价方法的研究。

在高技术服务业竞争力评价方法方面，不同学者从不同视角运用不同方法进行评价，目前采用的评价方法主要有主成分分析法、因子分析法、聚类分析法、DEA模型评价法、模糊综合评价法等。选择的分析维度也各有千秋，随着评价内容越来越具体，构建的评价指标体系也越来越精确和复杂。例如，仇冬芳等（2011）采用主成分分析法对江苏高技术服务业的发展水平进行了具体评价与研究④。许陆军和陆源（2014）基于低碳经济视角采用因子分析法和聚类分析法对东部地区10个省市高技术服务业发展能力进行了评价，并提出相关对策建议⑤。王正新等（2016）从基础条件、产业结构、创新投入和创新产出4个维度，采用因子分析法提取高技术服务业发展水平的主要因子，并利用基于加权马氏距离改进的聚类分析方法对我国各省区市的发展水平进行综合评价，结论说明我国高技

---

① 高文婷，吴瑞明．基于因子分析法的上海市高技术服务业发展评价体系研究［J］．西南民族大学学报（自然科学版），2013（1）：120－125.

② 王玉梅，罗公利，田恬．知识溢出视角的高技术服务业技术创新能力评价研究［J］．情报杂志，2012（7）：110－115.

③ 姚正海，姚佩怡，王珊珊．我国区域高技术服务业发展水平评价研究——基于主成分分析法［J］．经济问题，2014（11）：70－74.

④ 仇冬芳，柯飞帆，李宝宝，等．基于主成分分析的江苏省高技术服务业发展评价研究［J］．科技与经济，2011（6）：47－51.

⑤ 许陆军，陆源．基于低碳经济视角的东部地区高技术服务业发展能力评价［J］．科技和产业，2014（7）：10－14.

术服务业的区域发展水平呈现不平衡性[①]。徐顽强等（2016）基于波特钻石模型构建了高技术服务业发展的多维分析框架，使用主成分分析法筛选了影响因素，发现影响该产业的主要因子包括经济政策环境、生产要素配置、融资体系以及市场需求等[②]。姚正海等（2016）在构建我国高技术服务业创新效率评价指标体系基础上，运用DEA的BCC模型和Malmquist指数模型，从细分行业角度，对我国高技术服务业6个细分行业2009～2013年创新效率分别进行了静态和动态评价，并且从区域省区市的角度，抽取我国具有代表性的三大区域内10个省份进行了高技术服务业2013年创新效率的评价，进而从不同维度提出了促进高技术服务业创新效率提升的相关政策建议[③]。综上所述，对于高技术服务业竞争力的评价学者们选择的方法不尽相同，相关学者的研究呈现出多种方法组合运用的趋势，以充分发挥各种评价方法的优势，弥补彼此的不足。

（3）产业集聚的研究。

国内学者基于高技术服务业内涵和特点的研究，站在高技术产业和现代服务业互相融合的角度，认为该产业不但集聚了高知识性的特点，而且又拥有服务业的传统优势。部分学者计算高技术服务业的区位熵值、空间基尼系数以及EG指数，再通过实证分析对该产业的集聚情况进行相关研究，发现推进该产业集聚的主要因素，主要包括共享基础设施和劳动力、知识溢出、相关投入以及其他关联产业的带动互补效应等。

李勇坚和夏杰长（2011）理论分析认为知识共享网络、专业化劳动力市场、基础设施与发展环境和服务的互补性是集聚的基础[④]；韩东林等（2013）通过产业集聚度（赫芬达尔指数）研究了高技术产业和高技术服务业的关联度，表明

---

① 王正新，朱洪涛，陈雁南．我国高技术服务业区域发展水平综合评价——基于因子分析与改进聚类分析的实证研究［J］．科技管理研究，2016（15）：70－76.

② 徐顽强，孙正翠，周丽娟．基于主成分分析法的科技服务业集聚化发展影响因子研究［J］．科技进步与对策，2016，33（1）：59－63.

③ 姚正海，刘肖，路婷．我国高技术服务业创新效率评价研究［J］．经济问题，2016（9）：82－86.

④ 李勇坚，夏杰长：中国高技术服务业集聚发展现状及政策建议［J］．经济与管理，2011（6）：5－10.

两者的集聚度存在显著相关性[①]；张继良和胡健（2014）认为，我国高技术服务业主要集聚在东部沿海地区，集聚特征明显，但内部存在差异性，其集聚强度高于传统服务业和制造业[②]。李淑燕和吴远仁（2019）利用我国省级面板数据，将其纳入空间计量经济模型，通过计算区位熵值，探讨了高端服务业集聚的空间机制，结果显示中国高端服务产业呈现出明显的集聚趋势，且与之密切相关的高技术产业的发展等对其产生了巨大影响[③]。

5. 关于高技术服务业发展现状和对策的研究

现有文献针对高技术服务业发展现状与对策进行的研究也较多，且开展研究的时间最早，说明对该问题的探索一直是相关学者关注的焦点。

（1）区域发展现状和对策的研究。

赵弘（2010）在客观评价北京高技术服务业发展现状的基础上，分析了其存在的优势和劣势，明晰竞争力提升过程中的突出问题，进而提出了相应的对策建议[④]。刘军（2011）分析论述了重庆发展高技术服务业的意义与模式选择[⑤]。王晓莉（2013）利用SWOT这一经典战略分析工具对辽宁省高技术服务业人才竞争的内部条件与外部环境进行全面分析，以期为辽宁省高技术服务业人才战略的制定提供理论支持与政策参考[⑥]。李良胜等（2013）则对广东省高技术服务业发展的优劣势、机遇和威胁进行了详细的分析和评价[⑦]。程惠英（2014）探讨了安徽省高技术服务业发展的问题及路径选择[⑧]。纪秋蕾等（2014）以长三角地区为例

---

① 韩东林，曹晓禹，周冬冬．中国高技术产业对高技术服务业拉动效应分析［J］．科技进步与对策，2013（10）：68－72.

② 张继良，胡健．中国高技术服务业的聚集特征与影响因素研究［J］．地域研究与开发，2014（4）：8－12.

③ 李淑燕，吴远仁．科技服务业集聚、区域一体化及对工业升级的影响［J］．合肥工业大学学报（社会科学版），2019，33（4）：7－15.

④ 赵弘．北京高技术服务业综合竞争力研究［J］．北京市经济管理干部学院学报，2010，25（3）：3－8.

⑤ 刘军．重庆发展高技术服务业的意义与模式选择［J］．重庆科技学院学报（社会科学版），2011（20）：57－59.

⑥ 王晓莉．辽宁省高技术服务业人才战略SWOT分析［J］．中国市场，2013（11）：41－47.

⑦ 李良胜，陈仕鸿，邓砚梅．广东省高技术服务业现状及对策研究［J］．广东经济，2013（1）：49－54.

⑧ 程惠英．安徽省高技术服务业发展的问题及路径选择［J］．安徽科技，2014（12）：14－15.

对我国高技术服务业融资问题进行了研究[①]。

（2）全国发展现状和对策的研究。

相关学者基于政策供给视角分别从政府采购支持、投融资体系建设、产业集聚、人才引进和人才培养、公共服务平台建设等多个维度提出了对策建议。例如，李勇坚和夏杰长（2011）认为，知识共享网络的形成、专业化劳动力市场的形成、基础设施的提升、品牌化运作以及服务的互补性促进了高技术服务业的产生与发展[②]。张继良和胡健（2014）依据新经济地理学理论分析了中国高技术服务业的聚集特征与影响因素，进而提出有针对性的政策建议[③]。高先务和程惠英（2015）根据2011年高技术服务业指导意见中的八大服务业特点，综合评估了各地区高技术服务业发展的整体水平，根据评价结果，对我国高技术服务业发展提出了相关对策措施[④]。何艳和周诗情（2017）分别以美国、日本和英国为代表，分析了市场主导型、政府主导型、政府和市场共同主导三种类型的发达国家发展模式，以韩国和新加坡新兴经济体为例，分析了政府推动和市场拉动的发展模式[⑤]；姚正海和姚苗苗（2018）基于内容分析法，对我国2003～2016年颁布的高技术服务业政策，分别从政策颁布部门、政策颁布时间、政策效力维度、政策工具维度、政策内容类别维度等方面进行量化分析，进而提出了相关政策建议[⑥]。

相关研究结论普遍认为，政府要从宏观规划、财政、金融、税收、人才等方面强化扶持力度，刺激高技术服务业的市场需求，完善市场环境和运行机制等。

需要说明的是，由于地区经济发展的不平衡性，高技术服务业的发展水平存在显著的区域差异，理论研究主要集中于经济较为发达的京津冀地区、长三角地区和珠三角地区，缺乏对经济欠发达地区的研究，不能准确地对我国高技术服务

---

① 纪秋蕾，刘进，杨安东，等．我国高技术服务业融资问题的研究——以长江三角地区为例［J］．商业经济，2014（4）：78－80.

② 李勇坚，夏杰长．中国高技术服务业集聚发展现状及政策建议［J］．经济与管理，2011（6）：5－10.

③ 张继良，胡健．中国高技术服务业的聚集特征与影响因素研究［J］．地域研究与开发，2014（4）：8－12.

④ 高先务，程惠英．八大高技术服务业发展水平评估［J］．科技进步与对策，2015，32（1）：134－140.

⑤ 何艳，周诗情．国外高技术服务业的发展模式及其对武汉的启示［J］．科技和产业，2017（8）：43－46.

⑥ 姚正海，姚苗苗．基于内容分析法的高技术服务业政策研究［J］．科技与经济，2018（1）：6－10.

业总体情况做出客观评价。针对高技术服务业，发展政策及模式的探讨如何制订发展政策、如何选择合适的发展模式、如何关注市场需求等方面的研究还比较欠缺。

（三）国内研究现状评价

高技术服务业在我国已经经历了30多年的发展，从研究概况来看，高技术服务业还没有得到学者的广泛关注，但研究热度呈逐年上升的趋势。从研究方法来看，实证研究所占比例越来越大，研究成果越来越有说服力。从研究主题来看，多数文献对高技术服务业发展现状及对策这一核心问题进行了有益的探索，并针对不同的区域提出不同的政策建议，还有部分学者从概念与分类、功能作用和评价指标等方面进行多角度的研究，为促进高技术服务业的发展提供重要的借鉴作用。

随着国内学术界对高技术服务业研究的重视和深入，从描述到注重解释，实现由表象研究到注重发展规律揭示的转变，并强调理论与实践相结合的研究方法已成为研究趋势。研究过程中日益趋向于引入多学科理论，体现多学科交叉的特征，采用多种研究方法。目前，高技术服务业发展水平的测度，开始转向针对高技术服务业发展效率方面的研究。

尽管国内外的研究已经取得一定的成果，为促进高技术服务业的发展做出了积极的工作，为本书研究的开展提供了理论借鉴和逻辑起点，但这些研究仍存在以下不足，应该继续开展研究，并且实证分析呈现出越来越严谨的趋势。

第一，内涵界定不明，统计口径模糊。高技术服务业既可以从高技术产业中衍生出来，也可以从现代制造业中分离出来。目前，学术界、各级主管部门对高技术服务业的内涵界定尚未形成共识，官方也未颁布统一的统计口径，尚未形成成熟的理论体系和完整的分析框架，导致学术研究过程中学者们难以直接进行交流和比较，在一定程度上制约了管理实践和政策制定。因此，需要深化对高技术服务业的概念、本质属性、统计口径与方法的研究，准确界定行业种类是把握产业发展规律，指导实践工作的基础，如何根据我国国情科学定义高技术服务业是亟待解决的首要问题，可以参照国际统计的相关规定，结合我国的现实状况，尽快制订具有可操作性的高技术服务业统计指标体系。

第二，从研究方法来看，现有文献关于高技术服务业的研究偏规范、轻实证。现有文献中，多为规范研究，实证研究比例较小，这样容易导致高技术服务业的规范研究缺少实证研究的支撑。虽然这一现象的部分原因是：国内高技术服务业属于近年来迅速崛起的新兴产业，尚有大量理论演绎工作可做，但也反映了运用具体数据、设计模型定量研究是将来研究亟待解决的关键问题。另外，针对高技术服务业发展水平的评价，较多地采用模糊综合评价、主成分分析、传统DEA等方法，其评价过程要么受到主观因素的影响，要么受到环境因素和随机误差的影响，从而影响评价结论的科学性，需要我们对评价模型进行创新。多种研究方法的使用对高技术服务业发展的水平测度与效率评价方面的研究有着重要意义，也为后续学者的研究提供了广阔思路。

第三，从研究视角来看，大部分研究都是从国家或区域宏观层面上来考察高技术服务业发展现状并提出对策建议，较少从中观和微观层面上关注高技术服务业的自身管理与发展问题，从而导致促进高技术服务业组织发展的政策显得宽泛，无法落到实处。现有研究主要关注促进高技术服务业的市场需求，提出的相应对策，多为静态的，没有考虑该产业特点、不同发展阶段、区域差异和成长规律，针对对策建议的实施效果也缺少客观评价。未来研究应基于经济发展的新常态，关注推进高技术服务业的供给侧结构性改革、扩大有效需求。

第四，从研究主题来看，国内现有研究成果比较零散，主要集中于高技术服务业的发展现状及对策建议上，但其研究缺乏系统性和针对性。学者们应当将高技术服务业作为一个完整的产业，深入研究行业发展规律、动力机制，针对不同地区的经济发展状况从宏观、中观和微观层面系统性地提出措施建议。大多数研究主要在学习借鉴国内高技术服务业的早期经典文献，对于国外研究成果的关注度不高，在未来的研究中，应当加强国内外学者的交流，从国外高技术服务业的发展过程中汲取有益的经验。

鉴于我国特殊的国情和高技术服务业发展的实际状况，对国外的发展经验不宜完全照搬。开展针对发展中国家国情的高技术服务业发展水平提升对策研究已经迫在眉睫。

第三节 研究内容与方法

一、研究内容

本书涉及的主要研究内容如下。

第一章：绪论。介绍本书的研究背景和研究意义，梳理国内外相关文献的现状并进行评价，概述研究的主要内容和研究方法，并指出可能的创新点。

第二章：高技术服务业基本理论概述。首先，简要介绍了服务业的内涵和分类；其次，具体考量知识密集型服务业、现代服务业、主导产业、高技术产业、生产性服务业、战略性新兴产业等相关概念，厘清高技术服务业的属性以及与周边产业关系，明确其内涵与外延，提炼其特征，界定高技术服务业的具体分类；最后，论述了高技术服务业发展的理论基础、成长规律和演化动力机制。

第三章：高技术服务业发展现状评价与水平测度研究。本章针对我国高技术服务业发展现状进行了客观评价，定量分析了高技术服务业推动国民经济增长的贡献，在科学构建测度高技术服务业发展水平的指标体系基础上，运用熵值法和变异系数法确定权重，定量测度了我国典型区域的高技术服务业发展水平。

第四章：我国高技术服务业效率评价研究。本章分别从区域层面、行业层面、企业层面多个维度进行了我国高技术服务业的效率评价，进而探寻影响效率的主要因素。运用三阶段 DEA 模型客观评价高技术服务业上市公司的效率水平，以剔除环境和随机误差的影响。

第五章：代表性高技术服务业上市公司融资效率评价与影响因素分析研究——以软件和信息技术服务业为例。鉴于融资活动的重要性，以专题的形式，专门针对软件和信息技术服务业上市公司的融资效率与影响因素问题展开研究，具体包括软件和信息技术服务业上市公司发展现状分析、融资效率评价、影响因素分析和对策建议。

第六章：我国高技术服务业发展的政策分析、环境评价与对策建议。基于内容分析法，分别从政策颁布部门、政策颁布时间、政策效力维度、政策工具维度、政策内容类别维度等方面进行量化分析，系统梳理和分析了我国制订的促进高技术服务业发展的政策措施；运用主成分分析法和聚类分析法客观评价其发展环境；系统梳理了发达国家促进高技术服务业发展的经验；基于相关研究结论，结合我国实际和行业特点，提出促进我国高技术服务业发展的对策建议。

第七章：研究结论与展望。总结本书的研究结论和主要观点，并且对本书研究过程中尚未完成的问题和以后需要继续研究的问题进行说明。

二、研究方法

本书研究过程中采用文献研究法、规范研究法、实证研究法、比较分析法等研究方法。

（1）文献研究法。

对选题所涉及研究领域的文献进行系统梳理，利用 Cite space V 软件对 CNKI 数据库中 2006～2021 年 225 篇相关文献实施了可视化计量分析，明确代表性文献的主要观点和研究方法等，找出目前研究过程中存在的问题，及时掌握该领域的研究动态和趋势。

（2）规范研究法。

通过相关理论分析，明确高技术服务业的内涵、特征和分类；运用归纳法和演绎推理法揭示高技术服务业成长的特征、理论基础和成长规律，并运用 CAS 理论阐述了高技术服务业发展的演化动力机制。

（3）实证研究法。

在科学构建评价指标体系的基础上，运用熵值法和变异系数法确定权重，测度我国典型区域的高技术服务业发展水平。基于效率理论，运用 DEA 方法，包括传统 BCC 模型、Malmquist 指数模型和三阶段 DEA 模型，分别从静态、动态和剔除环境因素与随机因素三个方面对高技术服务业的发展效率进行评价；此外，采用 Tobit 模型对影响效率的因素进行验证分析。通过这些方法的应用，力求更为准确地计算该行业效率值，为提出适合该行业效率提升的对策建议奠定基础。

(4) 比较分析法。

基于规范研究和实证研究的结论，对国外发达国家促进高技术服务业发展支持政策的背景、着力点和效果进行比较分析，借鉴其先进经验，结合我国现有政策和措施进行量化分析的结果，提出具有针对性和可操作性的促进我国高技术服务业发展的对策建议。

第四节 研究思路与创新点

一、研究思路

本书采取的研究思路如下：按照“提出问题→构建理论→分析问题→解决问题”的思路开展研究，在相关文献综述的基础上，综合运用归纳法和演绎推理法，论述高技术服务业发展的理论基础、成长规律和演化动力机制，具体分析了我国高技术服务业的发展现状和特点，系统探讨我国高技术服务业的发展水平和效率提升问题，构建符合高技术服务业产业特征的发展水平测度指标体系，度量其发展水平，运用三阶段 DEA 模型和 Malmquist 指数模型等方法多个层面实证反映其效率水平，并且分析效率的影响因素，从微观和宏观相结合角度，设计优化促进我国高技术服务业发展的提升对策，为政府和相关部门提供理论依据和决策支持。

二、技术路线

本书研究过程采用的技术路线如图 1 - 6 所示。

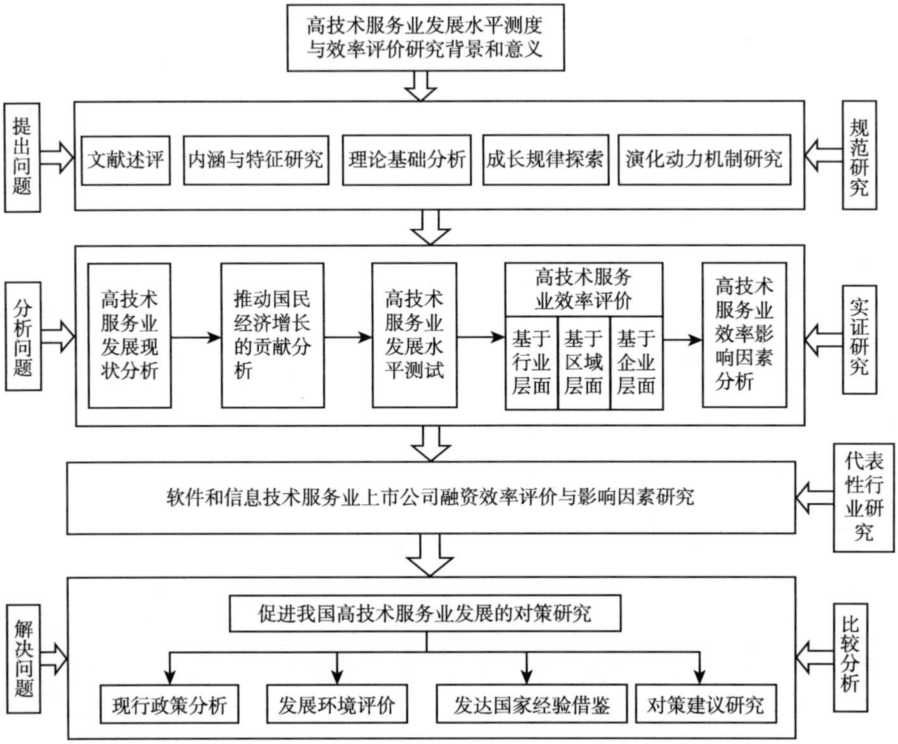

图 1－6　本书的研究技术路线

三、创新之处

1. 研究视角创新

高技术服务业的发展要适应产业融合和产业转型升级的总体趋势，其发展水平与效率提升路径要适应产业特征和符合发展规律的要求。本书以理论分析、实证研究和国外经验借鉴为基础开展对策研究，选择高技术服务业效率评价方法时，突破传统的评价方法，采用三阶段 DEA 模型消除环境因素和随机因素的影响，定量寻找影响其效率水平的主要因素，保证研究结论的准确性，我国高技术服务业发展水平的提升对策不仅要政府引导和完善市场机制，而且要改善非市场机制，构建多维对策体系，体现了研究视角的创新。

2. 研究方法创新

综合运用管理经济学、科技政策学、数量经济学等跨学科知识，采用归纳法、演绎推理法、实地调研、熵值法、三阶段 DEA 分析法、多元回归分析法、主成分分析法、比较分析法等研究方法，实现学科交叉和相互移植，实现了研究方法和手段的重要创新。

第二章

高技术服务业基本理论概述

第一节

服务业的内涵与分类

一、服务的内涵

关于服务的定义，最早是由亚当·斯密提出的，他通过划分生产性劳动和非生产性劳动，将生产有形商品的劳动定义为生产性劳动，而服务活动则是非生产性劳动的表现形式。

霍尔（T. P. Hill）1977 年提出的服务概念，得到了多数学者的认可，其指出："服务是指人或隶属于一定经济单位的物在事先合意的前提下由于其他经济单位的活动所发生的变化"，这种变化是指消费者通过获得服务，身体和心理所产生的变化。霍尔进一步指出："服务的生产和消费同时进行，即消费者单位的变化和生产者单位的变化同时发生，这种变化是同一的。"[①] 服务最主要的特征是无形性，除非服务体现在商品之中，否则与一般商品比较而言，服务是无法触摸的。

二、服务业的内涵

"服务"概念的模糊直接导致了"服务业"概念界定的困难，直到现在关于

① 杨圣明，刘力．服务贸易理念的兴起与发展［J］．经济学动态，1999（5）：50 – 55.

“服务业”的界定也没有形成统一的定义，布尼尔达曾提出，有多少服务理论研究者就有多少服务业的分类方法。

服务业的概念来源于西方“第三产业”概念。“第三产业”这一概念最早是英国经济学家埃伦·费希尔（Allen Fisher）（1935）在其所著的《安全与进步的冲突》一书中提出的，形成三次产业分类法。根据其提出的观点，“第三产业”涉及旅游、娱乐、文化、艺术、教育、科学和政府活动等以提供非物质性产品为主的部门。

李江帆（1990）在其所出版的《第三产业经济学》中依据马克思政治经济学的分析过程，从生产、流通、交换和消费环节来探讨服务业的发展，并提出了著名的“第三产业比重增大规律”①，该理论认为随着第三产业在国民经济中的发展，就业比重和产值比重都趋向于增大，据此构建了一套服务经济研究的理论框架。

黄维兵（2003）将服务业定义为经济部门或企业的集合，该部门或企业主要生产或提供各种服务，服务业生产的基本特征是运用服务的方式，为社会生产和居民消费提供各种使用价值②。

李美云（2007）认为服务业是“直接提供各种服务的经济实体或企业的集合”，可将其看成是“第三产业”的等同概念③。但两者之间仍然存在一定的区别，第三产业与第一、第二产业相对应，而服务业则与农业和工业相对应。实际上，从行业构成角度看，服务业与第三产业十分接近但又不完全等同。第三产业是物资产品生产部门以外的所有行业，即第一和第二产业以外的所有行业部门④，包括通常所说的流通部门和服务部门。

许多文献是通过“排除法”对服务业进行定义的，通常服务业是指非第一产业与第二产业的经济量，即广义的服务业通常是指第三产业，同时也涵盖了交通通讯与娱乐休闲等领域。

根据国际公认的定义，区分一个国家是否进入服务经济时代主要是看服务业

---

① 李江帆．第三产业经济学［M］．广州：广东人民出版社，1990.

② 黄维兵．现代服务经济理论与中国服务业发展［M］．成都：西南财经大学出版社，2003.

③ 李美云．服务业的产业融合与发展［M］．北京：经济科学出版社，2007.

④ 李琮．世界经济百科辞典［M］．北京：经济科学出版社，1994.

的产值占 GDP 的比重是否超过 50%，如果是则意味着该国已进入服务经济时代。从 20 世纪 80 年代开始，全球产业结构已出现从“工业型经济”向“服务型经济”转型的特征。

三、服务业的特征

最初服务业仅仅是指提供无形产品的行业，其所提供产品的生产与消费具有不可分割、同步进行的特征，随着科技进步和经济发展，该特征也发生了变化。由于服务业与制造业的融合越来越密切，许多无形的、非物质的高技术服务企业产品，也要依托物质产品为载体。服务业具有以下特征。

（1）无形性。这是商品和服务之间最基本的区别。劳务、咨询、科学研究、中介、娱乐、医疗、教育等形式的服务成果是看不见、摸不着的；但有形产品往往是看得见的、可触摸的。

（2）生产和消费同步性。大多数商品是先生产，然后存储、销售和消费；但大部分的服务却是先销售，然后同时进行生产与消费。

（3）低能耗性。有形商品的生产需要依赖一定的资源消耗；虽然服务业需要基础设施的支持，但大多数服务行业对资源消耗和环境依赖较少。

（4）相互依存性。服务业与其他行业既有一定的区别，又存在紧密的联系。特别是为生产和市场服务的行业，与制造业、农业等其他行业发展互为依存；随着科学技术水平的不断提高，服务业和其他行业不仅具有专业分工越来越细的趋势，而且呈现相互渗透融合的特点。

四、服务业的分类

根据联合国标准产业分类法（ISIC），按照服务性质和功能特征可将服务业划分为流通服务业、生产性服务业、社会服务业和个人服务业四类，具体包括商业及零售、酒店旅游、交通仓储通信、金融、房地产和租赁、公共行政与国防、教育、医疗及相关社会服务、其他社会社区服务、家庭雇佣服务、国际及跨国组织。

联合国于1958年制定产业分类标准（ISIC），1968年、1990年、2006年分别进行了修正，联合国《所有经济活动的国际标准行业分类》（第4版）对服务业的主要分类情况包括：“批发和零售业、汽车和摩托车的修理，运输和储存，食宿服务活动，信息和通信，金融和保险活动，房地产活动，专业、科学和技术活动，行政和辅助活动，公共管理和国防、强制性社会保障，教育，人体健康和社会工作活动，艺术、娱乐和文娱活动，其他服务活动，家庭作为雇主的活动、家庭自用、未加区分的物品生产和服务活动，国际组织和机构的活动。”①

通过对比可以看出，国际行业分类的标准是适应经济社会的进步和统计工作的要求而不断修订的，以满足相关理论研究和统计实践工作的需要。

第二节

高技术服务业的概念、特征与分类

高技术服务业是近年来新提出的概念，主要包括信息传输、软件和信息技术服务业，科学研究和技术服务业，知识产权服务业等。它是在社会经济发展的过程中，现代服务业与高新技术产业相互渗透、相互融合所形成的新兴产业。

一、高技术服务业的概念

高技术服务业的发展虽然迅速，但由于认识的角度不同，目前人们对高技术服务业还未形成明确、完整的界定，同时关于高技术服务业对经济社会发展的重要性认识仍然不足。国外并未针对高技术服务业进行专门的内涵界定，而是采用知识密集型服务业、科技服务业等概念。

在《2005年度科技型中小企业技术创新基金若干重点项目指南》中，科技部提过高技术服务业但并未给出具体定义。曾智泽（2007）提出高技术服务业是指具备高水平人才，在高研发投入与高专利申请活动的基础上，从高技术制造业

① https：//wenku. baidu. com/view/5d25897270fe910ef12d2af90242a8956aecaa6f. html.

价值链上延伸形成的高端服务新业态[①]。王仰东等（2007）认为高技术服务业是现代服务业与高新技术产业相互融合发展所形成的产物，其核心是创新，以中小企业为主体，运用现代经营管理理念促进传统产业结构优化升级，运用高新技术为市场发展提供专业化增值服务的知识密集型新兴产业[②]。王江和李郁璞（2010）则从广义和狭义两个角度对高技术服务业进行定义。广义上是指运用了高新技术的服务业，是由以生物、信息、空间、海洋、新材料、新能源技术以及环境保护和管理技术等最新前沿科学技术生产的内涵延伸所形成的新业态；狭义上可以按照政策内容定义为运用高科技手段的现代服务业[③]。

综上所述，高技术服务业与知识密集型服务业、现代服务业以及生产性服务业等概念存在一些共通之处，但高技术服务业对应于高技术制造业，是基于高技术而发展起来的服务业，也是目前战略性新兴产业的重要组成部分。高技术服务业与传统服务业不同，它是一个相对动态的概念，既具有服务业的基本特性，又具有技术密集和高技术含量。本书认为，高技术服务业是在产业融合与产业细化的趋势下，以网络和信息技术、生物技术、现代传媒等高新技术为支撑，在高R&D投入和高专利申请活动基础上，以服务为表现形态，采用现代经营管理理念和商业模式，为产品制造和生活消费提供高技术含量和高附加值服务的新兴服务业。

根据《国务院办公厅关于加快发展高技术服务业的指导意见》（国办发〔2011〕58号）的要求，依据《中华人民共和国统计法》，参照国际相关分类标准并以《国民经济行业分类》（GB/T 4754—2017）为基础，国家统计局颁布了《高技术产业（服务业）分类（2018）》，规定包括信息服务、电子商务服务、检验检测服务、专业技术服务业的高技术服务、研发与设计服务、科技成果转化服务、知识产权及相关法律服务、环境监测及治理服务和其他高技术服务等9大类。

① 曾智泽．高技术服务业的特征与内涵［J］．科技与经济画报，2007（5）：34－35.

② 王仰东，杨跃承，越志强．高技术服务业的内涵特征及成因分析［J］．科学学与科学技术管理，2007（11）：10－13.

③ 王江，李郁璞．北京市高技术服务业发展现状及前景分析［J］．国际商务（对外经济贸易大学学报），2010（3）：57－62.

二、高技术服务业相关概念辨析

产业是指按工业化标准、进行流水线生产的模式，是具有某种同一属性的企业集合体，也是国民经济中以特定标准划分的部门。高技术服务业是在经济全球化趋势日益明显和进入信息技术时代的环境下出现的，在其不断的发展进程中，与知识密集型服务业、现代服务业、主导产业、高技术产业、生产性服务业、战略性新兴产业等概念既存在区别，又有联系。厘清高技术服务业的属性以及与周边产业关系，明确其内涵与外延，提炼其特征，为后续研究奠定基础。

（一）知识密集型服务业

欧洲学者倾向于使用“知识密集型服务业（KIBS）”，采用描述性定义的方式，认为知识密集型服务业是以知识为基础、R&D（研究和开发）高度密集、高知识附加值的产业[①]。但是这种定义很难准确地体现知识密集型服务业形式以及活动多样性的特点。曹勇和佘硕（2008）认为知识密集型服务业是指企业在提供服务时融入大量科学、工程、技术等专业性知识的服务[②]。国务院发展研究中心2001年7月3日第99号调查研究报告提出，知识密集型服务业是指运用互联网、电子商务等信息化手段的现代服务业，其产品价值体现在信息服务的输送和知识产权上，要求服务提供者具有一定的专业技能和科研水平。与知识密集型服务业相比，高技术服务业还包括生产服务和生活服务。

（二）现代服务业

“现代服务业”是我国特有的提法，国外一般都以知识密集型服务业、新兴产业替代。现代服务业一词在我国最早出现在1997年9月党的十五大报告中；2000年10月党的十五届五中全会关于“十五”计划建议中，提出要加速发展现

① 廖兰芳．我国知识密集型服务业知识供应链模式研究［D］．武汉：武汉理工大学，2006.

② 曹勇，佘硕．知识密集型服务业概念内涵与外延的中国视角研究［J］．科学学研究，增刊（上），2008（10）：103－110.

代服务业；2002 年 11 月党的十六大报告中明确提出“加快发展现代服务业，提高第三产业在国民经济中的比重”，从而使现代服务业成为我国产业发展政策中的一个正式提法[①]。现代服务业是社会分工不断细化和专业化的产物，目前现代服务业常见的描述是：伴随着信息技术和知识经济的发展，采用现代化的新技术、新业态和新服务方式改造传统服务业，创造需求，引导消费，向社会提供高附加值、高层次、知识型的生产性服务和生活性服务的服务业。

现代服务业和传统服务业存在一定的区别。传统服务业包括传统的生产模式与传统的需求两层含义，最终需求决定了服务的内容。典型的传统服务业包括传统的家庭与个人服务、商业等消费性服务。随着经济发展水平的不断提高以及服务业结构的优化升级，传统服务业在国民经济中的地位和重要性逐渐降低。黄繁华（2002）将我国现代服务业划分为生产性服务业和消费性服务业两种类型，其中生产性服务是指在现代物流、电子商务、金融保险、信息服务、技术研究与开发、企业经营管理服务等活动中融入现代科学技术和满足生产中间需求的各项服务；消费性服务是指在旅游、房地产、教育、医疗、娱乐、社区服务等活动中为提高生活质量和扩展能力所需要的服务[②]。目前国内外对现代服务业的观点大致分为两种，一种观点是指现代服务业就是服务业的现代化，在传统服务业的基础上进行技术或管理变革的创新；另一种观点认为现代服务业是以知识和技术为支撑，为其他企业提供高附加值的中间产业。2005 年 8 月发布的《北京市现代制造业和现代服务业的统计标准（试行）》中规定：现代服务业包括信息传输、计算机服务和软件业，金融业，房地产业，租赁和商务服务业，科学研究、技术服务和地质勘查业，水利、环境和公共设施管理业，教育，卫生、社会保障和社会福利业，文化、体育和娱乐业等行业中的部分单位（企业）。“现代服务业”的概念主要用于理论和政策研究，它的分类和统计与国民经济行业分类并不是完全吻合。

现代服务业大体相当于现代第三产业，是适应科技和社会发展的进步，而产生和发展起来的具有高技术含量和高文化含量的服务业，主要是指生产者提供中间投入的知识、技术、信息相对密集的服务业。相对于现代服务业而言，高技术

---

① 晁钢令．服务产业与现代服务业［M］．上海：上海财经大学出版社，2004.

② 黄繁华．经济全球化与现代服务业［M］．南京：南京出版社，2002.

服务业的范围要小一些，它只是现代服务业的一个“子集”。与一般意义上的现代服务业不同，现代服务业的外延要比高技术服务业更加广泛。

（三）主导产业

新的重要技术和创新首先出现在主导产业部门，当今经济发展本质上来讲就是主导产业部门不断变化的结果，主导产业借助关联效应，进而带动其他产业的发展从而促进整个经济的发展。江小娟（1996）认为，主导产业能够较多地吸收先进技术，当面对大幅度增长需求时自身能保持较高的增长速度，同时也能有效带动其他产业的发展①。于淑艳（2012）提出，主导产业是指在工业化进程中，在不同的发展阶段上产生的能够通过其前后向关联与旁侧关联带动整个经济增长的、在国民经济中居于主导地位的产业部门②。

20 世纪 80 年代初，我国以轻工业、纺织业为主；至 90 年代初，基础产业、基础设施、家电业、房地产业开始兴盛；21 世纪初，住宅、汽车、通信产品等新主导产业迅速发展，钢铁、基础设施等相关投资型产业得到了迅速发展，进而拉动电力、煤炭、港口等基础行业，我国国民经济迎来了一个快速发展阶段。从发达国家的经验看，目前由住宅和汽车为主导产业形成的经济增长只能持续 10 年左右。随着我国全面建成小康社会的推进，服务业的比重逐步上升，成为国民经济的主导产业③。

主导产业的规模较大，能够快速有效地吸收创新成果，在满足大幅度增长需求的同时获得较高的增长率，同时能够直接或间接地影响其他产业。主导产业不仅生产规模大、产品输出率高，而且关联效应强。主导产业的形成源于初创期的新兴产业，而在成熟期将发展成为一国或地区的支柱产业。

（四）高技术产业

目前学术界关于高技术产业的内涵并未统一，高技术产业是运用高技术开发

---

① 江小娟．世纪之交的工业结构升级［M］．上海：上海远东出版社，1996.

② 于淑艳．产业结构调整与区域经济发展研究——以辽宁为例［M］．北京：经济科学出版社，2012.

③ 孙月平．促进城市现代服务业的特色化发展［J］．现代经济探讨，2008（2）：10－13.

功能和高附加值的产业部门，是以高技术成果作为要素投入生产高附加值产品的产业，它是知识与技术密集型的产业，能够代表一个国家的综合国力和整体竞争力，也关系到一个国家未来国民经济与社会的发展。

目前，国外对高技术产业通过产业的研究开发含量、科技人员在就业人数中所占比重这两个指标进行量化。例如，美国学者纳而逊认为："高技术产业是导致经济增长的'先导产业'和增强国家经济竞争力的'战略产业'。"英国的两位学者麦克奎德（Mcquaid）和兰格里奇（Langridge）指出，高技术产业应是高技术产品的生产者，而不是使用者。在加拿大，采用部门法和综合法界定高技术产业。经合组织（OECD）在20世纪80年代将研究与开发（R&D）经费占总产值的比重高于4%的行业划分为高技术产业，随着经济发展中知识与技术因素的急剧增长，90年代后期这一标准提高到8%，OECD成员都通过该划分标准对高技术产业进行统计并比较。由于不同地区的经济发展进程、科技发展状况、技术开发能力以及发展条件存在差异，即使是相同产业所选定的高技术产业也并不会完全相同。国际社会广泛采用的是OECD所提供的高技术产业的分类，自然也成为我国研究和界定高技术产业的基础。由此可见，发达国家一般认为高技术产业是指运用信息技术、生物技术和新材料等当代尖端技术生产高技术产品的产业群，通过高技术和资源的投入生产高附加值产品的产业。

目前，我国对高技术产业的统计范围是根据OECD的分类标准来界定的，但是OECD的分类目录所采用的是国际标准产业分类（ISIC），而我国是在现行的国民经济行业分类标准（GB/T 4745—2017）基础上确定的，两者分类所包含的内容存在一定的差异。事实上，我国对高技术产业的界定，是通过划分高技术范围来确定的。原国家科委1991年把我国的高技术划分为微电子和电子信息技术等11类。2002年7月，国家统计局制定了我国高技术产业统计分类标准，具体界定为核燃料加工业等8类。高技术产业涉及的范围要大于高技术服务业，高技术产业除包括高技术服务业外，还包括高技术制造业等。

目前国家统计局公布的高技术产业分类包括《高技术产业（制造业）分类（2017）》和《高技术产业（服务业）分类（2018）》两部分；相关内容对比情况如表2－1所示。

表 2－1　　　　高技术产业（制造业、服务业）分类构成

高技术产业（制造业）分类	高技术产业（服务业）分类	说　明
医药制造业	信息服务	
航空、航天器及设备制造业	电子商务服务	
电子及通信设备制造业	检验检测服务	
计算机及办公设备制造业	专业技术服务业的高技术服务	
医疗仪器设备及仪器仪表制造业	研发与设计服务	
信息化学品制造业	科技成果转化服务	
	知识产权及相关法律服务	
	环境监测及治理服务	
	其他高技术服务	

高技术服务业作为高技术产业的重要组成部分，其围绕某一特定的行业或者固定的市场主体开展科技服务活动，而高技术产业则涉及制造业和服务业等多个行业，当然两者存在一定的交叉，它们同时聚集了大量高技术人才，创造了较高的行业附加值。高技术服务业的发展对促进高技术产业发展、提高经济发展质量具有重要作用。

（五）生产性服务业

生产性服务业在西方服务经济中占据主导地位，西方学者在研究服务业的过程中，将其划分为“商业服务业”“公共服务业”“基础服务业”“生产性服务业”四大类。生产性服务业作为货物生产的投入发挥着中间功能，提高了不同生产阶段的增加值和运行效率①。随着生产性服务业的兴起和快速发展，最终产品在生产过程中不同阶段的产出价值和运行效率得到提高，从而服务经济推动了国民经济的增长。格鲁伯和沃克（1989）认为，“生产者服务”是指“那些为其他商品和服务的生产者提供中间投入的服务”②。同时，格鲁伯和沃克指出：“通过生产性服务业这一途径，人力资本和知识资本的积累、日益专业化与迂回生产表现为一个不断发展的经济。”

① 薛源．武汉市现代服务业投资环境研究［D］．武汉：华中师范大学，2005.

② ［加］G. 格鲁伯等．服务业的增长：原因与影响［M］．上海：上海三联书店，1993.

通常来说，生产性服务是指那些与生产直接相关的服务，在生产、商务活动过程中的中间投入，属于市场化的非终端消费服务，包括高技术服务业、交通运输业、现代物流业等。

（六）战略性新兴产业

在国际金融危机的背景下，新的科技革命和产业革命正在崛起。战略性新兴产业属于知识、技术和人才密集的高科技产业。对于我国而言，发展战略性新兴产业是加快经济发展方式转变、发展绿色低碳经济、实现产业升级的重要途径。我国在“十大产业振兴规划”之后明确提出要“大力发展战略性新兴产业”；国务院总理温家宝2009年11月3日向首都科技界发表的《让科技引领中国可持续发展》讲话中指出：“科学选择战略性新兴产业非常关键。选对了就能跨越发展，选错了将会贻误时机。战略性新兴产业必须掌握关键核心技术，具有市场需求前景，具有资源能耗低、带动系数大、就业机会多、综合效益好的特征。”战略性新兴产业对一国或地区经济社会的发展具有重要的战略意义，其具备高技术含量、高附加值、创新性强、辐射带动作用突出等特点。选择战略性新兴产业，关键在于能够准确地把握新兴产业的战略性。2010年2月4日，温家宝总理在省部级班干部落实科学发展观研讨班上提出：“战略性新兴产业是新兴科技和新兴产业的深度融合，代表着科技创新的方向，也代表着产业发展的方向。”2010年10月国务院颁布了《关于加快培育和发展战略性新兴产业的决定》，2012年5月通过了《“十二五”国家战略性新兴产业发展规划》，对上述决定进一步完善和细化。

我国的战略性新兴产业从2009年9月确定的新能源等7个领域，调整为2010年6月提出的节能环保等7个领域①。战略性新兴产业具有以下三个方面的特征：第一，具有全局性，与国民经济发展全局直接相关；第二，具有导向性，其产业选择实际上在传达一种信号，体现政府的政策导向；第三，具有动态性，战略性新兴产业为了适应经济、社会、科技、人口、资源、环境等变化带来的新

① 陈清泰．培育新兴产业的若干问题［N］．科技日报，2010－06－18．

要求，需要依据时代变迁和内外部环境的变化不断进行调整。国家统计局2018年10月12日第23号令颁布的《战略性新兴产业分类（2018）》中规定，战略性新兴产业包括新一代信息技术产业、高端装备制造产业、新材料产业、生物产业、新能源汽车产业、新能源产业、节能环保产业、数字创意产业、相关服务业等9大领域。

高技术服务业具有独特的核心技术、良好的市场需求前景，具备产业关联度大、能源消耗低、就业机会多和综合效益好的特征，能够有效地带动高技术产业和现代服务业的发展，是可持续发展的战略性新兴产业。

三、高技术服务业的特征①

从高技术服务业的产生与发展过程可以看出，其具有以下几个特征。

1. 高技术性

从产业演进角度来看，在高技术服务业的形成过程中，高新技术起着十分重要的作用，高技术的含量同时体现在服务形式和服务内容中，高技术服务业的形成必须通过高新技术的不断渗透；从价值贡献角度来看，在其提供的服务价值中占有绝对优势的是技术价值。高技术服务业发展的核心是技术创新，但投入巨额资金进行高新技术的研发不一定会成功，往往会面临不确定性②。

2. 服务业的特性

高技术服务业是通过非物质产品的服务活动方式创造价值，从产业层次讲仍属于第三产业，主要的表现形态为服务业，但与其他服务业相比，该服务主要是通过信息通信技术、网络技术等高技术提供，因而具有更先进的服务手段、更新颖的服务内容以及更高的科技含量和附加值。

3. 高增值性

高技术服务业是以高新技术服务满足人们潜在的需求，由于其材料消耗少和

---

① 姚正海，倪杰．高技术服务业的概念、分类以及对社会经济发展的影响［J］．商业经济，2012（6）：41－43.

② 洪功翔，沈宏超，崔立志．新兴产业培育与发展研究［M］．北京：科学出版社，2013.

节能效果显著的特点在国民经济中具有巨大乘数效应，能够有效带动服务业和制造业升级，而决定高技术服务业专业程度的关键在于高技术服务中对技术的垄断性和优劣程度。高技术服务的过程不仅包括高技术的传播和使用，同时也包括高技术增值的过程，在整个价值链中，研发、设计、创意、咨询、售后服务等服务活动的价值含量日益增高。

4. 低能耗性

高技术服务业是技术密集型与智力密集型产业，与传统的以煤炭、能源、汽油、电力、天然气等能源消耗方式不同，它主要依赖科教资源从而有利于实现节约、环保、可持续增长的经济发展模式。王江和李郁璞（2010）的实证研究结论表明，北京市高技术服务业能耗比的逐步下降说明了高技术服务业本身的技术改进对北京市节能减排的贡献，其将前沿的新能源、节能减排等科研成果较快转化为实际生产中的生产能力，呈现出绿色经济效应①。

5. 技术、知识和人力资本密集性

通过科学技术和现代管理理念，高技术服务业从事的工作更为精细专业，因为提供服务的企业或机构拥有更为专业的技术和更高的素质，能够为客户提供更高技术领域的专业服务，该类企业中通常具有技术、知识和人力资本密集的特点，其中智力劳动占据主导地位。

四、高技术服务业的分类

高技术服务业的外延基本上包含于知识密集型服务业和现代服务业的外延之中，与新型服务业的外延有部分交叉。当前对于我国高技术服务业的界定和统计分类并不明确，主要涉及政府有关部门的规定和理论界的研究成果。

（一）政府有关部门的分类

科技部《2005 年度科技型中小企业技术创新基金若干重点项目指南》首次

① 王江，李郁璞．北京市高技术服务业发展现状及前景分析［J］．国际商务（对外经济贸易大学学报），2010（3）：57－62.

提出了高技术服务业的支持方向，其中重点支持的有六类：信息技术服务业，生物医药技术服务业，新材料技术服务业，光机电一体化技术服务业，资源、环境保护技术服务业，新能源与高效节能技术服务业。科技部火炬高技术产业开发中心发布的《2006 年国家高新区高技术服务业发展态势》中的高技术服务业包括两大类：G 大类，即信息传输、计算机服务和软件业；M 大类，即科学研究、技术服务和地质勘探业。

国家发展改革委办公厅下发的《关于当前推进高技术服务业发展有关工作的通知》中指出，高技术服务业主要包括信息技术服务、生物技术服务、数字内容服务、研发设计服务、知识产权服务和科技成果转化等知识和人才密集、附加值高的相关行业；国务院办公厅下发的《关于加快发展高技术服务业的指导意见》中列出重点推进的八个领域：研发设计服务、知识产权服务、检验检测服务、科技成果转化服务、信息技术服务、数字内容服务、电子商务服务和生物技术服务，包括的内容与前者基本相同。按照《国民经济行业分类（2002）》（GB/T 4754—2002）统计目录，高技术服务总量统计主要包括：一是第“G”类，信息传输、计算机服务和软件业；二是第“M”类，科学研究、技术服务和地质勘查业；三是第“L”类中的 7450 小类，即知识产权服务。国民经济统计对行业分类的基本原则是经济活动的同质性，凡经济活动的性质相同就属于一类，而不看其生产方式、科技水平是否先进。高技术服务业在统计分类上属于一个跨多个行业的概念。

《国民经济行业分类（2011）》（GB/T 4754—2011）中高技术服务业包括第“I”类、第“M”类和第“L”类中的 7250 小类，分别为“信息传输、软件和信息技术服务业”“科学研究、专业技术服务业”和“知识产权服务业”。2017 年 10 月 17 日国家统计局颁布的国民经济行业分类（GB/T 4754—2017）统计目录中，高技术服务业主要包括：一是第“I”类，信息传输、软件和信息技术服务业；二是第“M”类，科学研究和技术服务业。

国家统计局 2018 年 5 月制定的《高技术产业（服务业）分类（2018）》中规定的高技术服务业是指采用高技术手段为社会提供服务活动的集合，具体包括信息服务等 9 大类。该分类是以《国民经济行业分类》（GB/T 4754—2017）为基础，是对国民经济行业分类中符合高技术服务业范畴相关活动的再分类，借鉴了国际组织对“知识密集型服务业”的相关规定和国内外的研究成果。

1984 年我国首次颁布《国民经济行业分类》，先后分别于 1994 年、2002 年、2011 年、2017 年进行修订。国家统计局 2019 年 5 月 20 日公布了《国民经济行业分类》（GB/T 4754—2017）国家标准第 1 号修改单，从 2019 年 3 月 29 日起实施。

（二）理论界的分类

我国学术界针对高技术服务业也有不同的分类。马林（2005）认为，现代服务业的新型业态是以研发为主，属于创新型服务业，集合知识、技术与信息的运用从而提供智力成果与服务，其在主编的《研发产业初论》中将研发产业分为三大部分：（1）信息传输、计算机服务和软件业；（2）科学研究、技术服务和地质勘查业；（3）现代商业服务业，实际上这便是较早时期对高技术服务业做出的全面分类。王瑞丹（2006）根据国际部门行业分类标准，同时结合我国高技术产业与现代服务业的特征，将高技术服务业分成基于网络技术、通信技术以及知识生产与技术服务三类产业形态①。王仰东、杨跃承和越志强（2007）从高技术服务业定义、内涵、特征和产生机制的角度入手，将高技术服务业分为计算机服务业、研发产业、软件产业、信息传输服务业以及电子商务、数字内容等一些尚未明确产业界定的新兴服务业态②。

五、高技术服务业发展对关联产业的影响

高技术服务业的发展对关联产业产生重要的影响。科学技术的日新月异，大大增强了行业间的关联程度，并且呈现出明显的产业关联效应。高新技术本身作为一种技术要素难以作用于产业和经济的发展，必须通过合适的载体发挥辐射和带动作用，高技术服务业不断成为高新技术产业和其他产业结合的纽带，使不同

---

① 王瑞丹．高技术型现代服务业的产生机理与分类研究［J］．北京交通大学学报（社会科学版），2006（1）：50－54.

② 王仰东，杨跃承，越志强．高技术服务业的内涵特征及成因分析［J］．科学学与科学技术管理，2007（11）：10－13.

产业的生产要素以新的方式紧密结合在一起，已经渗透到国民经济的各行各业中，在降低成本的同时提高效率，从而推动其他产业的升级。高技术服务业在技术创新的产生和扩散过程中发挥了重要的作用。高技术服务业新业态的不断出现，传统产业价值链被打破，而日益成为经济增长新的增长点。高技术服务业对产业结构的提档升级作用体现在以下方面：第一，以独立的产业形式存在，并成为国民经济的主导产业；第二，通过延长产品生命周期的方式，达到拉长产业价值链的目的；第三，推动第一、第二产业和其他服务业的快速发展，进而实现国民经济的高质量发展。

（一）高技术服务业发展对农业的影响

高技术服务业积极推进智慧农业的升级发展。其表现在采购端的生产资料线上采购、生产端的农业机械化水平提升与智能动态监测、销售端的农产品市场需求预测等，在高技术服务业的技术支持下，实现自动化与线上化，如在精细农牧业等领域开展物联网应用服务。

随着乡村经济的发展，高技术服务业不仅融入了现代农业内涵，而且高技术服务业自身也以多种形式和乡村农业互动，进而促进产业协调发展。现代农业已经不再局限于传统意义上的种植业、养殖业等农业部门，而是包括第二产业和第三产业的内容，形成围绕农业生产的产业群，延伸了产业价值链。农业的发展需要高技术服务业提供信息、技术等多方位的支持。

（二）高技术服务业发展对制造业的影响

在知识经济时代，高技术服务业具有知识密集、技术密集等特点，一倍的投入可以获得几倍的产出，乘数效应明显，而且其发展与制造业息息相关，对协调高技术服务业与高技术制造业的发展大有裨益。一方面，高技术制造业的发展需要高技术服务业的支撑，由于国际产业市场激烈的竞争，技术的创新无疑是关键因素，但依托中间投入的服务是创造差异化优势的重要手段，推动了产业结构的优化；另一方面，高技术服务业的产生需要高技术制造业的发展，生产性服务业联结生产和消费，是产业关联的黏合剂，高技术制造业的发展在相当程度上填补了一些原有服务行业的空白，高技术服务业由此产生，推动了产业结构的优化升级，带来了配置效应和规模效应，助推经济高质量增长。

高技术服务业与制造业之间存在典型的产业共生关系。高技术服务业依靠来自制造业的需求，获取市场反馈信息，改进服务方式、优化服务流程、进行服务创新，拉动高技术服务业的发展；高技术服务业为制造业提供中间投入产品，运用核心技术和产品，创造新的价值增值环节，提高制造业的价值创造能力。

高技术服务业与制造业互动发展对于产业结构的优化升级和产业竞争力的提升具有重要影响。要实现高技术服务业与制造业的协调发展，必须鼓励发展高技术服务业，通过先进要素投入促进制造业转型升级。与此同时，需求侧制造业要优化内部结构，淘汰或者转移落后机械加工业，大力发展高技术制造业，增加对高技术服务业的中间需求①。

（三）高技术服务业发展对其他服务业的影响

服务业涉及范围广泛，除了包括商业、物资业、房地产业、饮食业、文化卫生业等传统服务业外，还包括科技、会计、资产评估等中介服务业，以及高技术服务等新兴行业。高技术服务业为传统服务业和中介服务业的发展提供技术支撑。

通过高技术服务业积极推进服务业的全面升级。发挥高技术服务业的外部性，以信息技术为抓手，促进健康服务业、金融服务业、科技文化服务业的发展。积极促进高技术服务业与其他现代服务业的有机融合和互动发展，提升服务业信息化水平。高技术服务业的发展对第三产业的持续和高效发展具有重要的推动作用。

第三节

高技术服务业发展的理论基础与成长规律

服务业高技术化与高技术产业服务化是现代产业发展的必然趋势。服务业的

① 李胜，姚正海，付一慧．高技术服务业与制造业互动关系研究——基于产业关联视角［J］．科技与管理，2018（1）：45－50.

高技术化包括两方面含义：首先，运用高技术加快对传统产业尤其是传统制造业的改造，通过先进技术的引进、消化、吸收和再创新提高产业竞争力；其次，发展高技术服务业要走技术集约化的道路，随着知识经济和技术经济一体化进程的加快，进而推动服务业的高技术化。随着科学技术的迅速发展以及生产力水平的不断提高，社会分工日益细致化与专业化。企业生产链和服务链大量外置，社会分工越来越细，产业、行业的专业化程度和协作水平越来越高，促使高技术服务业不断向专业化与协作方向发展，能够有效地从其他服务业中分离出来，形成独具特色的、新型的产业集群。

高技术服务业是科学技术和产业深度融合的产物，它同时代表了技术创新的方向与服务业发展的趋势。推动经济发展方式转变的内在要求使促进发展高技术服务业成为必要条件，其已成为服务业最重要的组成部分。高技术服务业的形成与发展过程有着深厚的理论基础，并呈现出独特的发展特点。

一、高技术服务业发展的理论基础

（一）产业融合理论

进入20世纪90年代，由于技术进步和放松规制，即使是不同产业的企业在竞争与合作关系上也都发生了变化，传统的产业边界越来越不明显，这就是所谓的产业融合现象。产业融合是围绕信息通信领域而展开的一种新经济现象，由于信息化的发展，人类社会进入了服务经济时代的大环境下，产教融合才得以频繁进入人们的视野，因此容易得到人们的关注，影响也最为深远。当然，目前产业融合现象已拓展到诸多领域。产业融合是现代产业发展的必然结果，是在一定的科学技术条件下形成并伴随着技术变革与扩散的过程而出现的一种新经济现象，同时还能够与特定的社会经济形态相关联。产业融合的前提条件是产业边界的模糊，产业创新是产业融合的本质特征，而产业间分工的内部化是产业融合的实质，产业融合的发生有其特定的历史规定性①。李美云（2007）认为新产业的产

① 单元媛．高技术产业融合研究［M］．北京：科学出版社，2012.

生有以下两种方式：第一，分化的方式，即在原有产业中通过原有某些环节分工的独立化分化出新产业；第二，融合的方式，即通过原有诸多产业一些环节的重新组合、相互渗透或交叉衍生出新的产业①。

产业融合并不是简单地整合原有框架下各个分割部门，而是在相互渗透中形成一个新的框架，这种框架能够容纳不同部门。从产业融合发生的历史背景和进程来看，它是随着人类社会的高级化发展而在特定的历史阶段所展现出来的一种必然趋势，符合一定的内在规律性。产业融合的发展趋势是将技术创新和技术融合作为发展的基础与核心，通过现代信息技术与基础设施的支撑，产业融合已经成为现代产业发展的一种态势，其本质上属于一种产业创新。产业创新实际上是一个包含全方位多层面的系统概念。

“科技创新——技术融合——高技术服务业产生”是高技术服务业产生和发展的基本路径。作为一种新经济现象，产业融合是围绕信息通信领域而展开的，首先在信息通信领域里发生，因为这个领域内生产力是最为先进的。高技术服务业发展的基础动力来源于企业间的竞争与协作。高技术服务业的出现从表面上看只是由信息技术的创新推进其发展的一种经济现象，但实际上它只是承担着一个催化剂的角色，企业、行业以及产业出于扩大自身利益与市场需求才是推动高技术服务业发展的真正动力，而推动高技术服务业的动力来源则是产业间的关联性以及对效益最大化的追求。

（二）技术创新理论

创新的概念最早是由经济学家约瑟夫·阿罗斯·熊彼特（J. A. Schumpeter）（1912）在其著作《经济发展理论》中提出的，他认为“创新（Innovation）是实现生产要素的一种新组合”，创新决定了企业发展的主要动力、核心竞争力及持续发展能力。20世纪初，熊彼特在其原有基础上对创新思想作了进一步的解释，逐渐形成了以创新理论为基础的经济发展理论体系。技术创新不同于发明创造，而是发明创造等科技成果的商业化和产业化应用，与经济效益的提高有着不

① 李美云．服务业的产业融合与发展［M］．北京：经济科学出版社，2007.

可分割的密切关系。我国学者在借鉴国内外相关研究成果的前提下，作了进一步界定，傅家骥（1998）提出技术创新是企业家为了获得市场上潜在的盈利机会，以攫取商业利益为目的，重新组织生产方式、开辟新的市场、获得新的供给来源或建立新的企业组织的过程①。宋刚等（2008）认为，技术创新是由各创新主体和创新要素在交互影响的作用下所呈现出的一种复杂涌现现象，是科学技术进步和实践应用创新共同演进的产物②。技术创新作为企业的一项重要而复杂的技术手段，能够有效提高企业的自身竞争力。创新是产业发展的原动力，高技术服务业是以现代科学技术特别是信息技术为主要支撑，建立在新的管理理念、服务流程和商业模式基础上的现代服务业。

高技术服务业的成长过程伴随着新技术产业化和新兴企业不断涌现、成长壮大。在知识经济的快速发展下，大批高新技术涌现，极大地推进了服务业的高技术化进程，衍生出一大批以高技术为支撑，提供高质量、高技术含量和高附加值服务的新兴服务业，实现服务业从传统的提供劳务服务转向提供以知识为基础服务为主的转变。一方面，技术创新不能仅应用于产品生产技术的研究开发和工艺流程的改进创造，同时还需要考虑企业的顾客服务和支持系统，了解客户在关键业务流程以及应用领域所具备的专业知识；另一方面，服务创新同时也融入了技术创新，技术创新为服务创新提供了实现手段③。技术创新是高技术服务业的核心驱动力，是其产生和发展的物质技术条件，产业之间的技术融合是前提条件。

（三）产业生命周期理论

20 世纪 80 年代以后逐步兴起的产业生命周期理论来源于产品生命周期理论，许多产业生命周期理论的研究可以借鉴产品生命周期理论的成果。产业与能动的生命体一样，会随着时间的推移发生变化。

产业生命周期是指某种产业从开始出现到完全退出经济活动所经历的一系列过程，一般分为初创期、成长期、成熟期和衰退期四个阶段，作为由提供相同或

---

① 傅家骥．技术创新学［M］．北京：清华大学出版社，1998.

② 宋刚，唐蔷，陈锐，纪阳．复杂性科学视野下的科技创新［J］．科学对社会的影响，2008（2）：28－33.

③ 王仰东，谢明林，安琴，等．服务创新与高技术服务业［M］．北京：科学出版社，2011.

相似服务项目（产品）企业集合的高技术服务业同样包括这四个阶段。但是与一般产业的生命周期对比，高技术服务业生命周期的初创期和成长期较长，成熟期和衰退期较短，如图 2－1 所示。

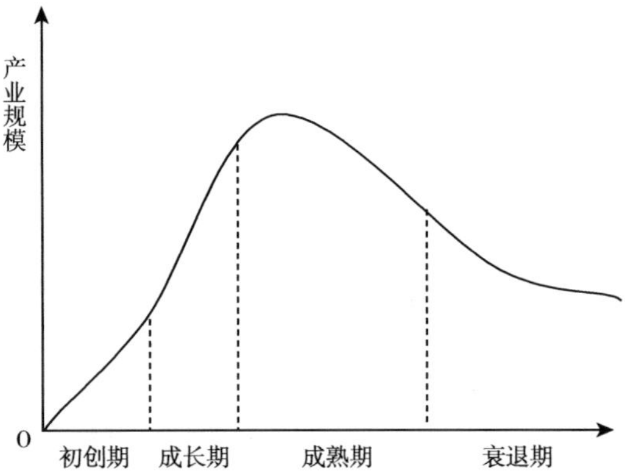

图 2－1　高技术服务业生命周期划分示意图

（1）初创期。某种高技术服务项目可能来自经济社会发展或市场需求，也可能是工程技术人员的推测或发现，该时期需要从若干种可行方案中选择最具开发价值的服务项目进行开发，需要完善新技术的规范、向市场推广服务项目以及修改服务项目的市场标准。

高技术服务业的初创期由于不确定因素较多，企业面临技术风险、市场风险和管理风险等，技术创新失败的比例相当高。产业技术处于探索与改进的过程中，没有形成成熟的技术与方法，市场存在较大的不确定性，产业在形成过程中，如果能获得政府和金融机构的支持，其初创期会缩短。

（2）成长期。在这一阶段，服务项目的研发进入深化期，持续进行的创新活动促使技术日益成熟，市场潜在的需求因生产成本和价格的降低而迅速转化为现实的需求，产业规模日益扩张。

该阶段高技术服务业所占的市场份额不一定很大，但有着较高的增长速度；它的产出比例开始可能较小，但其能在较短的时期内得到快速发展并对产业结构和整个社会经济发展产生较大的影响。该阶段产业的发展前景已经比较明朗、创新产品成长较快、产品品牌在社会上也有了一定的知名度，企业开始获得盈利，盈利能力也逐渐增加，但面临生产规模扩大、市场开拓和产品质量提高等问题。产品的再开发较为频繁，并趋于成熟，产业规模快速扩张，影响力日益增强。

（3）成熟期。在这个时期，市场需求逐渐饱和、供给充分且买方市场日趋显现，需要注意加强服务项目技术和管理的不断创新，保持市场竞争优势。产业成熟后，对服务产品的需求趋于稳定，多数企业在平均成本最低点进行生产和销售并获取正常利润，促进生产要素的集聚，实现集群化发展。

从总体上观察高技术服务业的投入和产出增长速度下降，意味着该产业已进入成熟期，但需要注意的是，即使产业处于成熟期，产业内部不同产品之间也可能处于生命周期的不同发展阶段，一个产品进入成熟期，另一个产品有可能正处于成长期。该阶段资金投入主要用于扩大生产规模、营销渠道的拓展与维护、扩大产品的市场占有份额，以获取更多的利润，技术与经济效益不确定性的风险也已大大降低，但由于投资增加而引起的风险也在增加。创新产品的市场已经比较畅通，可以产生稳定的盈利，但由于技术已经成熟，竞争者开始仿效，会夺走部分市场。产业经过成长期的扩张达到极限后，其生产能力的扩张将会变缓。

（4）衰退期。随着科学技术的进步，市场上出现可以替代原有产业的新兴产业时，原有产业将进入衰退期，这属于对产业自身的否定并孕育出新兴产业。产业进入衰退期后，市场需求萎缩，价格下降速度加快，该段时期产业内越来越多的企业出现亏损，能够容纳的企业数量越来越少，直至最终消失。如果市场竞争尤其激烈，现有客户群日益减少和转移，另外还会受到新产品的巨大冲击，现有产品会在极短的时期内被市场淘汰出局。

高技术服务业的衰退期特征表现为新技术替代老技术，老产品规模日益萎缩，其影响力逐渐降低。新陈代谢规律在高技术服务业同样适用，表现为对原有技术的否定并孕育出新技术的过程。由于高技术服务业产品呈现系列化和差异化的特征，从而保证行业的生命力，高技术服务业在经过衰退期以后，会进入另一轮生命周期。

（四）可持续发展理论

1987 年，世界环境与发展委员会首次系统地描述了“可持续发展”的概念和内涵，认为实现可持续发展不仅要满足当代人的需要，而且要后代人的满足[①]。可持续发展是在保持自然资源的质量和其所服务的前提下，能够最大限度地增加经济发展的净效益；可持续发展要求技术能够更清洁、更有效，尽可能接近零污染，能够更大限度地减少能源和自然资源的消耗。从具体方面来看，可持续发展需要协调统一经济、生态和社会三个方面的因素，在经济层面，主要表现为集约式的经济增长方式，要求同时追求经济数量的增长与质量的提高，在实现经济效益增长的同时保护环境。

2007 年，国务院发布了《关于加快发展服务业的若干意见》，提出“到 2020 年，基本实现经济结构向以服务经济为主的转变，服务业增加值占国内生产总值的比重超过 50%”的战略目标。以信息技术为基础的高技术服务业发展不仅能够代表现代服务业的发展水平，同时还能引领现代服务业的发展。当今社会已实现了从“工业经济”向“服务经济”的转变，这一转变意味着人们的生活水平得到了明显的改善，传统服务业尤其是低端服务业已无法满足社会经济发展的需求，加快发展高技术服务业是实现经济可持续发展的必然选择。长期以来我国服务业的发展以零售业、餐饮、理发、食品等传统产业为主，从现实情况来看，这些产业的发展要想实现更大的发展空间几乎成为不可能。推动高技术服务业的发展将成为我国服务业发展的主要方向，也必将成为带动我国经济可持续发展的重要力量。

（五）复杂适应系统理论

高技术服务业系统是指在一定的政治经济与科学技术条件下，由各种交互作用的因素所构成的一种新兴服务业复杂系统，该系统是一种复杂的非线性系统，具有动态行为特征。虽然系统是发展变化的，但即使在不稳定的状态下系统依然可以保持平衡。适应性是复杂适应系统复杂性的根源，也正是个体与其他个体和环境的相互作用，不停改变自身，同时也对环境产生一定的影响，这是复杂适应系统理论的内涵所在。

---

① Barrow C J. Sustainable Development: Concept, Value and Practice [J]. Third World Planning Review, 1995, 17 (4): 369.

高技术服务业系统是由高技术服务企业、金融机构、高校和研究机构、消费者、政府、制造企业等主体构成的复杂自适应系统。该系统的复杂性主要体现在其涉及了一个多层次、复杂的社会系统，包括高技术服务业自身的经济总量、科技水平的变化、经济活动、社会活动等。高技术服务业生命周期的成长与演化实际上是一个不断学习、调整与创新的过程，呈现出类似生态系统的进化过程，具有阶段性和不规则性。

二、高技术服务业发展的成长规律

高技术服务业的演进过程不仅遵循产业发展的一般规律，还具有符合其属性的特定规律，在整个发展过程中，会同时受到内外部因素的制约与影响。

（一）政府的引导和推动是高技术服务业的助推剂

高技术服务业的发展遵循产业发展的一般规律，因而必须遵守市场规则、尊重价值规律。由于高技术服务业具有高风险性和收益不确定性，其产生和发展不可能是一个完全的自然选择过程。政府需要充分发挥其在资源配置方面的重要作用，通过产业政策和税收优惠政策，为促进高技术服务业的发展创造良好环境。

政府政策对高技术服务业的发展具有引导作用，国家首先要考虑国民经济发展的整体趋势。高技术服务业的发展政策需要依据国家发展战略规划科学合理的制定，才能促使其快速健康的发展，进而提高国民经济的整体利益。从国外新兴产业的发展历程来看，大多制定了科学合理政策的新兴产业都能进行更为有效的发展。

各地政府需要结合区域经济发展所处阶段和资源禀赋条件，立足本地实际，因地制宜，制定科学的高技术服务业发展战略，推动该类产业发展的国内外合作。

（二）高技术服务业呈现集聚发展的规律

高技术服务业是高新技术产业与现代服务业融合发展的产物，与两者密切相关。高技术服务业集聚发展离不开高新技术产业与现代服务业的集聚发展。高技术服务业集聚发展不仅受社会分工、产业专业化程度的影响，而且受相关联的产业结构发展影响呈现集聚的特点。

从理论上讲，高技术服务业集聚的动力不仅表现为静态集聚效应，而且表现为动态集聚经济效应，具体来讲，一是为了获得关键性投入要素并能更为便捷地获取信息与知识；二是为了获得更高的市场认可度和占有率从而形成品牌化服务效应；三是为了能够缩短与目标客户之间的距离，降低需求双方的交易成本。

在推进高技术服务业集聚化发展的过程中，应该充分考虑高技术服务人力资源的重要性。通过充分利用区域高技术服务人力资源，能够加强高技术服务人力资源跨区域流动的管理工作，从而实现高技术服务人力资源的有效合理配置。结合高技术服务业集聚化发展的特征，积极鼓励风险投资等多种投资方式的进入，努力形成财政资金为引导、社会资本参与的多元化资金投入体系，加大对高技术服务业集聚化发展的资金支持。同时也需要与其他产业间构建良好的合作关系，建立高技术服务业集聚区，共享产品，节约成本，从而实现高技术服务业规模效益①。

（三）高技术服务业是服务业内部结构演化升级的必然趋势

与工业化阶段的发展规律相比，服务业结构的演变同样具有内在规律性。在后工业化社会时期，随着科技、信息、研发等的发展，具有知识密集型特征的服务业逐渐成为主流业态，高技术服务业存在广阔的发展前景与发展空间。高技术服务业的产生与发展符合服务业内部结构升级的一般规律，有助于形成完备的现代产业体系。在可预见的将来，加快经济发展方式转变将成为我国国民经济社会发展的主要方向。促进经济增长，从产业结构方面看，体现在由依靠第二产业带动向依靠第一、第二、第三产业协同发展的转变；从要素投入角度来看，体现在由依靠增加物质资源消耗转向依靠科技进步、管理创新与劳动者素质的提高。

配第—克拉克定理和库兹涅茨提出，在推动经济发展进程中，劳动力会随着

① 姚苗苗，车晶晶．基于因子分析法的高技术服务业集聚发展研究［J］．经济论坛，2017（6）：104－108.

人均收入水平的提高由第一产业向第二产业转移，再向第三产业转移。相对应地，产业结构也会从最初的“一二三”比重分布，经过“二三一”或“二一三”的中间过渡，最终必然会达到“三二一”的状态。从世界各国产业结构的发展历程来看，产业结构的演变是沿着以第一产业为主导到第二产业为主导，再到第三产业为主导的方向发展，即由“一二三”向“三二一”转变的趋势，高技术服务业是适应产业结构调整和服务业内部结构演化的必然趋势。

（四）创新是高技术服务业产生和发展的持续动力

创新是一个比较宽泛的概念，在服务业领域也同样适用。不论是技术创新、管理创新还是思想创新，都是人类社会进步的表现，同时也会推动人类社会的进一步发展。《中共中央国务院关于加强技术创新、发展高科技、实现产业化的决定》中，对创新的定义为：“创新是指企业应用创新的知识和信息、新技术、新工艺，采用新的生产方式和经营管理模式，提高产品质量，开发新的产品，提供新的服务，占据市场并实现市场价值。”

创新催生新的服务业态和新兴服务产业。20 世纪 80 年代以来，以信息技术为代表的高技术快速发展产生了许多新型服务企业，如互联网技术催生了从事门户网站、博客等服务企业的出现，移动通信技术促进了移动增值服务业的发展。在高技术服务业的发展历程中，创新发挥着不可替代的作用，能够持续有力地推动高技术服务业更快更好的发展。

第四节

高技术服务业演化动力机制研究

——基于 CAS 理论的视角①

近年来，部分学者针对产业演化动力问题开展了相关研究。冯华（2008）基于新经济背景认为现代服务业产生和发展的前提是分工以及专业化，创意是制约

① 姚正海，王艺．基于 CAS 理论的高技术服务业演化动力机制研究［J］．中国人民大学复印报刊资料（国民经济管理，2019（1）：108－115.）；原刊发于：湖南财政经济学院学报，2018（5）：58－66.

现代服务业演化进程的重要影响因素①。满莉（2009）认为现代服务业演化的动力机制是由技术推动、分工牵引、需求拉动和区域竞争四个动力因素所构成②。王欣和靖继鹏（2009）认为信息产业的演化是外在作用力（国家政策、市场需求和社会环境等）与内在动力（信息技术应用和创新等）共同作用的结果③。崔日明和李丹（2011）认为应从产业发展的动力机制角度来促进现代服务业的不断演化，并具体分析了其演化发展的催化力（工业化）、推动力（城市化）、驱动力（专业化）以及助推力（制度安排）④。吴凌娇和薛恒新（2014）基于复杂适应系统理论的“刺激—反应”模型，研究认为区域电子商务产业集群中，主体在获取外部动力因素（即探测器获取的外部环境刺激）后，传递给内部模型。现有文献缺少针对高技术服务业演化动力机制问题较为深入的研究⑤。

复杂适应系统（英文简称 CAS）是美国学者霍兰（Holland）于 1994 年提出来的，它是指由大量按照一定规则或模式进行非线性相互作用的行为主体所组成的复杂动态系统⑥。它认为复杂系统的复杂性起源于系统中各主体（Agent）的适应性，各主体通过学习不断地改进自己、与环境之间相互适应和相互作用，从而导致系统不断分化、呈现出有别于原系统的新的结构和状态，使宏观系统产生“涌现”现象。随着复杂适应系统理论的提出和发展，其应用越来越广泛，包括经济、管理、社会系统及生命科学领域等。谭跃进和邓宏钟（2001）认为复杂适应系统是一类很常见、很普遍的复杂系统，现实生活中，许多系统均具有复杂适应系统的特点⑦。高技术服务业的产生和发展是多种因素共同影响的复杂过程，采用传统研究方法进行研究，会受到一定的局限，运用复杂适应系统理念研究其演化规律和动力机制具有较强的理论价值和实践意义。

---

① 冯华．新经济背景下现代服务业的演化和发展［J］．天津社会科学，2008（4）：84－87.

② 满莉．现代服务业演化发展的动力机制［J］．技术经济，2009（2）：41－46，90.

③ 王欣，靖继鹏．信息产业演化的动力机制研究［J］．情报科学，2009（12）：1885－1890.

④ 崔日明，李丹．我国现代服务业演化发展的动力机制及对策研究［J］．经济学动态，2011（12）：37－41.

⑤ 吴凌娇，薛恒新．区域电子商务产业集群发展模式研究［J］．常州大学学报（社会科学版），2014（3）：37－41.

⑥ Stacey R. D. The Science of Complexity：An Alternative Perspective for Strategic Change Processes［J］. Strategic Management Journal，1995（16）：477－495.

⑦ 谭跃进，邓宏钟．复杂适应系统理论及其应用研究［J］．系统工程，2001（9）：1－6.

一、复杂适应系统理论的核心思想

复杂适应系统理论的精髓在于主体在与环境和其他主体间的相互作用中，不断地改变自身行为规则，适应环境和其他主体协调发展①。霍兰提出复杂适应系统的核心思想是“适应性造就了复杂性”，他认为复杂系统是由可以自适应、自学习、自组织、自聚集，并且为适应环境可以不断积累经验、变换规则的主体构成，这些主体所处的环境则由其他适应性主体组成，因此，在复杂适应系统中，任何主体适应的主要对象是其他适应性主体。这种自主适应性是复杂适应系统与传统系统理论最大的区别所在。在传统系统理论中，个体是被动地完成和实现宏观系统的目标，自身并没有自我进化的功能。而在复杂适应系统中，个体能够与其他个体以及环境进行交流，并且可以自动地进行调节，进而主动改变自身的结构与行为模式。

复杂适应系统理论认为，一方面，各个体都从属于一个共同的系统，为了更好地适应环境生存下去，各自根据周围的局部环境，不断修改自身的规则，调整自己的行为，独立地进行着适应性学习和演化；另一方面，个体在系统中与其他个体以及环境之间的各种非线性相互作用又反过来影响和改变着环境，使系统在宏观层次上出现新的时空结构和功能，即产生“涌现”现象。

（一）复杂适应系统的特性和机制

复杂适应系统无一例外的都是由大量具有主动性的元素组成的，要研究系统中主体的相互作用，就需要首先能够正确认识单个主体。霍兰将复杂适应系统理论中的个体命名为 Adaptive agent——适应性主体，强调个体的主动性、反应性和社会性等特征。围绕着主体，复杂适应系统理论进一步提出了通用的四个特性和三个机制，分别是聚集（aggregation）、非线性（non - linearity）、流（flows）、多样性（diversity）四个特性和标识（tagging）、内部模型（internal models）、积木

① 张永安，李晨光．复杂适应系统应用领域研究展望［J］．管理评论，2010（5）：121 - 125.

(building blocks)三个机制。前四个特性在主体适应和进化时发挥作用，后三个机制则是主体与其他主体以及环境之间相互作用的机制。

第一，聚集。复杂适应系统中聚集有两层含义：第一层含义是指构建模型的方法。将相似的个体通过某种方式聚集成类，形成更高一级的主体——介主体。这种介主体即为建立复杂适应系统模型的构件。第二层含义是指简单主体的聚集作用，导致系统涌现出复杂的大尺度行为[①]。在这种含义下，介主体再进行聚集，产生介介主体。反复重复几次这个过程，就形成了复杂适应系统典型的层次结构。因此，聚集是复杂适应系统形成的主要途径之一。

第二，非线性。非线性是指主体之间，以及主体与环境之间的反复交互作用并非呈现简单的线性关系。这种非线性体现在两个方面：一方面，主体之间不是简单的、线性的、单向的因果逻辑关系，而是复杂的、非线性的、各种反馈作用交互影响的复杂因果关系。主体会主动适应环境，学习其他主体的行为模式，而不是被动接受环境变化的影响。另一方面，由于系统内每个主体都具有主动性和进化能力，多个主体行为聚集在一起使整个复杂系统的演变过程也是迂回曲折的、非线性的。因此，非线性相互作用，是复杂系统内部联系的根本特征。

第三，流。在复杂适应系统中，流指的是主体之间以及主体和环境之间存在着物质流、能量流和信息流。主体之间的相互关系正是通过“流”来实现的，其直接影响主体行为的效率以及系统的复杂性和演化速度。复杂适应系统中的流既具有乘数效应又具有循环效应。

第四，多样性。霍兰认为，在主体不断适应环境、不断自我进化的过程中，会依据经验和学习改变自身的结构与行为模式，朝着不同的方向发展壮大，形成主体的多样性。复杂适应系统的研究正是着眼于主体多样性的前提，进一步探索多样性产生的原因，即分化的过程。从系统整体来看，个体多样性是个体不断适应环境的结果，也是造成系统复杂性的直接原因。

第五，标识。标识具体是指主体之间以及主体与环境之间交互作用时相互识别和选择的标志，使主体能够在不易分辨的主体或目标中去进行选择；一方面，

---

① 刘丽君，唐水源．基于CAS理论的大学多主体科技合作的体制与机制研究［J］．研究与发展管理，2004（5）：82－88，118.

标识有助于同类主体的聚集，促进更高层次主体和系统整体新的功能和结构的“涌现”；另一方面，标识还有助于实现信息的交流。

第六，内部模型。在复杂适应系统中，“内部模型”一词代表实现预知的机制，存在于主体的内部。在主体适应环境、谋求生存的过程中，这种内部机制帮助主体在从系统海量的“流”中筛选出有用的信息，对外界环境进行预测，根据预测结果反过来对自身内部机制进行改良，从而形成新的、更适宜环境的内部模型。通过内部模型，可以推断出主体所处的环境，预测主体的行为。

第七，积木。霍兰认为，复杂适应系统是一个具有多个层次的复杂网络结构，每一个层次结构由多个简单的构件组成，即积木。上一层的积木通过特殊组合，派生出下一层积木。如果把某个层次的积木，还原为下个层次积木的相互作用和组合时，就能将较高层次的规律从低层次积木的规律中推导出来。系统的复杂性不仅体现在主体的多样性，还体现在不同层次之间的差异性。可以说，内部模型必须建立在积木的基础上，积木也只有通过内部模型才能发挥作用，内部模型是对积木的封装。

（二）复杂适应系统的基本特征

复杂适应系统是由众多具有自主适应性的主体组成的，主体之间存在复杂的作用关系，相互作用产生出综合性整体涌现效果，而系统状态的演化则充满了不确定性和偶然性。因此，复杂适应系统的特征可以归结为主体适应性、不确定性和涌现性。适应性是复杂系统演化与进化的动力，不确定性是复杂系统的固有特性，而涌现性是系统性质发生相变产生的新性质。

1. 以主体适应性为基础

复杂适应系统中的主体遵循进化论中“适者生存”的自然规律，能够根据自身的需要，主动地选择适合自身生存的行为模式。同自然规律一样，复杂适应系统中的主体并不是全部都能适应环境生存下来，大量缺乏自适应、自我进化的主体可能会不断退化、消失，而只有一部分主体能够通过学习和积累经验不断成长，使整个复杂系统不断演化。在复杂适应系统中，每个主体所处的环境实质上是其他多个主体构成的宏观表现，主体适应环境的过程也是主体同其余主体相互作用的过程。

2. 不确定性

不确定性在复杂适应系统中客观存在，与人的认识多少无关。复杂适应系统的不确定性主要体现在两个方面：第一，与很多已经科学研究过的系统不同，在系统变化的过程中，存在着杠杆支点，一个微小的输入便会产生巨大的、难以预期的变化；第二，复杂系统中的每个主体不会停留在某一个状态，它们总是处于“学习——适应——再学习——再适应”的动态过程中。它们不断根据其他主体的行为采取行动和改变决策方式，经历着分化和聚合的过程。由于个体初始条件和所处环境的不同，个体演化的方向和程度也有根本的不同，由此导致了系统的复杂性和结果的不确定性。

3. 产生涌现现象

复杂适应系统内部各主体之间以及主体和环境之间相互作用、相互影响，在一定的条件下发生相变、发生临界转换，产生涌现现象（Emergence）。所谓涌现，是指系统新的整体性质产生。每个个体都遵循局部规则，但通过交互，会形成“1 +1 >2”的协同效应。关于涌现性的生成机理，霍兰认为，涌现现象不能通过还原论的输入输出叠加模式产生，它的产生过程类似于“蝴蝶效应”，是多个层次多个尺度渐进演化的结果。

二、基于 CAS 理论的高技术服务业系统特性分析

复杂适应系统理论认为主体之间、主体与环境之间的相互作用和相互影响是系统演化的主要动力，系统是内生动力、外生动力和环境影响共同作用的结果。高技术服务业系统是在一定的政治经济与科学技术条件下，由若干相互联系和相互作用的因素构成的一种新兴服务业复杂系统，在系统内部各主体之间通过一定的规则进行着大量的信息、物质和能量的交换，处于非平衡状态，是从无序到有序、从一种有序再到另一种有序的复杂适应过程①。系统的成长或演化过程是不

① 武杰，李润珍，程守华．从无序到有序——非线性是系统结构有序化的动力之源［J］．系统科学学报，2008（1）：13－18，24.

断适应环境以及构造环境的过程，高技术服务业系统是一个复杂适应系统，具有一般系统的特征，并通过系统内各主体之间以及与环境之间的物质、能量和信息的交换，表现出的适应性行为，形成整个系统的发展和演化，并进而在宏观层次上表现出涌现。

高技术服务业的产生是服务业从价值链低端向价值链高端升级的过程，实现产业运行机制的创新，它是由于技术进步与产业细分、深化的共同作用，在传统服务业的基础上发展形成的。从整体上说，高技术服务业系统的演化路径是有序的、自组织演化过程，是由若干互相联系的、具体的要素构成的一个自我维系、动态演化的系统，具有特定的结构和功能。

（一）高技术服务业系统模型构建

产业系统是由相互依存、相互作用的多种产业要素构成的，能够提供某种产品和服务的同一属性企业集合而成的有机整体。产业系统结构可以使产业内部与外界产生的物质流、能量流和信息流等合理有效地组织、分解、控制和利用。高技术服务业系统是由高技术服务企业主体、其他产业企业主体、金融机构主体、消费者主体、政府主体、环境等构成的复杂自适应系统，其系统模型如图 2－2 所示。

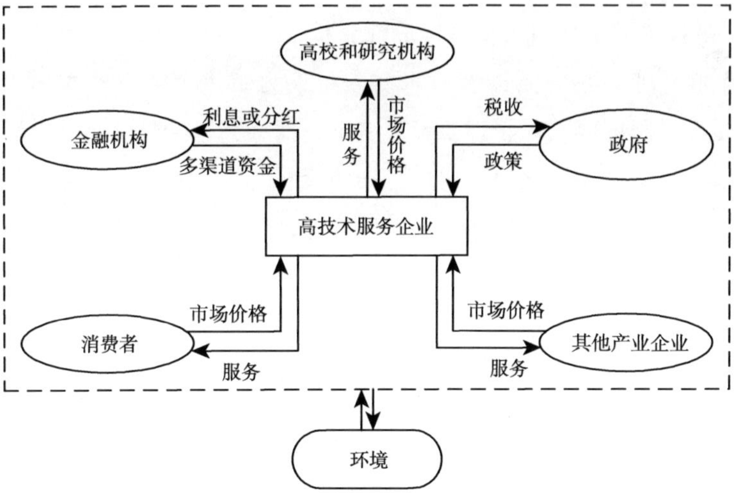

图 2－2　高技术服务业系统模型示意图

高技术服务业作为典型的产业，与一般产业的系统模型具有共性的同时，也具有独特性。一是在向其他主体提供的服务方面，高技术服务业所提供的服务具有相对较高的技术含量，依托于更高安全系数、更高效的介质，具有相对更强的外部性；二是从市场价格的确定上，与传统产业相比，高技术服务业的定价是一个较为复杂的过程，尤其是对于技术含量高的稀缺型服务，其定价往往缺乏既有的参照系，需要通过借鉴国外先进经验、在实践中反复论证获得；三是从金融机构及政策支持方面，特别是在高技术服务业演化发展初期，风险相对较高，传统信贷支持的力度相对较低，主要依托于政策性金融支持及风险投资支持，伴随着高技术服务业的逐步成熟，传统信贷与资本市场资金的支持力度逐步增强；四是与外部环境的交互方面，高技术服务业因其较高的技术含量、较快的演化速度及较高的外部性，表现出与外部环境相对更高层次、更高水平的互利共赢，有助于促进环境的持续升级与发展。

这些经济主体由于有人的参与，具有复杂适应系统主体所具有的主动适应性，这些主体之间以及主体和产业系统环境之间的相互作用所表现出的高技术服务业的宏观特性和机制同样具备一般复杂适应系统所具备的 7 个特性和机制。系统的演化就是在这些主动性个体之间的竞争与合作、依赖和支持中进行的，高技术服务业是一个演化着的复杂适应系统。

（二）高技术服务业系统复杂适应性分析

高技术服务业系统要素涉及技术要素、人力资本要素、资本要素、市场要素、环境要素、制度要素和管理要素等多个方面，其复杂性体现在涉及社会经济系统的基本内容，是一个多层次的、复杂的大系统，包括高技术服务业自身的经济总量、科技水平的变化、经济活动、社会活动等。复杂适应系统认为，系统演化的动力在于系统内部的主动性个体①。这种主动性个体能够主动探测环境以及周围其他个体的变化，不断调整自己的行为，在失败和成功中进行学习和总结经验。高技术服务业生命周期的成长与演化，正是一个自我学习、自我调整、不断

① 黄凯南．演化经济学的数学模型评析［J］．中国地质大学学报（社会科学版），2013（3）：83－90.

创新的过程，呈现出类似生态系统的进化过程，具有阶段性和不规则性[①]。

（三）高技术服务业系统涌现机理分析

高技术服务业系统的演化也是一个涌现的过程。高技术服务业系统的初始状态属于低层次，而且系统的边界较小，而高技术服务业系统演化目的是向更高层次能力发展，这时的系统边界是模糊复杂的状态。因此，高技术服务业系统层次演进的过程是从简单到复杂，从低级到高级，不断进化、涌现的过程，在此过程中伴随着新性质的涌现。高技术服务业系统可以在与其他子系统进行物质能量交换时，发挥高技术服务业系统的总体功能大于各个组成部分之和的作用，使高技术服务业系统呈现出质的飞跃，这就是高技术服务业系统的涌现性，是系统整体运行的动态结果。高技术服务业系统通过内部各企业相互交流和“学习”，以及高技术服务业与环境的相互作用，促成产业整体新技术、新品牌的涌现。

三、高技术服务业系统演化路径分析

根据盛昭瀚和蒋德鹏（2002）的定义，可以将技术的内在特征分解为赝象、知识和惯例三个不同层次[②]。产业可以定义为一群商业组织，这些组织从事与某一技术规则相关的产品生产及商品活动[③]。从相关文献来看，一个产业的产生和发展往往发端于技术，通过生产过程中的技能积累，总结并不断修正技术知识，并将知识上升为惯例，倘若按照惯例产业能够获得满意的收益，则惯例通常不会发生变化；倘若产业不能为企业带来预期的收益，则企业家会通过创新精神推动技术发展、知识进步与惯例革新，从而推动原产业的改革和新产业的诞生。因此，基于演化视角，高技术服务业追根溯源，应是传统服务业无法通过遵循既定惯例为企业盈利、依托高新技术革新的结果。

---

① 丁丹丹．基于复杂适应系统视角的产业集群演化机制研究［D］．湘潭：湘潭大学，2011.

② 盛昭瀚，蒋德鹏．演化经济学［M］．上海：上海三联书店，2002.

③ 郑声安．基于产业生命周期的企业战略研究［D］．南京：河海大学，2006.

从高技术服务业的起源来看，高技术服务业是传统服务业适应科学技术进步到一定阶段的产物，是社会经济发展和产业结构演进的结果。因此，从宏观意义上来说，高技术服务业从历史和时间意义上发源于传统服务业，即为高技术服务业的起源问题。从微观意义上来说，高技术服务业作为一个独立的产业，自其产生到不断发展通常会经历若干阶段。

高技术服务业在其演化过程中，因其与一般产业在技术含量、与外界环境的交互作用等方面的异质性，在路径依赖的同时，也显现出路径创造的过程。

（一）路径依赖

从整体来看，高技术服务业的演化路径与一般产业相似，大致可分为初创期、成长期、成熟期及衰退期。各阶段的主要特征如下。

初创期以传统服务业革新理论概念的诞生、在政策支持下部分企业尝试将相关概念付诸实践为主要标志，这一阶段主要以内生需求发展到一定阶段引致新需求，外部环境为新产业孵化提供必要支持为特征。

成长期以高技术服务业迅速发展、概念变现分化不同发展路径并在实践中优胜劣汰为主要标志，这一阶段企业发展理念分化、区域集聚特征分化，新产业/企业依托个体特征及比较优势吸引资金支持。

成熟期以高技术服务业进入白热化竞争阶段、产业发展进入稳定阶段为主要标志，这一阶段，产业形成稳定竞争格局、套利空间基本被压缩，企业依托行业竞争地位获取资金支持。

衰退期以高技术服务业面临新需求冲击、产业发展方向面临新选择为主要标志，或成为新一轮初创期的开端。

（二）路径创造

高技术服务业的演化路径在遵循一般产业“初创期→成长期→成熟期→衰退期”路径依赖的同时，也在整个演化过程中路径创造。贺灿飞（2018）指出，路径创造的主要驱动因素包括外部联系、制度安排、行为主体的战略性行为等①。对于高技术服务业来说，其路径创造的机遇主要体现在以下几个方面。

第一，高技术服务业与外部环境相对更高层次、更高水平的互动上。从高技术服务业的内涵来看，信息传输、软件和信息技术服务业作为高技术服务业的有机组成部分，依托于互联网技术与外部环境能够形成更为高效、迅捷的互动，有利于高技术服务业汲取更多的先进经验，促进高技术服务业突破发展定式，创造新的发展路径。

第二，高技术服务业的政策支持力度上。由于高技术服务业具有更高的外部性，在高技术服务业的发展过程中（特别是初创期），通常会获得更高的政策支持力度，包括金融、人才、产业等多维度的政策支持，为高技术服务业的生产提供更多要素投入，促进高技术产业的多元化发展。

第三，高技术服务业的主观能动性。由于高技术服务业的灵活性、多元化特征，使企业家个人特征、战略安排等对于高技术服务企业的定位及发展影响举足轻重，有利于催生出更多个性化的企业、产业发展路径。

在高技术服务业系统演化过程中，存在旧结构失去平衡，出现新的服务业、新业态的情形，从而产生新的结构平衡，推进产业不断升级。

四、高技术服务业系统演化的动力机制研究

系统科学认为，一个系统运行需要有强大、稳定并且持久的动力。内在动力是系统演化的基本原因，外在动力是系统在外部因素作用下可能发生的各种有利运动变化，外在动力可以借助内在动力对系统演化发生作用。高技术服务业系统是一个复杂的演化系统，动力机制是产业发展的驱动力，其演化发展过程受到内外部多种因素的影响，是外部推动作用和内部动力共同作用的结果。由内在动力机制主动发挥作用并辅以相应的外力是健康良性的产业发展模式。高技术服务业的产生和发展是在社会需求的牵引和科技进步的推动下实现的，社会需求是高技术服务业产生和发展的直接原因，科技进步是高技术服务业产生和发展的加速器。

---

① 贺灿飞．区域产业发展演化：路径依赖还是路径创造？[J]．地理研究，2018，37（7）：1253－1267.

基于上述高技术服务业系统演化的理论分析，结合高技术服务业发展的实践历程，其系统演化的动力机制包括政府推动机制、需求拉动机制、创新驱动机制、专业化与产业融合机制、竞争与合作机制等，其系统演化动力机制模型如图2-3所示。

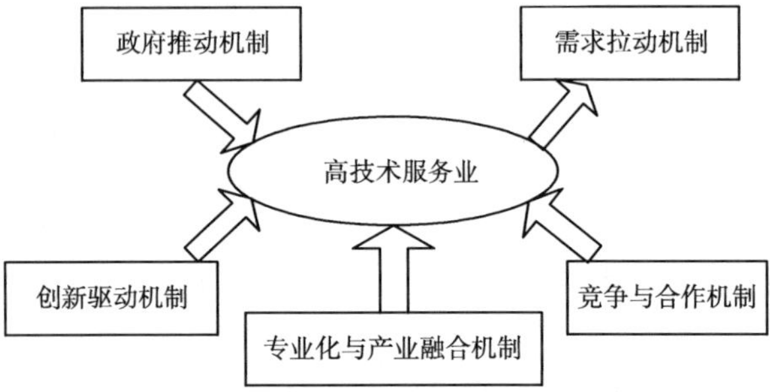

图2-3　高技术服务业系统演化动力机制模型示意图

（一）政府推动机制

高技术服务业的产生与发展不可能是一个完全的自然选择过程，政府在引导科技要素资源优化配置和推动高技术服务业发展方面，发挥着重要推动作用。政府通过强化市场环境建设和制定产业政策，促进高技术服务业的发展和产业结构的优化升级。国家的政策作用对高技术服务业的演化具有导向作用，这主要体现在对产业的投资和消费的引导上，政府政策扶持体系应包括产业形成的培育政策、产业成长的扶持政策以及产业利益的保护政策等，以全面优化高技术服务业的成长环境。政策通常作为一种经济手段来对产业系统的发生速度和强度产生影响，如2011年12月12日国务院办公厅颁布的《关于加快发展高技术服务业的指导意见》，必然对推进高技术服务业发展产生重要影响。

每一个产业的健康发展都离不开政府的引导和推动，政府推动是高技术服务业发展的“第一动力”，是产业成长的宏观环境。政府的推动机制对产业发展起着激发动力作用，促使高技术服务业系统从混乱无序状态转化为有序状态，尤其在孕育阶段发挥主导作用。政府要遵循产业发展演变规律，在国家经济发展战略和产业政策的指导下，强化科技创新体系建设，促进高技术服务业的健康和有序发展。目前我国高技术服务业发展水平与国民经济的发展要求以及国外发达国家和地区高技术服务业发展水平相比，仍然具有较大的差距，需要依靠政府部门的大力扶持，综合运用多种行政手段、经济手段和法律手段，制定促进高技术服务业快速健康发展的政策措施。

（二）需求拉动机制

CAS 理论明确指出，决定系统行为的是主体之间的相互作用而不是主体的行为。主体之间，以及主体和环境之间的相互作用是系统演化的主要动力[①]。需求是高技术服务业演化形成和发展的原动力，是产业成长的导向。随着人类社会的发展，人类的需求级别在不断提高，而每一个级别需求的满足都需要物质产品和精神产品的保障，从而催生了一个又一个新兴产业来满足人们出现的新需求，需求为产业的供给和技术提供了变革的方向和动力。科学技术的进步和需求结构的升级，服务业内部的产业结构也在发生迅速提升，服务业的内涵、性质以及在经济发展过程中的作用也在发生重要变化，以适应不断变化的消费理念和消费方式。从传统服务业满足工业经济时代的物质产品需求实现向知识密集型、高技术含量和高附加值的高技术服务业的转变。

（三）创新驱动机制

在高技术服务业的产生与发展过程中，其演化的主要动力来源于系统的内在动力，从作用方式来看，内在动力主要表现为高技术服务业系统内的高科技应用以及创新要素的变化。技术创新是高技术服务业产生和发展的持续动力机制，是高技术服务业发展的基础。熊彼特认为推动经济发展的内在动力是“创新”，高技术服务业的产生和发展源于技术创新，其持续成长更是离不开创新，需要解决发展过程中“突破关键核心技术、转化生产技术、产业化”的具体路径问题。产业是生产相同或相似产品的企业集合，企业创新的自制和扩散必然导致产业创

---

① 王欣．信息产业发展机理及测度理论与方法研究［D］．长春：吉林大学，2008.

新。产业创新从本质上来讲是一个系统概念，系统因素是产业创新取得成功的决定因素，因此，高技术服务业的形成和发展必须注重系统因素的创新，并且要增强创新驱动对产业发展的贡献力度，组织创新、制度创新以及管理创新是促进高技术服务业发展的重要手段。产业发展要求具备良好的人才资源素质与技术素质，高技术服务业具有高知识含量的特点，因此，与其他产业相比，其更应注重人才资源的素质。

（四）专业化与产业融合机制

社会分工细化、专业化程度提高以及产业融合趋势力是高技术服务业形成和发展的直接动力。服务业的形成是生产力发展、社会分工不断深化以及专业化程度不断提高的必然结果。随着生产力水平的提高，生产分工越来越细，专业化水平和协作水平日益提高，交易成本大大降低，生产和生活过程中的自我服务转变为社会服务，服务业从提供劳务服务为主转变为提供知识服务为主，促使高技术服务业能够按照专业化与协作的方向，不断地从其他服务业中有效分离出来，形成独具特色的、新型的产业集群。产业融合是以技术、业务融合为主要手段，旨在获得新的融合产品和新的市场为目的的产业创新过程①。伴随互联网技术的快速发展，制造业和服务业的界限日益模糊，甚至出现信息流支配物质流的趋势，产业融合趋势日益明显。一方面，制造业企业的功能服务化以及制造业服务外包化，更多的制造业企业除提供产品外，更注重提供产品、服务和知识的“集合体”；另一方面，随着科学技术的不断进步，对服务业的发展产生重大影响，不仅拓展了服务业的规模，而且提升了服务业的水平和品质，服务业高技术化的趋势日益明显。制造业服务化和服务业高技术化的产业发展趋势促成了高技术服务业的产生和发展②。

（五）竞争与合作机制

高技术服务业在与环境不断进行物质、能量、信息交换的同时，其自身成长

① 陶长琪．基于融合的信息产业系统演进与协同机制［M］．大连：东北财经大学出版社，2010.
② 王仰东，谢明林，安琴，等．服务创新与高技术服务业［M］．北京：科学技术出版社，2011.

要素以及区域内不同产业部门之间的协同合作，推动其从无序状态走向较高级的有序状态，从较低级的有序状态走向较高级的有序状态。高技术服务企业之间以及与其他企业之间，既存在竞争关系，又会形成协同合作的关系，这种既竞争又合作的关系，是高技术服务业成长的内源动力，推动了产业逐渐实现系统演化和整体涌现。

竞争是系统演化最活跃的动力。竞争环境包括国内市场竞争与国外市场竞争，外部竞争压力与竞争性市场需求可激发产业的进步和发展，在经济全球化趋势下，我国高技术服务业只有实质参与国际市场竞争，才能真正提高其核心竞争力，从而在全球价值链中占据优势地位①。品牌是高技术服务业获取竞争优势的关键因素，我国高技术服务业目前还处于较低的发展水平，所提供的服务技术含量不高，缺少知名品牌，价值增值空间有限。知名的品牌能够促使高技术服务企业的快速集聚，从而实现向价值链高端的攀升。

在高技术服务业生命周期的某个特定阶段，可能某种动力机制会成为主体，但无论处于生命周期的哪个阶段，创新驱动始终是高技术服务业的重要动力。孕育阶段，需要注重政府推动、创新驱动和需求拉动的有机配合；专业化和产业融合是高技术服务业产生和发展的直接动力；竞争与合作机制与产业发展阶段相联系，通常当一国产业发展到较为成熟阶段才会出现。在政府推动下，当产业发展到一定规模时，市场竞争机制将会给产业注入“持续”发展的动力。创新驱动和产业需求的拉动在高技术服务业演化过程中起着关键性作用。高技术服务业的发展需要加强多种动力机制的互动与协调，并随着时间推移不断的演变进化，才能取得整体大于局部的效应，进而提升产业发展水平。

---

① 黄章树，周小梅，王蓉凤．试论海峡西岸经济区产业集群物流发展战略［J］．福州大学学报（哲学社会科学版），2008（3）：16－21.

第三章

高技术服务业发展现状分析与水平测度研究

第一节

我国高技术服务业发展现状分析

一、我国服务业发展现状及趋势分析

近年来我国服务业的发展呈现出持续增长的态势，无论是服务业总量，还是其占 GDP 的比重均表现出同样的特征。本书将 2007 ~ 2017 年我国服务业增加值和其占 GDP 的比重用表 3 - 1 和图 3 - 1 表示。

表 3 - 1　　我国服务业增加值情况

年份	服务业增加值（亿元）	服务业增加值占 GDP 比重（%）
2007	115810.7	42.86
2008	136805.8	42.82
2009	154747.9	44.33
2010	182038.0	44.07
2011	216098.6	44.16
2012	244821.9	45.31
2013	277959.3	46.70
2014	308058.6	47.84
2015	346149.7	50.24
2016	383365.0	51.56
2017	427031.5	51.63

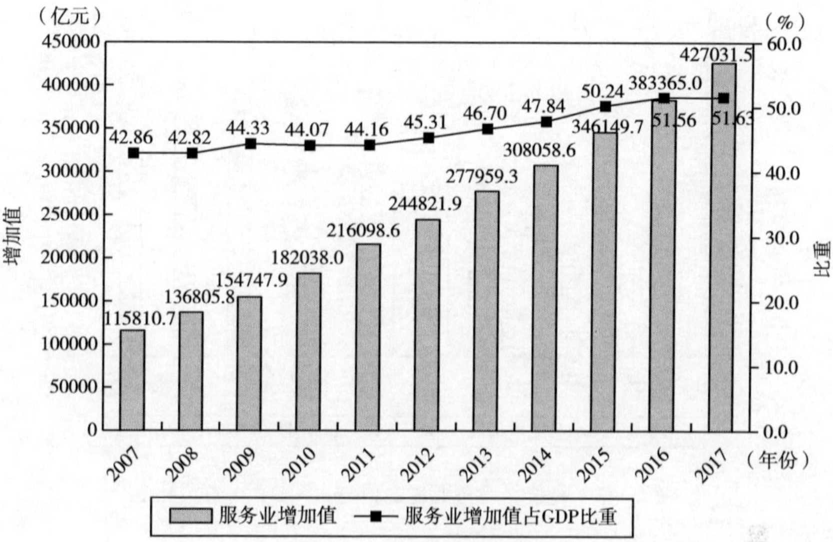

图 3 -1　我国服务业增加值趋势

从表 3 -1 和图 3 -1 中可以明显地看出，服务业产值绝对量呈现连续增长的趋势，从 2007 年 115810. 7 亿元增长到 2017 年的 427031. 5 亿元。服务业占 GDP 的比重除个别年份有所下降外，总体上呈现增长的趋势，从 2007 年的 42. 86% 增长到 2017 年的 51. 63%，但与发达国家服务业的发展水平相比，仍有一定的差距。

二、我国高技术服务业总体发展现状分析

我国高技术服务业发展较为迅速，高技术服务业增加值在国内生产总值中的比重也呈现出一定的增长趋势。2007 年国家发改委发布的《高技术产业发展“十一五”规划》中，将高技术服务业明确列入 8 大高技术产业中，根据收集的相关数据，现将 2007 ~2017 年增加值的发展趋势用图 3 -2 表示。

从图 3 -2 中可以看出，近些年来高技术服务业增加值从 10146. 9 亿元增加到 42599. 1 亿元，其在国内生产总值中所占比例从 3. 75% 增加到 5. 15%，但总体而言比重仍然偏低。

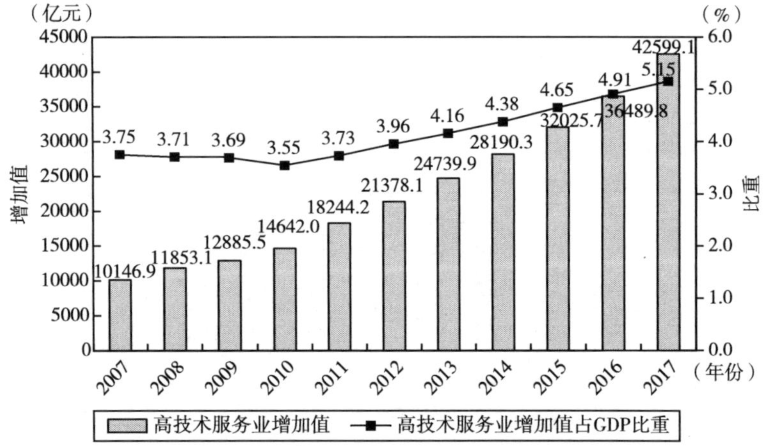

图 3－2　高技术服务业增加值与占 GDP 比重趋势

三、我国高技术服务业对国民经济发展的拉动影响分析

根据收集的 1992～2018 年我国高技术服务业和国民生产总值资料，分别计算高技术服务业对国民经济发展的拉动率和贡献率，并绘制图 3－3。

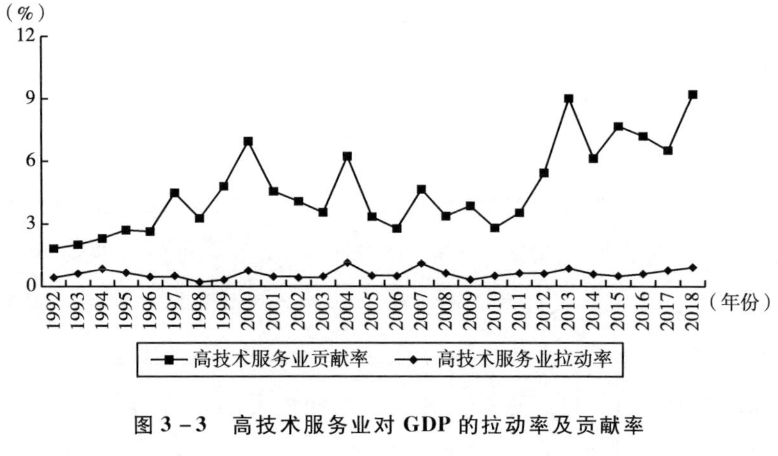

图 3－3　高技术服务业对 GDP 的拉动率及贡献率

从图 3－3 可以看出，高技术服务业对于经济增长的直接与间接促进作用正在不断显现。1992～2018 年我国高技术服务业对 GDP 增长的平均直接贡献率和间接拉动率分别为 4.63% 和 0.6%，均呈现波动上升趋势。但当前高技术服务业

产业规模以及高技术服务业对国民经济增加值的拉动能力整体偏弱。随着新经济环境对于科技创新服务的新需求日益凸出，更需要大力完善高技术服务产业体系，不断为创新经济高质量发展注入新动能。

四、我国高技术服务业细分行业发展现状分析

2007～2017年我国信息传输、软件和信息技术服务业与科学研究和技术服务业增加值的变动情况如图3－4所示。

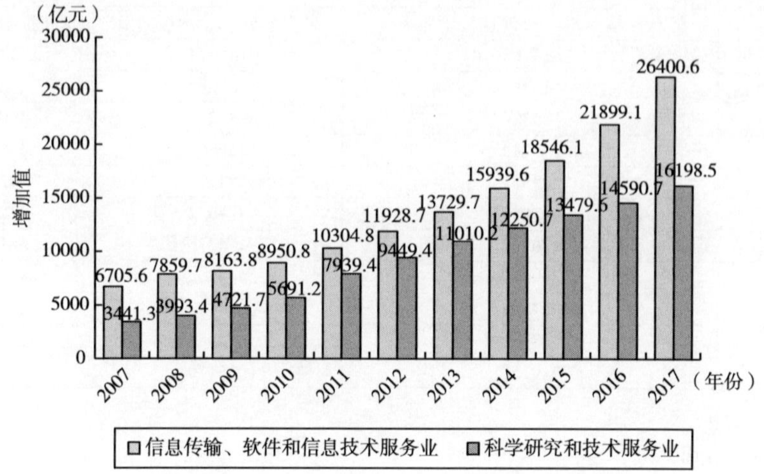

图3－4　我国高技术服务业分行业增加值趋势

从图3－4中可以看出，信息传输、软件和信息技术服务业与科学研究和技术服务业两个细分行业增加值，2007～2017年都呈现出不断增长的趋势。

我国信息传输、软件和信息技术服务业增加值从2007年的6705.58亿元增长到2017年的26400.6亿元，年平均增长率为14.69%，而服务业在此期间增加值的年平均增长率为13.91%。相对于服务业整体水平来讲，信息传输、软件和信息技术服务业增长速度相对较快，这说明随着信息服务业高层次人才的不断增加，以及信息市场的运作模式和管理体制的日益完善，该类服务业得到了更快的发展。

我国科学研究和技术服务业增加值从2007年的3441.34亿元增长到2017年的16198.5亿元，年平均增长率为16.76%，与服务业平均增速13.91%相比，

高出 2.85 个百分点。随着科学研究活动规模的不断扩大，该类服务业在经济增长和社会发展中的作用不断增强，其增长速度也高于整个服务业平均水平。

五、我国高技术服务业法人单位数和就业人员现状分析

2007 ~ 2017 年我国从事高技术服务业的法人单位数变动趋势如表 3 - 2 和图 3 - 5 所示。

表 3 - 2　　高技术服务业法人单位数情况　　单位：个

年份	信息传输、软件和信息技术服务业	科学研究和技术服务业	高技术服务业
2007	115101	176677	291778
2008	153290	201689	354979
2009	176326	233221	409547
2010	191182	256865	448047
2011	208867	283777	492644
2012	245669	324932	570601
2013	226107	455778	681885
2014	289162	544309	833471
2015	387842	661022	1048864
2016	507674	813251	1320925
2017	719150	1035170	1754320

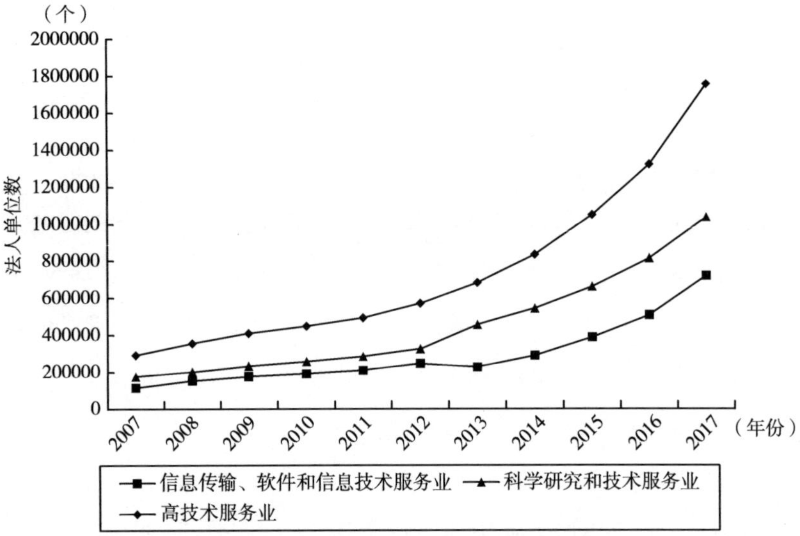

图 3 - 5　高技术服务业法人单位数增长趋势

从表3－2和图3－5中可以看出，2007～2017年我国从事高技术服务业的法人单位数总体上呈现不断增长的趋势，特别是最近几年信息传输、软件和信息技术服务业，科学研究和技术服务业，高技术服务业的增长趋势都很明显。

2007～2017年我国从事高技术服务业的就业人员数（以城镇非私营单位就业人员数表示，以下同）变动趋势如表3－3和图3－6所示。

表3－3　高技术服务业就业人员数情况　单位：万人

年份	信息传输、软件和信息技术服务业	科学研究和技术服务业	高技术服务业
2007	150.2	243.4	393.6
2008	159.5	257.0	416.5
2009	173.8	272.6	446.4
2010	185.8	292.3	478.1
2011	212.8	298.5	511.3
2012	222.8	330.7	553.5
2013	327.3	387.8	715.1
2014	336.3	408.0	744.3
2015	349.9	410.6	760.5
2016	364.1	419.6	783.7
2017	395.4	420.4	815.8

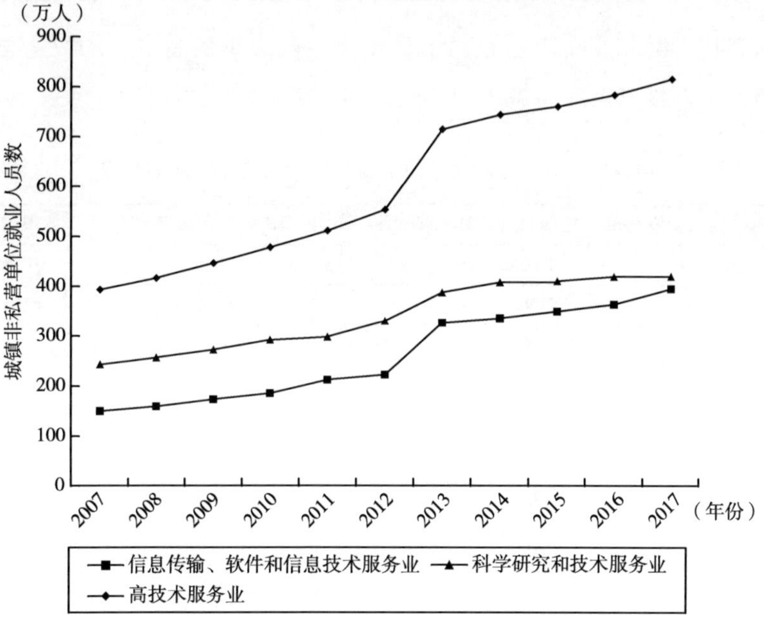

图3－6　高技术服务业就业人员数增长趋势

从表 3－3 和图 3－6 中可以看出，2007～2017 年我国从事高技术服务业的就业人员数总体上呈现不断增长的趋势，但通过观察细分行业情况可以发现，信息传输、软件和信息技术服务业的就业人数增长具有可持续性，但科学研究和技术服务业近几年来，增长趋势并不明显。

六、我国高技术服务业区域分布现状分析

按常用的划分方法，将我国分为东部地区、中部地区、西部地区和东北地区，具体构成情况如表 3－4 所示。

表 3－4　　我国区域分布构成情况

地区	包含省区市
东部	北京、天津、河北、上海、江苏、浙江、福建、山东、广东、海南
中部	山西、安徽、江西、河南、湖南、浙江
西部	广西、重庆、四川、贵州、云南、西藏、陕西、甘肃、青海、宁夏、新疆、内蒙古
东北	黑龙江、吉林、辽宁

我国高技术服务业在产业布局上呈现出空间集聚的特点。2017 年各个地区全社会固定资产投资情况如表 3－5 至表 3－9 所示。

表 3－5　　2017 年东部地区高技术服务业全社会固定资产投资情况　　单位：亿元

东部地区	信息传输、软件和信息技术服务业	科学研究和技术服务业	高技术服务业
北京	282.0	73.4	355.4
天津	209.4	458.9	668.3
河北	327.4	426.8	754.2
上海	123.5	58.6	182.1
江苏	611.2	768.5	1379.7
浙江	336.9	131.8	468.7
福建	364.5	115.6	480.1
山东	321.7	953.0	1274.7
广东	541.9	266.8	808.7
海南	108.2	32.3	140.5
合计	3226.7	3285.7	6512.4

表 3-6　2017 年中部地区高技术服务业全社会固定资产投资情况　单位：亿元

中部地区	信息传输、软件和信息技术服务业	科学研究和技术服务业	高技术服务业
山西	28.0	31.5	59.5
安徽	274.0	280.6	554.6
江西	204.8	135.9	340.7
河南	310.0	295.2	605.2
湖北	149.3	242.3	391.6
湖南	392.2	434.4	826.6
合计	1358.3	1419.9	2778.2

表 3-7　2017 年西部地区高技术服务业全社会固定资产投资情况　单位：亿元

西部地区	信息传输、软件和信息技术服务业	科学研究和技术服务业	高技术服务业
广西	245.8	146.0	391.8
重庆	106.2	45.4	151.6
四川	286.7	92.5	379.2
贵州	139.5	44.1	183.6
云南	136.0	27.7	163.7
西藏	9.0	5.5	14.5
陕西	225.0	203.5	428.5
甘肃	53.1	38.7	91.8
青海	88.9	11.6	100.5
宁夏	72.6	28.4	101.0
新疆	154.2	68.3	222.5
内蒙古	190.9	104.9	295.8
合计	1707.9	816.6	2524.5

表 3-8　2017 年东北地区高技术服务业全社会固定资产投资情况　单位：亿元

东北地区	信息传输、软件和信息技术服务业	科学研究和技术服务业	高技术服务业
辽宁	55.9	30.2	86.1
吉林	396.0	138.3	534.3
黑龙江	252.6	241.7	494.3
合计	704.5	410.2	1114.7

表 3－9　2017 年各地区高技术服务业全社会固定资产投资总额情况　单位：亿元

地区	信息传输、软件和信息技术服务业	科学研究和技术服务业	高技术服务业
东部	3226.7	3285.7	6512.4
中部	1358.3	1419.9	2778.2
西部	1707.9	816.6	2524.5
东北	704.5	410.2	1114.7
合计	6997.4	5932.4	12929.8

从表 3－5 至表 3－9 中可以看出，我国 2017 年各地区高技术服务业全社会固定资产投资总额呈现了较大的差异性，东部地区投资额度大，而东北地区的投资额水平较低，每个地区内部各省区市的投资额水平同样参差不齐。

根据各地区按第三产业行业门类划分的就业人数 2017 年数据，计算各地区份额所占比例情况如图 3－7、图 3－8 所示。

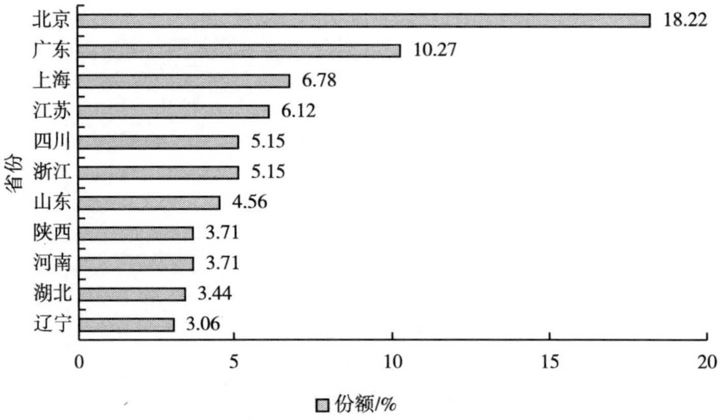

图 3－7　高技术服务业就业人数份额大于或等于 3%的省区市分布（2017 年）

通过对比 2017 年各省份高技术服务业就业人数可以看出，排名前 6 位的省份分别为北京、广东、上海、江苏、四川、浙江，主要位于我国经济发达程度最高的环渤海、珠三角、长三角经济圈。排名后 6 位的省份分别为西藏、宁夏、青海、海南、新疆、甘肃，除海南外，其余 5 省份均位于我国西部地区。这反映出我国高技术服务业区域差异的特征。

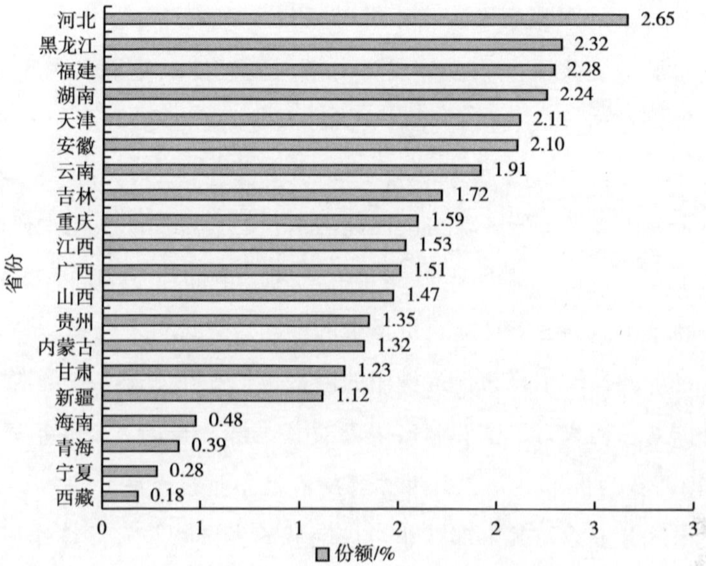

图 3-8 高技术服务业就业人数份额小于 3% 的省份分布（2017 年）

第二节

高技术服务业推动国民经济增长的贡献分析①

产业结构对经济增长发挥着至关重要的作用，影响着一个国家经济发展的水平。高技术服务业具有的高技术和高智力密集的特点，其对国民经济增长的促进作用不言而喻。20 世纪 80 年代以来，各国政府纷纷出台相关产业政策，加大研究开发费用投入，促进高技术服务业的发展，其增加值在国内生产总值中的比例显著提高。高技术服务业不仅促进了传统产业的升级和相关产业的发展，而且有助于优化产业结构，进而促进国民经济的快速健康发展。

一、相关文献综述

高技术服务业是基于知识和专业化分工基础上发展起来的现代服务业，通

① 姚正海，付一慧，李胜．高技术服务业推动国民经济增长的贡献分析［J］．中国集体经济，2018（33）：21－22.

过知识转化和分工加深提高了生产率并带来规模报酬递增，导致了总体经济的增长。高技术服务业发展水平已经成为衡量国民经济发达程度的重要标志，其对改善国民经济结构、转变经济发展方式以及建设创新型社会具有重要的现实意义。

国内学者关于高技术服务业与国民经济增长的关系展开了相关研究，主要集中在以下几个方面：（1）基于地域视角的研究。李郁璞（2010）运用实证分析法对北京市高技术服务业对地方经济增长的带动效应进行了分析，结果显示能够对北京地区经济增长产生显著促进作用的因素包括高技术服务业的研发以及产业结构这两个因素，而人力资本和制度因素对其经济增长的贡献并不显著①。周霄（2014）以山西省为例，研究了山西省高技术服务业对经济增长的贡献作用，结果发现高技术服务业以及其内部行业对该区域的经济增长有促进作用②。汪翔和葛磊（2014）以安徽省为例，利用最小二乘法分析了高技术服务业对该地经济增长的贡献度，结果显示信息传输、计算机服务和软件业、技术服务和地质勘查业等均带动了地方的经济增长③。（2）从内部细分行业对经济增长贡献的研究，王维安和贺聪（2005）通过对高技术服务业中金融服务业的研究得出金融服务业的发展对杭州经济发展起到了重要的推动作用④。李兰芳（2012）通过实证分析发现在高技术服务业中，信息传输、计算机服务和软件业的发展带动了上海市的经济增长，而科学研究、技术服务和地质勘查业却对其经济增长起到了阻碍作用⑤。杨嫩晓等（2015）利用协整检验和 Granger 因果检验发现信息服务业对西安的经济增长有一定的推动作用，但由于自身存在的问题又限制了其作用的发挥⑥。（3）基于高技术服务业整体研究对象对经济增长贡献的研究。刘沛罡和王

① 李郁璞．北京市高技术服务业发展的经济增长效应及模式选择研究［D］．北京：北京工业大学，2010.

② 周霄．高技术服务业与经济贡献的关系研究——以山西省为例［J］．科技和产业，2014（7）：40－42.

③ 汪翔，葛磊．高技术服务业对安徽省经济贡献研究［J］．企业导报，2014（12）：111－112.

④ 王维安，贺聪．金融服务业与地方经济增长——杭州金融业发展促进地方经济增长的实证研究［J］．浙江金融，2005（9）：14－16.

⑤ 李兰芳．上海市高技术服务业经济贡献研究［J］．科技和产业，2012（8）：102－104.

⑥ 杨嫩晓，王雪，杨洵．信息服务业对西安经济增长的影响分析［J］．西安邮电大学学报，2015（1）：107－112.

海军（2016）运用赫芬达尔—赫希曼指数、香农—威纳指数和 K – L 散度测度中国高技术服务业结构的多样性和专业性，并通过对其和经济增长之间的线性关系研究发现大型高技术服务业在一定程度上对经济增长具有负效应，应该鼓励中小型高技术服务业的发展[①]。李平（2016）引用空间计量模型来分析高技术服务业聚集对经济增长的影响，采用物质资本集聚度、高技术服务业人力资本集聚度以及高技术服务业就业密度作为衡量高技术服务业聚集水平的三个指标，结果发现物质资本集聚水平对经济增长的贡献效应呈弱化之势，人力资本集聚度水平对经济增长的贡献效应一直呈较为显著的促进作用，就业密度对经济增长的促进作用则呈由弱到强之势[②]。

现有研究直接探讨高技术服务业对经济增长贡献的文献并不多见，随着高技术服务业的快速发展，其能否促进经济增长的作用机制和效果问题需要进一步开展研究。探索高技术服务业对国民经济增长的促进和粘合作用，实证检验高技术服务业对国民经济的作用效果，对于有效发挥高技术服务业在经济发展方式转变过程中的支撑作用具有重要的研究意义。

二、变量选取依据与数据说明

借鉴王智毓和冯华（2020）[③] 等学者的研究文献，研究过程中选择下述变量：

人均 GDP 增长率（PGDPR）：人均 GDP 是衡量区域经济发展水平的重要参考指标，相比单纯的 GDP 总量，人均 GDP 能够降低因地区经济实力和规模差异带来的影响，真实反映各地区经济发展均衡程度。同时，增长率反映出报告期相比基期的百分比变动状况，选取“人均 GDP 增长率”来衡量国民经济增长。

---

① 刘沛罡，王海军．高技术产业内部结构多样化、专业化与经济增长动力——基于省域高技术产业制造业、高技术产业服务业面板数据的实证分析［J］．产业经济研究，2016（6）：46 – 56.

② 李平．我国高技术服务业集聚的经济增长效应研究［D］．重庆：重庆工商大学，2016.

③ 王智毓，冯华．科技服务业发展对中国经济增长的影响研究［J］．宏观经济研究，2020（6）：102 – 113，121.

高技术服务业增长率（GRHTS）：随着新一轮科技革命与产业变革的大力推进，高技术服务业通过科技创新与专业化分工提高生产效率，进而拉动经济增长的作用日益凸显。作为模型核心解释变量，高技术服务业增加值是度量高技术服务业发展水平的主要标准。由于增长率能够揭示高技术服务业增速与发展韧劲，因此采用“高技术服务业增长率”衡量高技术服务业发展水平。

专利申请增长率（GRPA）：内生经济增长理论将技术进步内生化，强调技术创新是经济可持续增长的重要源泉。随着服务经济的深入，高技术服务业对经济的促进作用逐渐转向对创新产出、创新生态系统等方面的激励功能。高技术服务业是公认的高专利密集度产业，其通过增加知识积累，优化创新资源配置及产出效率，成为连通科技与经济，发挥科技服务促进技术创新与经济增长的支撑桥梁。因高技术服务业与专利申请密切相关，参考王智毓（2020）① 有关创新成果的实证文章，选取“专利申请增长率”作为技术创新产出的代理指标。

产业转型升级（TRAN）：结构主义增长理论认为经济发展方式由要素禀赋结构和技术经济结构内生决定，产业转型升级对于促进经济长期持续增长具有重要作用。新常态下，高技术服务业不仅是技术创新活动的重要载体，对于改造传统产业、培育新兴产业、促进产业结构转型升级同样意义重大。其具体体现为：高技术服务业通过技术转移服务倒逼传统产业革新升级，通过研发服务提高新兴产业技术要素禀赋，兼具提升传统业态、培育新兴业态的双重功能。参考干春晖等（2011）② 处理经验，以“第三产业增加值/第二产业增加值”作为产业转型升级的代理变量，该比值越大，表明产业结构越趋于高级化与合理化。

进出口占比（OPEN）：经济开放程度是地区对外开放水平的综合体现，反映着地区融入全球经济的广度和深度。在全球创新要素互通的背景下，开放程度直接关系到经济体自身融入全球产业链分工的实力状况，更是引起区域经济发展波

① 王智毓．创新驱动背景下科技服务业对经济增长的影响研究［D］．北京：北京交通大学，2020.

② 干春晖，郑若谷，余典范．中国产业结构变迁对经济增长和波动的影响［J］．经济研究，2011，46（5）：4-16，31.

动、技术创新能力差异的主要因素。进出口总额从总规模上反映出开放程度的高低，借鉴杨丹萍和张冀（2011）[①] 已有研究，选取“进出口总额/地区生产总值”来衡量经济开放程度。

人均固定资产增长率（GFAPC）：作为拉动经济增长的三驾马车之一，投资需求是增加社会总供给的重要途径，适当的投资规模对于优化供给结构、保障经济在合理区间运行具有重要意义。考虑到影响区域经济增长的因素众多，借鉴王元琨等（2019）[②] 已有经验，引入“人均固定资产增长率”控制固定资产投资对区域经济增长的影响。

本书根据《中国统计年鉴》和《中国第三产业统计年鉴》，选择信息传输、软件和信息技术服务业、科学研究和技术服务业作为高技术服务业。在进行时间序列数据分析时，为了数据结果的准确性，将高技术服务业产值区间界定为1992～2018年，运用EViews 7.0软件测算1992～2018年高技术服务业对国民经济增长的贡献。

三、实证分析与检验结果

（一）ADF单位根检验

单位根检验是协整检验的必要前提，只有在所有变量均通过单位根检验为同阶单整，即所有变量的同阶差分均为平稳数据时，协整检验才能进行。为了克服数据中异方差现象，通常采用自然对数建立模型。

根据检验结果（见表3－10），PGDPR、GRHTS、GRPA、TRAN、OPEN和PFAGR的一阶差分单位根检验值分别为－5.079、－3.722、－6.909、－3.855和－5.737均小于5%的临界值，所以可以认为PGDPR、GRHTS、GRPA、TRAN、OPEN和PFAGR的一阶差分序列平稳，满足协整分析的条件。

---

① 杨丹萍，张冀．经济开放度对经济增长的影响分析——基于浙江省1992～2009年数据的实证检验［J］．国际贸易问题，2011（6）：101－110.

② 王元琨，李健，靳泽凡．新兴服务业发展与我国区域经济增长分析：基于区域发展差异视角［J］．商业经济研究，2019（6）：169－172.

表 3 - 10　　对时间序列变量一阶差分进行单位根检验

变量	t - Statistic	1% critical value	5% critical value	10% critical value
Z (t)	-5.079	-3.738	-2.992	-2.636
Z (t)	-3.722	-3.753	-2.998	-2.639
Z (t)	-6.909	-3.738	-2.992	-2.636
Z (t)	-3.855	-3.724	-2.986	-2.633
Z (t)	-5.737	-3.724	-2.986	-2.633

（二）相关性检验

相关性检验的结果如表 3 - 11 所示。

表 3 - 11　　相关性检验结果

变量	PGDPR	GRHTS	GRPA	TRAN	OPEN	PFAGR
PGDPR	1.000					
GRHTS	0.816***	1.000				
GRPA	0.060	0.022	1.000			
TRAN	-0.527***	0.470**	-0.181	1.000		
OPEN	0.232	-0.028	0.233	-0.145	1.000	
PFAGR	0.686***	0.464**	0.269	0.421**	0.227	1.000

注：** 、*** 分别表示在 5%、1% 置信水平下显著。

表 3 - 11 列出了各变量相关性检验结果。除了 PGDPR 和 GRHTS 的相关系数超过 0.8，其余变量间的相关系数绝对值均小于 0.8，可以认定变量间不存在严重的多重共线性问题。变量 GRHTS、TRAN、PFAGR 均与 PGDPR 呈显著关联，基本验证了模型设定与指标选取的合理性。

（三）协整检验

由平稳性检验可知，PGDPR、GRHTS、GRPA、TRAN、OPEN 和 PFAGR 满足协整检验的条件。为了分析人均 GDP 增长率与高技术服务业、专利申请、产业转型升级、进出口占比和人均固定资产之间是否存在长期数量关系，接下来先对 PGDPR、GRHTS、GRPA、TRAN、OPEN 和 PFAGR 时间序列的协整关系进行检验，然后检验回归残差的平稳性。以 PGDPR 为被解释变量，GRHTS、GRPA、TRAN、OPEN 和 PFAGR 为解释变量，用 OLS 回归方法估计回归模型，结果如下：

$$PGDPR = 0.006 + 0.441GRHTS - 0.071GRPA - 0.033TRAN + 0.133OPEN + 0.207PFAGR$$

$$t = (5.559)(-1.079)(-0.741)(1.898)(3.124)(0.088)$$

$$R-squared = 0.826 \quad F = 20.005$$

然后，对回归方程的残差进行 ADF 单位根检验，数据分析结果如表 3－12 所示。

表 3－12　　回归方程残差单位根检验结果

变量	t－Statistic	1% critical value	5% critical value	10% critical value
Z (t)	－5.293	－3.738	－2.992	－2.636

从分析回归结果可以看出，回归模型的判定系数为 0.826，模型的拟合度较高，说明了变量对被解释变量 PGDPR 具有较好的解释力，影响显著。从表 3－12 可知，由于残差的单位根检验值为－5.293，小于显著性水平为 1% 的临界值，说明该回归方程的残差序列为平稳序列，因而 PGDPR、GRHTS、GRPA、TRAN、OPEN 和 PFAGR 之间存在协整关系，即长期均衡关系。

（四）格兰杰因果关系检验

前面 ADF 单位根检验的结果显示，时间序列 PGDPR、GRHTS、GRPA、TRAN、OPEN 和 PFAGR 为平稳序列，故满足格兰杰因果检验的条件，检验结果见表 3－13。

表 3－13　　格兰杰因果关系检验结果

原假设	滞后期	F－统计量	P 值	结论
PGDPR 不是 GRHTS 的原因	3	2.579	0.273	拒绝
GRHTS 不是 PGDPR 的原因	3	1.415	0.088	接受

续表

原假设	滞后期	F－统计量	P值	结论
GRPA 不是 PGDPR 的原因	3	0.281	0.838	接受
PGDPR 不是 GRPA 的原因	3	0.244	0.864	接受
TRAN 不是 PGDPR 的原因	3	0.671	0.581	接受
PGDPR 不是 TRAN 的原因	3	0.397	0.757	接受
OPEN 不是 PGDPR 的原因	3	1.329	0.298	接受
PGDPR 不是 OPEN 的原因	3	2.388	0.105	接受
PFAGR 不是 PGDPR 的原因	3	3.446	0.040	拒绝
PGDPR 不是 PFAGR 的原因	3	2.646	0.082	拒绝

从表3－13可知，在10%的显著性水平上，GRHTS是PGDPR的格兰杰原因，而PGDPR不是GRHTS的格兰杰原因，说明GRHTS对PGDPR产生了单向影响；GRPA、TRAN和OPEN不是PGDPR的格兰杰原因，PGDPR也不是GRPA、TRAN和OPEN的格兰杰原因，说明专利申请、产业转型升级和进出口并没有引起人均GDP的增长；PFAGR是PGDPR的格兰杰原因，PGDPR是PFAGR的格兰杰原因，两者具有互为因果的双向影响机制。

四、研究结论与政策建议

（一）研究结论

随着专业化分工和产业不断的纵深发展，技术创新能力强、控制关键产业链的高端产业具有比较优势，高技术服务业在国民经济发展进程中发挥着重要作用。本书通过协整分析，验证了1992～2018年我国高技术服务业与经济增长之间存在着长期稳定的均衡关系，高技术服务业每增长1个单位，国内生产总值增长0.441个单位。另外，通过格兰杰因果关系检验，验证了高技术服务业增长率的变化会引起国内生产总值的变化，但高技术服务业与经济增长之间并不存在显著的双向影响关系。当滞后期为3时，高技术服务业增长率是经济增长的格兰杰原因，在一定程度上也说明高技术服务业对经济增长的影响具有一段时期的滞后性。因此，高技术服务业对经济增长的推动作用还有较大提升空间，有必要采取适当措施破解高技术服务业发展困境，提升高技术服务业在服务业中占比，以改善其对经济增长的滞后影响。

（二）政策建议

1. 推进高技术服务业发展的体制机制创新

高技术服务业的发展需要依托发达的基础设施与完善的环境体系。我国目前工业化、市场化、城镇化水平较高，初步具备支撑高技术服务业发展的有利环境。但与国际相比，我国在资金、技术、政策等要素投入方面尚存有差距，跨国高技术服务企业的引入也进一步加大了我国高技术服务企业面临的挑战。对此，一是建立高技术服务业市场导向机制，立足变革创新，改善基础设施配置，提高资源利用效率；二是建立高技术服务企业主导的服务创新机制，促进科技服务体系成为技术创新与产业转型升级的有效载体；三是寻求政府与服务机构间的合理互动机制，通过完善财政、税收等优惠政策，营造优良发展环境，为创新型经济增长提供强有力支撑。

2. 培育和完善高技术服务业人才支撑体系

人力资本是助推高技术服务业发展的关键要素投入，只有借助各类专业人才将高技术服务有效嵌入生产过程中，才能实现高端制造业和高端服务业的互动融合与良性发展。与发达国家相比，我国高技术服务业人才匮乏，高端人才占总体就业人口比重偏低，致使高技术服务业发展后劲不足。这就需要加强产学研合作，依托各类高等院校建立科技人才培养基地，构建多层级高技术服务业人才梯队。同时要突破人才区域流动限制，通过完善物质奖励与保障制度等，鼓励科技人才在区域间、体制内外有序流动，实现打造高技术服务业发展高地，吸纳集聚国内外高端研发人才的长远目标。

3. 加强区域协调发展和错位发展

高技术服务业空间集聚所产生的范围经济、规模经济、溢出效益、辐射效应等经济效应为我国经济发展注入巨大活力。高技术服务集聚区在各具特色的地域文化背景下各有所长，但全国产业同构现象依然严重。因此亟须加强区域协调发展与错位发展，着力发展具备本地区比较优势的高技术服务业，将优势欠缺的高技术服务业转移到周边地区，形成错位发展模式。同时，高技术服务业内部各产业之间可以相互提供彼此所需的服务，致力于形成多层次高技术服务体系。

4. 加大扶持中小型高技术服务企业

高技术服务业是运用现代管理理念与商业模式，借助信息技术与高新技术，以中小企业为实施主体的生产性服务业。但目前高技术服务企业仍以大型企业为主，中小型企业在资源、融资、税费等方面难以与其竞争，导致中小型高技术服务企业发展潜力不足。为消除市场体制障碍，一方面要鼓励外资与民间资本向高技术服务业转移，加快垄断性行业的改革进程，着力引进高智力、高技术、高端化的知识密集型服务业，带动我国中小型高技术服务企业快速发展；另一方面可通过设立创新创业奖励基金，对从事高技术服务的小微企业给予资金补助，提升其研发创新能力与高技术服务人才吸纳能力。

第三节 典型区域高技术服务业发展水平的测度

一、高技术服务业发展水平测度文献综述

服务业发展水平的测度相关文献集中在以下几个方面。

1. 关于测度指标体系的研究

高技术服务业从本质上来说是现代服务业与高新技术产业相互融合发展的产物，区域高技术服务业发展水平的提升是促进产业结构优化升级、提高行业竞争力的最终目标。实现区域高技术服务业的发展水平和技术创新、产业结构等的协同发展密不可分，也是实现区域高技术服务业的发展水平的可持续发展根本保证，因为区域高技术服务业的发展水平的提升离不开技术升级、产业结构，最终达到协同发展。关于区域高技术服务业发展的测度研究，大多数学者综合运用了多种指标。王仰东（2009）认为区域高技术服务业的发展水平应该包括技术创新性、项目产品市场前景、项目经济效果及实施风险、企业发展能

力等5个方面的构成内容[①]。韩东林等（2013）从发展基础、发展规模等6个维度，王正新等（2016）从基础条件、产业结构等4个维度构建了区域高技术服务业的发展水平指标的评价体系[②③]。姚正海等（2014）设计了发展规模、产业结构等5个维度评价指标体系，对北京、江苏、上海、广东等省市高技术服务业发展水平进行了实证评价，结果显示其水平参差不齐[④]。而高先务和程惠英（2015）选择了资本投入量、劳动力投入量和投入产出量与高技术服务业发展密切相关的指标[⑤]。还有的学者从三级指标构建高技术服务业评价指标综合体系，该评价体系由一级指标（服务能力、高新技术发展水平及服务过程）、二级指标（服务人员素质、服务质量、服务绩效等11个内容）、三级指标（专业技术素质、服务意识、技术先进性等14个内容）构成（苏华等，2013[⑥]）。总的来说，学者们选择区域高技术服务业发展的测度指标是多种多样的，既考虑了行业的自身特点、发展特色，也兼顾了外界环境、技术变化以及受到的其他产业的影响。

2. 关于测度方法的研究

关于区域高技术服务业的发展水平测度方法的研究，目前学者普遍采用DEA方法、随机前沿分析法、因子分析法、聚类分析法以及熵权法等。

部分学者运用单一测度方法来评价区域高技术服务业的发展水平。例如，Lavado等（2010）采用DEA方法评价了菲律宾各省的公共医疗机构在提供医疗服务方面的绩效水平，以此为政府提供决策依据[⑦]。刘丹鹭（2012）、殷凤和张

---

① 王仰东．高技术服务业项目评价指标体系初探［J］．技术经济，2009（2）：21－23.

② 韩东林，杜永飞，夏碧芸．基于因子分析的中国三大区域高技术服务业竞争力评价［J］．中国科技论坛，2013（10）：36－42.

③ 王正新，朱洪涛，陈雁南．我国高技术服务业区域发展水平综合评价——基于因子分析与改进聚类分析的实证研究［J］．科技管理研究，2016，36（15）：70－76.

④ 姚正海，姚佩怡，王珊珊．我国区域高技术服务业发展水平评价研究——基于主成分分析法［J］．经济问题，2014（11）：70－74.

⑤ 高先务，程惠英．八大高技术服务业发展水平评估［J］．科技进步与对策，2015，32（1）：134－140.

⑥ 苏华，方向阳，廖文杰．基于AHP的苏州市高技术服务企业发展评价指标体系研究［J］．科技管理研究，2013，33（24）：60－64.

⑦ Lavado R F，Lagrada L P，Gozun B C. Using DEA to Assess the Efficiency of Public Health Units in Providing Health Care Services［J］. Applications of Management Science，2010（14）：237－248.

云翼（2014）采用随机前沿分析法研究，前者发现在行业层面，管制松的行业技术效率比管制紧、进入壁垒高的服务行业高，技术效率由东部向中西部呈递减；后者通过对我国 1995～2010 年服务业分行业以及 2004～2010 年 31 个省份市服务业分行业的面板数据分析，认为三大类服务业的技术效率整体上很低，并且东部地区的技术效率远高于中部和西部地区，各地区的技术效率没有显著的增长态势[①②]。还有学者采用因子分析法构建高技术服务业竞争力评价指标体系，吴瑞明等（2013）采用因子分析法对我国 17 个省区市的高技术服务业发展水平进行了分析与评价[③]；韩东林等（2013）提炼出主要影响因子，测算了环渤海、长三角和珠三角地区高技术服务业的竞争力水平[④]。另外，还根据调查的数据采用了 AHP 实证分析从而找出影响苏州市高技术服务企业发展的各种因素并提出相应的对策和建议（苏华等，2013[⑤]）；采用多元回归的方法进行实证分析，通过模型显著性检验可以筛选出影响高技术服务业集聚的主要因子（张继良和胡健，2014[⑥]）。

同时，有些学者在测度区域高技术服务业的发展水平运用了多种方法。例如，基于低碳经济视角采用因子分析法和聚类分析法对东部地区 10 个省份高技术服务业发展能力进行评价（许陆军和陆源，2014[⑦]）；陈仕鸿等（2014）对广东省高技术服务业和高技术产业进行协整分析、相关分析和 OLS 回归分析，认为高技术服务业对高技术产业存在长期均衡的关系，且高技术服务业对高技术产业

---

① 刘丹鹭．中国服务业技术效率的系统性分析［J］．财经论丛，2012（2）：20－25.

② 殷凤，张云翼．中国服务业技术效率测度及影响因素研究［J］．世界经济研究，2014（2）：75－86.

③ 吴瑞明，胡代平，徐博艺．我国高技术服务业区域发展水平分析［J］．上海管理科学，2013（5）：24－29.

④ 韩东林，杜永飞，夏碧芸．基于因子分析的中国三大区域高技术服务业竞争力评价［J］．中国科技论坛，2013（10）：36－42.

⑤ 苏华，方向阳，廖文杰．基于 AHP 的苏州市高技术服务企业发展评价指标体系研究［J］．科技管理研究，2013，33（24）：60－64.

⑥ 张继良，胡健．中国高技术服务业的聚集特征与影响因素研究［J］．地域研究与开发，2014，33（4）：8－12，41.

⑦ 许陆军，陆源．基于低碳经济视角的东部地区高技术服务业发展能力评价［J］．科技和产业，2014，14（7）：10－14.

生产总值的带动效用明显[①]；陈露和姚正海（2020）运用 DEA－BCC 模型和 DEA－Malmquist 模型评估了 2012～2016 年中国 31 个省份服务业的投入产出效率，结果表明，我国服务业投入产出效率总体上不断增长，但发展不均衡，各地区服务业的效率值存在差异[②]。

3. 研究文献评价

综上所述，已有文献对高技术服务业发展水平的指标体系、测度方法等方面进行了多角度的探讨，为本书研究的发展奠定了一定的基础。现有研究主要基于服务业整体或内部细分行业角度，分析服务业不同地区或不同行业、不同时期的效率水平差异以及变化趋势，但由于服务业核算范围和方法的自身局限性，如多数服务不具有合适的数量单位导致服务业的基础统计数据受到限制[③]，而仅从微观层面不能完整精确地观测地区整体的发展状况。同时发现，现有文献缺乏多个典型区域服务业发展水平的测度研究，尤其是针对高技术服务业的研究更为少见，如果既从行业层面又从微观层面（如上市公司层面）结合起来开展研究，就可在一定程度上更为精确地反映服务业发展水平。

二、高技术服务业发展水平测度指标体系的构建

（一）测度指标体系构建原则

（1）系统优化原则。产业发展水平测度是一个多变量输出的复杂系统，需要借鉴系统论的观念设计一套相互联系的指标体系。同时需要科学设计各类指标在指标体系中的位次和指标之间的逻辑关系。

（2）可比性原则。指标数据的选取要考虑到是可以衡量的、容易通过权威部门取得，以保证公正性和可比性。在指标的选择过程中，为了尽量体现评价结论的可比性，可以将总量指标、相对指标和平均指标等结合在一起。

（3）突出本质原则。评价指标的设置，在实施过程中会起到引导和导向作

---

① 陈仕鸿，李良胜，徐姝妤．高技术产业与高技术服务业关联性的实证分析［J］．统计与决策，2014（5）：91－93.

② 陈露，姚正海．我国服务业投入产出效率评价研究［J］．中国集体经济，2020（4）：19－20.

③ 岳希明，张曙光．我国服务业增加值的核算问题［J］．经济研究，2002（12）：51－59.

用。高技术服务业是一个涉及跨行业、跨部门的综合性产业，其发展水平的评价要选取最关键的“少而精”因素、避免“泛而全”，同时要体现社会可持续健康发展的客观要求与发展趋势。

(4) 产业特征原则。指标体系的选择不能完全照搬其他国家和地区的评价指标，而是要基于我国具体的国情和高技术服务业的行业特点，选取的指标应与高技术服务业的内涵、特征相适应。既要客观评价现实的发展水平，又能突出行业的特征，使评价科学可靠。

(二) 测度指标选择理论依据与指标体系构建

高技术服务业发展水平的测度是一项复杂的系统工程，应在反映该产业发展本质内涵要求的基础上，构建科学合理的测度指标体系。

(1) 发展规模。高技术服务业是我国经济高质量发展的先导产业，其发展规模彰显出高技术服务业的总体现状与水平。从产出角度看，产业规模越大意味着高技术服务业发展态势越明显，因此选取“高技术服务业增加值”“人均高技术服务业法人单位数”体现高技术服务业的规模体系。从投入角度看，要素投入是提升产业竞争力的内生变量，作为要素的主体构成部分，人力投入和资本支出是高技术服务业持续发展的增长动力，因此选取“高技术服务业从业人员数”“人均高技术服务业固定资产投资额”衡量高技术服务业的要素投入强度。

(2) 产业结构。非均衡经济增长理论认为，经济增长与经济结构变化密切相关。高技术服务业是现代服务业的重要内容与高端环节，衡量高技术服务业发展水平的高低，除了关注其发展规模外，更要重视产业结构变化升级。一方面，大力发展高技术服务业对于加快形成以服务经济为主的产业结构，转变经济发展方式至关重要；另一方面，产业结构由低级向高级转变的整体优化日益成为高技术服务业实现可持续发展的前提条件。高技术服务业的产业结构可通过以下指标直观反映：“高技术服务业增加值占地区 GDP 比重”“第三产业固定资产投资额中高技术服务业所占比重”“高技术服务业从业人员比重”“高技术服务业贡献率”。

（3）成长能力。成长能力是高技术服务业发展潜力评价的重要内容，产业增长速度等相关指标能够衡量产业成长性能，在一定程度上反映产业是否具有竞争优势。因此选取“高技术服务业增加值增长速度”“高技术服务业从业人员增长速度”“高技术服务业固定资产投资增长速度”3个指标作为高技术服务业成长能力的衡量标准。

（4）创新环境。作为产业链高端的新兴产业，高技术服务业的蓬勃发展离不开宽松的创新环境与优渥的人才环境。根据服务创新的驱动力模型①，将高技术服务业创新环境要素归为以下几类：“地方政府科学技术预算支出”体现了政府财政资源配置中对于科技投入的重视程度；“互联网宽带接入用户数”“移动电话年末用户数”“电信业务总量”反映了数字化、信息化和网络化技术应用环境下，高技术服务业商业模式的变化情况；“R&D支出”为评价研发投入强度的重要指标；“普通高等学校本专科在校人数”则展现了区域知识资源和高素质人力资本的拥有量。

（5）成果转化。内生增长理论认为，技术进步是保证经济持续增长的决定因素。有效的高技术服务能够提升基础设施产出效率，节省劳动者工作时间，促进企业总效益增长，最终形成动态的规模经济。此外，有别于传统服务业，高技术服务业具有技术含量和附加值高、创新性和辐射力强等特征，可以通过高增值的专业化服务扩散技术成果，促进传统产业升级，转变经济增长方式。因此选取“有效发明专利数”“每万人拥有专利数量”“技术市场成交额”“高技术服务业劳动生产率”“高技术服务业固定资产投资效果”共同体现高技术服务业成果转化的具体效果。

遵循上述构建原则以及上述分析结论，在汲取国内外相关最新研究成果的基础上，设置了高技术服务业发展水平评价的5个维度（发展规模、产业结构、成长能力、创新环境、成果转化）22项评价指标的指标体系，如表3-14所示。

① Sundbo J, Gallouj F. Innovation in Services [R]. SI4SProject Synthesis, work package3/4, 1998 (3/4): 1-8.

表 3-14　　高技术服务业发展水平测度指标体系

一级指标	变量	二级指标
发展规模（18.22）	X1（4.85）	高技术服务业增加值（亿元）
	X2（5.37）	高技术服务业从业人数（万人）
	X3（4.09）	人均高技术服务业固定资产投资额（元/人）
	X4（3.91）	人均高技术服务业法人单位数（个/千人）
产业结构（16.77）	X5（4.95）	高技术服务业增加值占地区 GDP 比重
	X6（3.09）	第三产业固定资产投资额中高技术服务业所占比重
	X7（6.71）	高技术服务业从业人员比重
	X8（2.02）	高技术服务业贡献率
成长能力（9.60）	X9（2.24）	高技术服务业增加值增长速度
	X10（4.55）	高技术服务业从业人员增长速度
	X11（2.81）	高技术服务业固定资产投资增长速度
创新环境（26.66）	X12（4.80）	地方政府科学技术预算支出（亿元）
	X13（4.50）	互联网宽带接入用户数（户/万人）
	X14（4.36）	移动电话年末用户数（户/万人）
	X15（4.69）	电信业务总量（亿元）
	X16（4.55）	R&D 支出（万元）
	X17（3.76）	普通高等学校本专科在校人数（万人）
成果转化（28.77）	X18（7.26）	有效发明专利数（件）
	X19（4.55）	每万人拥有专利数量（件）
	X20（8.43）	技术市场成交额（万元）
	X21（3.34）	高技术服务业劳动生产率（元/人）
	X22（5.19）	高技术服务业固定资产投资效果（元/百元）

注：变量列“（）”中的内容为百分比权重。

三、高技术服务业发展水平测度方法的选择

高技术服务业发展水平的测度是针对多指标、多层次的指标体系进行的，可以采用的测度方法可归纳为主观赋值法和客观赋值法两大类。借鉴李书昊

（2019）已有研究[①]，本书采用熵值法与变异系数法共同确定权重，以降低指标构建的主观随意性与单一赋权的不确定性。熵值法是根据各指标的联系程度或各指标所提供的信息量来确定权重。但熵值法仅调整了指标列的组间信息传递变异，存在权重分配结果均衡化缺陷。变异系数法是根据指标在评价体系中取值的变异程度赋权，侧重反映评价对象间的差距，在一定程度上能够避免熵值法固有缺陷[②]。测算步骤如下：

第一，指标设定。假设有 m 个省份，n 项指标，构建初始评价矩阵X（m×n）

$$X=\begin{bmatrix} x_{11} & x_{12} & \cdots & x_{1n} \\ x_{21} & x_{22} & \cdots & x_{2n} \\ \vdots & \vdots & \ddots & \vdots \\ x_{m1} & x_{m2} & \cdots & x_{mn} \end{bmatrix} \tag{3-1}$$

其中，x_{ij}代表第 i 个省份的第 j 项指标取值。

第二，标准化处理。为消除不同指标量纲的差异，利用式（3－2）对各指标数据标准化处理，将指标值转换到 0～1 之间：

$$r_{ij}=\frac{x_{ij}-\min(x_{ij})}{\max(x_{ij})-\min(x_{ij})},i=1,2,\cdots,m,j=1,2,\cdots,n \tag{3-2}$$

其中，r_{ij}表示第 i 个省份第 j 项指标的标准化后取值；$\max(x_{ij})$和 $\min(x_{ij})$分别表示x_{ij}的最大值与最小值。

第三，根据各测度指标r_{ij}的均值 $\bar{r}_j$ 和标准差σ_j计算变异系数V_j：

$$V_j=\frac{\sigma_j}{\bar{r}_j} \tag{3-3}$$

其中，$\bar{r}_j=\frac{1}{m}\sum_{i=1}^{m}r_{ij}$，$\sigma_j=\sqrt{\frac{1}{m-1}\sum_{i=1}^{m}(r_{ij}-\bar{r}_j)^2}$。

① 李书昊．新时代中国经济发展方式转变的测度研究［J］．经济学家，2019（1）：53－61.

② 贾博婷，赵天威，祝志川．基于熵值修正 G2 赋权的综合评价方法及实证［J］．统计与决策，2019，35（8）：30－35.

第四，依据变异系数V_j，计算各测度指标r_{ij}的权重W_{j1}：

$$W_{j1} = \frac{V_j}{\sum_{j=1}^{n} V_j} \tag{3-4}$$

第五，利用标准化后的指标r_{ij}，测量第 j 项指标的信息熵E_j：

$$E_j = -\frac{1}{\ln m}\sum_{i=1}^{m} \frac{r_{ij}}{\sum_{i=1}^{m} r_{ij}}\ln\frac{r_{ij}}{\sum_{i=1}^{m} r_{ij}} \tag{3-5}$$

第六，计算各测度指标r_{ij}的权重W_{j2}：

$$W_{j2} = \frac{1-E_j}{\sum_{j=1}^{n}(1-E_j)} \tag{3-6}$$

第七，利用组合赋权法计算高技术服务业发展评价指数S_i：

$$S_i = \sum_{j=1}^{n}(W_j \times r_{ij}) \tag{3-7}$$

其中，$W_j = \alpha \times W_{j1} + (1-\alpha) \times W_{j2}$，设定系数 α 为 0.5。

四、典型区域高技术服务业发展水平的测度

由于部分省区市缺乏高技术服务业增加值等统计指标的数据，鉴于数据资料的可获得性，本书选取北京、江苏、天津、浙江、广东、安徽、山东、上海、福建、河南、青海、山西和海南 13 个地区为样本，测度 2012 ~ 2017 年度高技术服务业发展水平，原始数据来自 2013 ~ 2019 年《中国统计年鉴》以及相关省份统计年鉴。

（一）典型区域高技术服务业发展综合水平测算结果及分析

高技术服务业发展水平测量指标及指标权重如表 3 – 14 所示。依据权重结果进一步测算得出高技术服务业发展总指数如表 3 – 15 所示。根据总指数绘制出了高技术服务业发展水平总指数变化趋势如图 3 – 9 所示。

表 3 ~ 15　　2012 ~ 2017 年高技术服务业发展水平总指数

年份	2012	2013	2014	2015	2016	2017
北京	0. 3718	0. 4133	0. 4372	0. 4673	0. 5267	0. 5584
江苏	0. 3198	0. 3649	0. 3502	0. 3932	0. 4412	0. 4993
天津	0. 1654	0. 1760	0. 2029	0. 2214	0. 2956	0. 3157
浙江	0. 2410	0. 2439	0. 2670	0. 3077	0. 3478	0. 3919
广东	0. 3418	0. 3825	0. 3827	0. 4275	0. 4867	0. 5797
安徽	0. 1374	0. 1458	0. 2025	0. 2413	0. 2179	0. 2531
山东	0. 2269	0. 2882	0. 2764	0. 3267	0. 3478	0. 3758
上海	0. 2394	0. 2847	0. 2555	0. 2684	0. 3053	0. 3293
福建	0. 1448	0. 1492	0. 1560	0. 1954	0. 2455	0. 2731
河南	0. 1489	0. 1750	0. 1798	0. 2092	0. 2559	0. 2964
青海	0. 0841	0. 0585	0. 0756	0. 1252	0. 1253	0. 1426
山西	0. 1083	0. 1170	0. 1252	0. 1341	0. 1749	0. 1989
海南	0. 0774	0. 0735	0. 0718	0. 1010	0. 1190	0. 1353
平均值	0. 2005	0. 2210	0. 2295	0. 2629	0. 2992	0. 3346

数据来源：计算所得。

表 3 - 15 的测算结果表明，高技术服务业发展总体水平明显提升，年均值从 2012 年的 0. 2005 上升到 2017 年的 0. 3346，累计提高 0. 1341，年均增长率约 10. 79%。其中，有 8 个省份的年增长率超过高技术服务业发展平均水平。但各省区市高技术服务业的发展程度有所不同，部分区市如河南、天津、福建、安徽，这些地区的高技术服务业发展起步晚、基数小，但增长速度快，发展势头迅猛。

图 3 - 9 为 2012 ~ 2017 年 13 个省份的高技术服务业发展水平总指数变化趋势。可以看出，我国高技术服务业发展水平总体呈逐年上升趋势，但高技术服务业发展综合得分的上升态势中呈现出省市差异性。北京、广东、江苏的高技术服务业发展得分始终居于前列，总体呈稳步增长走势。山东、浙江、上海的高技术服务业发展得分处于中等水平，个别年份增长率有轻微波动。天津、河南、安徽、福建的高技术服务业发展得分较低，但逐年增长率较高，发展势头迅猛。山西、海南、青海的高技术服务业发展得分明显偏弱，与经济较发达省区市的差距很大。

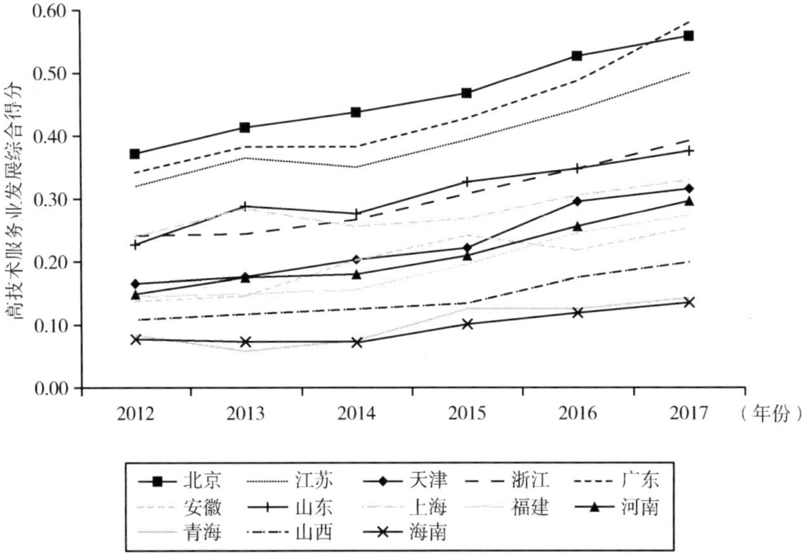

图 3-9　高技术服务业发展总指数变化趋势

（二）典型区域高技术服务业子系统发展动态结果分析

2012～2017 年 13 个省份的高技术服务业发展规模的测度结果如图 3-10 所示。

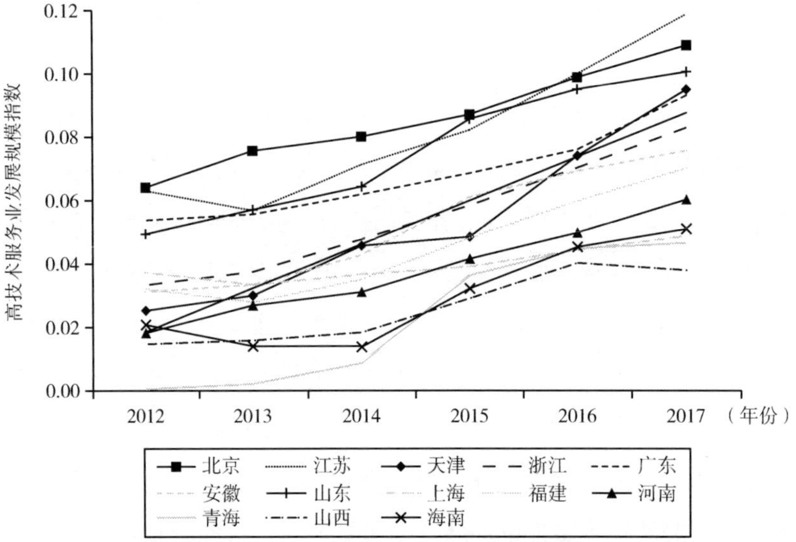

图 3-10　高技术服务业发展规模指数变化趋势

对比图 3-9 可以看出，发展规模指数与高技术服务业发展总指数呈现出相似变化特征，这在一定程度上表明发展规模是高技术服务业发展综合水平的重要衡量标准。各个省市的高技术服务业发展规模指数均呈逐年上升态势，其中，北京、江苏、山东、广东的发展规模指数总体居于前列，浙江、上海、安徽、天津、福建、河南的发展规模指数处于中等水平，山西、海南、青海的发展规模指数相对较低。

2012～2017 年 13 个省份的高技术服务业产业结构的测度结果如图 3-11 所示。

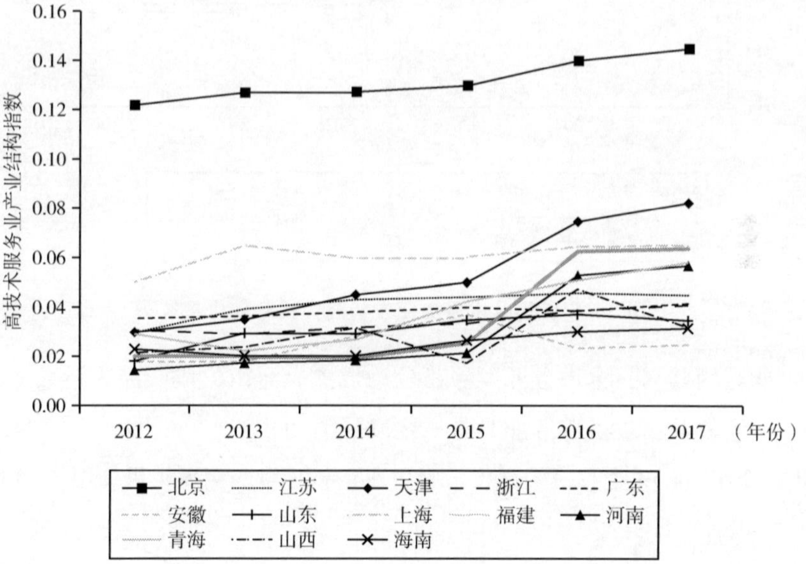

图 3-11　高技术服务业产业结构指数变化趋势

从图 3-11 可以看出，除北京的产业结构指数处于较稳定的高水平外，其余省市的产业结构指数相对较低。其中，天津、福建、河南的产业结构指数自 2015 年开始呈突破式增长并维持在较高增长率，其他省份的产业结构发展水平与增长速度则整体偏弱。

2012～2017 年 13 个省份的高技术服务业成长能力的测度结果如图 3-12 所示。

从图 3-12 可以看出，江苏、上海、山东、广东、河南、山西、福建的成长能力指数变动较为一致，均呈先升后降再低位小幅波动的特征。与之相反，浙江、安徽、青海的成长能力指数则呈先降后升再螺旋波动的趋势。天津的成长能力指数下滑明显，至 2016 年才有所回升。北京的成长能力指数处于较平稳的低

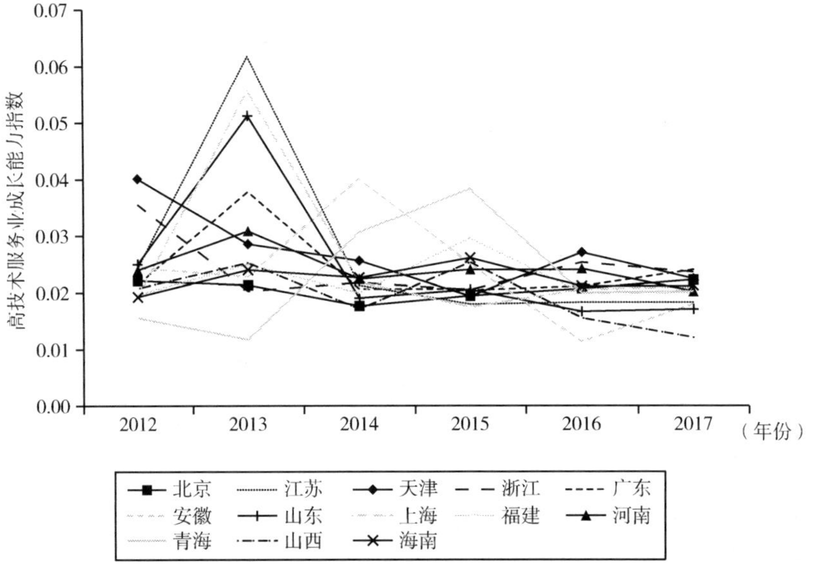

图 3-12 高技术服务业成长能力指数变化趋势

水平，可能是因其高技术服务业发展已较为成熟。海南的成长能力指数呈螺旋上升态势，预示着其高技术服务业具有一定发展潜力。

2012～2017 年 13 个省份的高技术服务业创新环境的测度结果如图 3-13 所示。

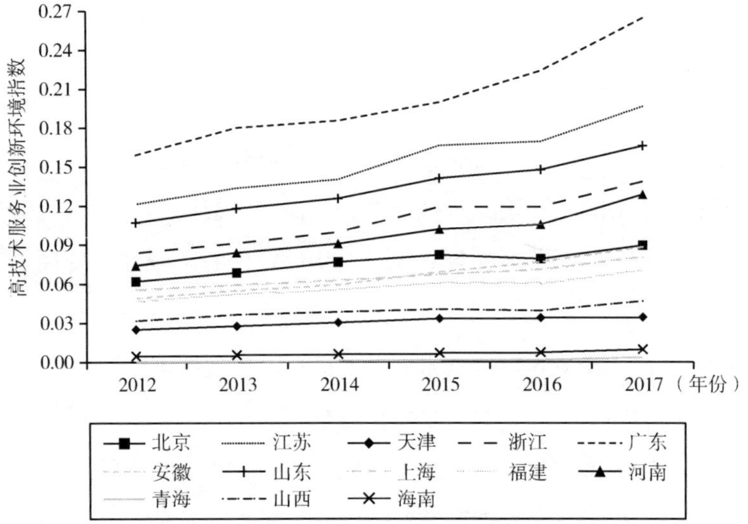

图 3-13 高技术服务业创新环境指数变化趋势

从图 3－13 可以看出，各省市分化趋势明显。广东、江苏、山东的创新环境指数位居前列且增长速度较快。浙江、河南、北京、上海、安徽、福建的创新环境指数处于中等水平，总体呈逐年上升态势。山西、天津、海南、青海的创新环境指数明显偏低，且增长速度缓慢。

2012～2017 年 13 个省份的高技术服务业成果转化的测度结果如图 3－14 所示。

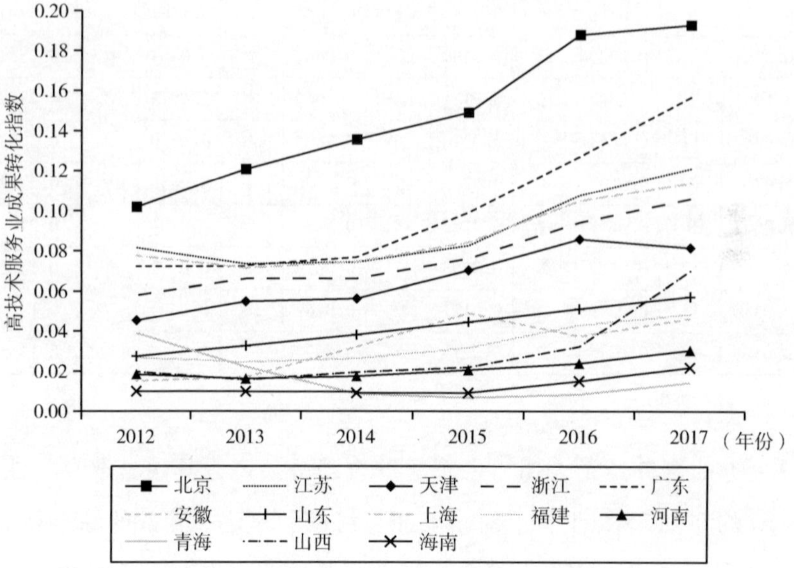

图 3－14　高技术服务业成果转化指数变化趋势

从图 3－14 可以看出，北京的成果转化水平遥遥领先。广东、江苏、上海、浙江、天津的成果转化指数较高，且呈逐年快速上升势头。山东、安徽、福建、山西的成果转化水平不高，但呈稳步增长态势。河南、海南、青海的成果转化水平偏弱，其中青海的成果转化指数呈现“U”形变化特征。

（三）典型区域高技术服务业发展水平一级指标比较

2017 年 13 个省份的高技术服务业发展综合得分与一级指标得分如表 3－16 所示。

表 3-16　2017 年各省份高技术服务业发展水平一级指标分析

省区市	发展规模		产业结构		成长能力		创新环境		成果转化		综合得分	排名
	得分	排名	得分	排名	得分	排名	得分	排名	得分	排名		
北京	0.1090	2	0.1449	1	0.0223	4	0.0894	6	0.1929	1	0.5584	2
江苏	0.1187	1	0.0450	7	0.0183	10	0.1963	2	0.1210	3	0.4993	3
天津	0.0949	4	0.0823	2	0.0224	3	0.0346	11	0.0815	6	0.3157	7
浙江	0.0829	6	0.0409	9	0.0236	2	0.1386	4	0.1059	5	0.3919	4
广东	0.0931	5	0.0416	8	0.0240	1	0.2644	1	0.1567	2	0.5797	1
安徽	0.0757	7	0.0249	13	0.0180	11	0.0881	7	0.0464	10	0.2531	10
山东	0.1006	3	0.0347	10	0.0171	12	0.1661	3	0.0573	8	0.3758	5
上海	0.0487	11	0.0651	3	0.0210	6	0.0805	8	0.1140	4	0.3293	6
福建	0.0701	8	0.0637	4	0.0202	9	0.0706	9	0.0485	9	0.2731	9
河南	0.0603	9	0.0568	6	0.0202	8	0.1287	5	0.0304	11	0.2964	8
青海	0.0465	12	0.0582	5	0.0203	7	0.0035	13	0.0142	13	0.1426	12
山西	0.0380	13	0.0319	11	0.0121	13	0.0469	10	0.0699	7	0.1989	11
海南	0.0509	10	0.0315	12	0.0213	5	0.0098	12	0.0218	12	0.1353	13

数据来源：计算所得。

表 3-16 的测算结果表明，广东的综合得分最高，其次是北京、江苏、浙江、山东，均在 0.35 以上；上海、天津、河南、福建、安徽的综合得分居中，均在 0.25 以上；山西、青海、海南的综合得分较低，均未达到 0.20。其中，发展规模项得分最高的是江苏，得分最低的是山西，分别为 0.1187 和 0.0380。产业结构项得分最高的是北京，得分最低的是安徽，分别为 0.1449 和 0.0249。成长能力项得分最高的是广东，得分最低的是山西，分别为 0.0240 和 0.0121。创新环境项得分最高的是广东，得分最低的是青海，分别为 0.2644 和 0.0035。成果转化项得分最高的是北京，得分最低的是青海，分别为 0.1929 和 0.0142。

五、研究结论与对策建议

本书构建了包含“发展规模、产业结构、成长能力、创新环境、成果转化”5 大维度，共计 22 个二级指标的高技术服务业发展水平评价指标体系，综合运用熵值法与变异系数法测度了 2012 ~ 2017 年我国 13 个省份的高技术服务业发展水平，得出以下主要结论：①2012 ~ 2017 年，我国高技术服务业发展总体水平明显提升，但仍具有较大发展空间；②各省份之间的高技术服务业综合发展水平、子系统发展水平与增长速度差异较大；③13 个省份的高技术服务业发展过程中各有优势和短板。基于上述实证分析结果，并且考虑我国高技术服务业发展的现实状况和条件，提出如下政策建议：

（1）加强高技术服务业发展战略设计，完善评价制度。

高技术服务业的发展需要依托发达的基础设施与完善的环境体系。对此，各级政府首先要高度重视高技术服务业发展，根据高技术服务业发展的阶段性特征，适时调整相关服务业发展政策；其次，可以建立持续的政策监测和评估体系，对各省、市、区、县的高技术服务业发展水平与质量效益进行评价考核，以督促激励各地努力提升高技术服务业发展水平和质量；最后，政府应当加大资金、技术、政策等要素投入，并完善科技成果转化机制，促进我国高技术服务业综合水平的提升。

（2）促进高技术服务业区域协调发展，缩小省际差距。

高技术服务业属于知识密集程度较高的一类服务业，其发展水平体现了技术与社会和经济的结合程度。从上述实证分析结果可知，我国各地区高技术服务业发展并不均衡，各省区市之间呈现出较大差异，这种状况不利于我国高技术服务业整体发展水平的提升。因此，政府应该发挥统筹协调功能，优化人员与资金分配，提高资源利用效率，通过加强经济发达地区与经济落后地区的帮扶交流，促进高技术服务业区域协调发展，提升我国高技术服务业综合发展水平。同时，不同省区市要注重发挥自身比较优势，着力弥补发展过程短板，全面提升高技术服务业发展水平。

（3）推动高技术服务业体制机制创新，引导多方参与。

一是政府层面要给予引导与支持。首先，政府应该加大对科学技术的预算支出，通过完善财政、税收等优惠政策，为高技术服务业规模增长提供有力资金支撑；其次，政府应该发挥引导协调功能，通过完善相关法律法规，建立公平有序的市场环境。二是企业与高校要加强产学研合作交流。一方面，高校具有输送高技术人才的重要作用，亟须培养具有创新意识的优质人才；另一方面，高技术服务企业需要依托各类高等院校建立科技人才培养基地，为其提供良好的工作环境与晋升空间。三是社会层面要拓宽融资渠道。政府可以引导社会资本进入高技术服务业投资领域，形成以财政资金主导，社会资本参与的多元投资体系，提升高技术服务业成长力与竞争力。

第四章

我国高技术服务业效率评价研究

高技术服务业效率表现为宏观、中观、微观多个层面，其效率评价既存在一定的区别又相互联系。

第一，从“微观→中观→宏观”层面的高技术服务企业（产业）效率，反映了微观企业叠加至中观行业、宏观产业的过程，微观企业的效率是基础，中观行业的效率是中介，宏观产业的效率是最终结果。

第二，从“宏观→中观→微观”层面的作用路径，反映了宏观层面高技术服务产业政策向中观行业宣导，最终落实到微观企业的过程，宏观政策是导向，中观政策是配套措施，提升微观企业效率是政策落脚点。

第三，微观、中观、宏观三个层面的效率评价是同一个问题的不同层面不同角度的研究，三者互为补充，缺一不可，从不同的侧面互为补充说明高技术服务业的效率水平。高技术服务业最终是为国民经济增长服务的，而这一目标的达成依赖于高技术服务业宏中微观效率的全面提升，离不开各经济主体的有机配合，需要配套政策的全力支持。

第一节

基于区域层面的我国高技术服务业效率评价

一、服务业效率评价的文献综述

国内外关于服务业效率评价问题的研究主要集中在以下几个方面。

1. 构建服务业投入产出效率评价指标体系方面

为了评价服务业的投入产出效率，国内外学者从不同维度来选取指标。Irini等（2012）加入科技能力指标，对希腊139家中小型制造业公司的科技投资效率进行分析①。韩东林和李兰芳（2014）利用资产总额数、全部从业人员年平均人数和营业利润三个指标，比较分析我国高技术服务业各行业的投入产出效率和差异形成原因②。郭韧等（2014）选取信息服务业的从业人数、政府及行业投资、技术市场合同营业额、企业新产品产值和发明专利授权数量等指标，分析我国信息服务业的投入产出效率③。徐玲等（2016）关注第三产业固定资产投资、员工人数和第三产业增加值，分析省级效率④。综合考察国内与国外学者的研究，对于服务业投入产出效率的评价各有侧重点，但大多数都选取从业人数、投资额度、营业额等多个指标进行评价。

2. 服务业投入产出效率的研究方法方面

衡量服务业投入产出效率的研究方法主要分为两大流派：指标法和前沿面分析法。在一定条件下，效率前沿面是基于经济最优化视角，构建高拟合度的函数，计算特定公司与标杆公司（即本行业效率前沿公司）投入或产出指标的偏离程度，依此判断其效率。理论分析时，假设效率前沿面已知，但现实研究中，首先必须确定生产前沿面，即确定能够与真实情况相吻合的生产函数。依据前沿生产函数中是否存在参数，分为参数前沿面法、非参数前沿面法。

数据包络分析法（Data Envelopment Analysis，DEA）是非参数前沿面法的典型代表，首先模型不需要设定生产函数，其次不需要对指标进行权重设置，最后

---

① Voudouris I，Lioukas S，Iatrelli M，et al. Effectiveness of Technology Investment：Impact of Internal Technological Capability，Networking and Investment's Strategic Importance［J］. Technovation，2012，32（6）：400－414.

② 韩东林，李兰芳．中国高技术服务业投入产出效率的行业差异分析［J］．创新，2014（2）：47－51.

③ 郭韧，陈福集，于群．我国信息服务业投入产出效益评价研究［J］．现代情报，2014（8）：51－60.

④ 徐玲，赵博睿，杨雪峰．基于DEA模型的省域服务业投入产出效率评价［J］．西安工程大学学报，2016（6）：848－868.

不需要对数据进行无量纲化处理，并且模型可以包含多个投入、多个产出的指标，依此进行有效性评价。随机前沿分析（Stochastic Frontier Analysis，SFA）是参数前沿面法的典型代表，SFA 方法适用假设前提：生产函数符合线性规律，模型中可以涉及多个投入指标，但只允许存在一个产出指标。

Agasisiti 和 Johnes（2010）用 DEA 研究了意大利高校科技效率变动的有用信息[①]。王秀明（2013）对 2003～2010 年的省级面板数据进行回归分析，以研究中国服务业投资效率[②]。程慧平（2013）构建 DEA 和 SFA 模型对我国 2001～2010 年 30 个省级行政区的信息服务业技术效率进行对比分析[③]。胡剑芬和饶烜（2018）采用 DEA 模型计算生产服务业的融资效率，对比分析了总体、行业和融资途径的融资效率 3 个方面[④]。

DEA 和 SFA 评价效率的原理不相同，在具体使用过程中，各有利弊。相关研究表明：DEA 方法效率评价的结果比采用 SFA 方法可靠程度稍高；两种评价方法得到的结果基本相符，具体实施评价将两者有机结合，可实现非参数和参数评价方法的优势互补，以加强研究结论的说服力。

3. 研究服务业投入产出效率影响因素方面

关于服务业投入产出效率的影响因素，相关学者进行了较为丰富的研究，并且得出了不尽相同的研究结论。任英华等（2013）分析信息服务业技术效率的影响因素后发现，对信息服务业技术效率影响较显著的因素有人力资本、产业集聚度、劳动生产率和对外开放度，科技创新对效率的影响并不显著[⑤]。王铁山（2015）分析了 1978～2008 年中国服务业技术效率，研究表明，政府行为和城市化水平对我国服务业技术效率的影响较大，市场化程度、对外开放度和人力资本

---

① Agasisti，T.，Johnes G. "Heterogeneity and the evaluation of efficiency：the case of Italian universities". Applied Economics 2010，42（11）：1365－1375.

② 王秀明．中国服务业投资效率研究——基于历史数据修正的史实证据［J］．财贸经济，2013（3）：123－131.

③ 程慧平．基于 DEA 和 SFA 方法的信息服务业技术效率研究［J］．科学学与科学技术管理，2013（4）：28－34.

④ 胡剑芬，饶烜．基于 DEA 方法的生产性服务业融资效率分析［J］．企业经济，2018（8）：160－166.

⑤ 任英华，樊帆，吴宏丹．信息服务业技术效率影响因素的空间计量分析［J］．统计与决策，2013（2）：93－97.

水平影响较小[①]。席玮和程希冉（2018）运用四阶段 Bootstrap - DEA 模型，测算服务业生产效率，研究表明，受教育时长、员工薪酬与服务业生产效率呈正向关系，生产性服务业的产出效率低，是服务业的短板[②]。

4. 提高服务业投入产出效率的对策建议方面

考虑到服务业的特殊性，以及不同地区的经济发展水平差异，政府需要因地制宜地制定对策建议。李文秀等（2012）提出建议，各省在通过加大服务业投资促进服务业发展的同时，根据各地区的发展情况，发展符合各地区实际情况的主导产业，加大投资力度[③]。叶红春和邓琪（2015）通过研究得出结论，只有转变政府职能，增加政府扶持力度，重视人才的培养，才能快速提高人力资源服务业的服务效率，建设高素质人才团队，提高服务业竞争力[④]。林昌华（2017）通过研究提出建议，合理引导人力资源行业布局，完善薪酬政策激励措施，注重生产要素资源配置的优化以及强化与大陆市场的合作[⑤]。金刚和沈坤荣（2018）得到启示，地方政府需要推进集约型经济发展模式，发挥市场对电信服务业资源配置的重要作用，注重增加消费者福利，中央和地方政府要统筹行动，激励电信服务企业在大西北等地区增加电信投资[⑥]。总之，提高服务业投入产出效率，需要政府与企业、市场之间互相协调，重点培养科技型人才，建设高科技人才基地，以服务和科技高地来聚集国内外人才，同时增强人才的激励制度，实现科研人员的有序流动。

5. 研究文献评价

现有文献对服务业的效率评价进行了较为充分的研究，但在指标体系设计和评价方法选择等方面仍然存在不够完善的地方。一些文献采用 DEA - CCR

---

① 王铁山．中国服务业技术效率的影响因素及其效应分析——基于岭回归方法的实证研究［J］．科技管理研究，2015（13）：206 - 210.

② 席玮，程希冉．中国服务业资本投入与生产效率测算［J］．调研世界，2018（2）：33 - 39.

③ 李文秀，李勇坚，罗春燕．中国区域间服务业发展趋同还是集聚——基于省级分行业投究［J］．宏观经济研究，2012（8）：69 - 87.

④ 叶红春，邓琪．湖北省人力资源服务业服务效率的影响因素研究［J］．湖北大学学报（哲学社会科学版），2015（4）：132 - 137.

⑤ 林昌华．台湾服务业技术效率评估及其影响因素［J］．台湾研究，2017（2）：60 - 67.

⑥ 金刚，沈坤荣．服务业技术效率再评价与解构：管理无效还是环境无效——以我国电信服务业为例［J］．产业经济研究，2018（2）：1 - 14.

模型，该模型假定规模报酬不变，但大部分评价对象并不一定规模报酬不变，CCR 模型假定与现实不太符合；针对所有省份和高技术服务业特定类型服务业的研究成果较少；同时评价所选取的投入指标和产出指标的合理性有待进一步论证。本书将基于行业层面和区域层面对高技术服务业的效率水平进行客观评价。

二、高技术服务业效率评价方法的选择

高技术服务业效率评价的主要目的是以最低的投入促进高技术服务业产出的增长，不同于传统的评价方法，数据包络分析（DEA）模型具有许多优点：不需要预先求出生产函数；不用预先确定评价指标的权重；不受指标量纲不同的影响；剔除了非 DEA 有效的决策单元后，可以获得更准确的评估结果。

采用 DEA 评价方法能够保证效率评价的准确性和有效性，本书采用 DEA 模型来评价高技术服务业行业的效率水平。

（一）数据包络分析

DEA 是一种效率综合评价方法，标志 DEA 方法诞生的是 CCR 模型的提出，该模型是由 A. Charnes 和 W. W. Cooper 以及 E. Rhodes 在 1978 年提出的。

DEA 因具有以下几个特点和优势引起了众多学者广泛的关注：第一，已实现多输入、多输出同类决策单元的有效性评价，即该方法在运算过程中对于决策单元是多产出的情况也能轻易处理，而像随机前沿方法（SFA）只能处理单一产出，若产出是多个时，必须先将多产出合并成一个产出才能继续分析。第二，评价结果更为客观。DEA 作为一种非参数前沿效率分析法，不需要选择合适的计量模型（生产函数）去估计前沿生产函数的参数，而是依据其所能观测到的输入指标和输出指标，通过求解线性规划来确定生产前沿面，以此可以避免人的主观因素对结果产生影响。第三，评价的是相对效率。该方法的原理是先确立生产前沿面，再将其他决策单元投影到前沿面上，最后以前沿面作为标准，分析其他决策单元的偏离程度以判断其有效性，该有效性是以前沿面的有效性为对比基

准，因此测算出的是相对效率。

DEA 是一种前沿面导向的评价方法，而不是像回归分析那样的中心化导向，即不是通过集中的数据拟合回归线的分析方法，而是用分段的线性面“封盖”在现有数据的上方。基于此视角，DEA 更擅于揭示用其他方法不能发现的隐含问题。

DEA 对决策单元数量、投入产出指标和模型导向有相应的要求或选择。

（1）决策单元数量。如果效率的测度对象即决策单元（DMU）的数量过少，很容易出现大部分或全部 DMU 均有效的结果，使得效率难以进行区分。所以 DMU 数量不应少于投入和产出指标数量的乘积，同时不少于投入与产出指标数量之和的 3 倍。当然，这只是粗略的要求，还要根据实际情况来具体判断。

（2）投入产出指标。从生产可能集的角度考虑，DEA 的投入指标（x）和产出指标（y）之间应该存在某种联系，即 x 能生产 y，y 也是由 x 生产出来的。

（3）模型导向。DEA 模型一般分为投入导向、产出导向和非导向。模型导向的选择主要取决于分析目的。如果分析目的只是获得各单位的效率值，则三种导向都适用。如果需要作进一步的投影分析，从管理角度考虑，把减少投入作为对无效率单位提高效率的主要途径，则应选择投入导向模型；如果把增加产出作为提高效率的主要途径，则应选择产出导向模型。导向的选择要结合分析的具体情况去分析判断。

目前，CCR 和 BCC 两种基本模型是 DEA 方法的主要形式，前者适用于规模报酬不变，后者考虑规模报酬变化，技术效率分解成规模效率和纯技术效率。假设有 n 个 DMU，每个 DMU 有相同的 m 项投入和 s 项产出，每个投入项和产出项的权重为 λ_j，计算某一特定企业的相对效率。

CCR 模型假设生产技术的规模收益不变，或者虽然生产技术规模收益可变，但假设所有被评价 DMU 均处于最优生产规模阶段，可是实际生产中很难满足上述条件。Banker 等（1984）在 CCR 模型基础上添加了 $\sum_{j=1}^{n}\lambda_j = 1$ 约束条件，得到了假设规模报酬可变的 BCC 模型。

CCR 效率模型具体如式（4－1）所示：

$$\text{Min}\theta_k$$

$$\text{s.t.}\begin{cases}\sum_{j=1}^{n}\lambda_j x_{ij}+s^{+}=\theta x_{ik},i=1,2,\cdots,m\\ \sum_{j=1}^{n}\lambda_j y_{rj}-s^{-}=y_{rk},r=1,2,\cdots,s\\ \sum_{j=1}^{n}\lambda_j\geqslant 0,j=1,2,\cdots,n\\ \lambda_j\geqslant 0,s^{+}\geqslant 0,s^{-}\geqslant 0\end{cases}\tag{4-1}$$

BCC 效率模型具体如式（4-2）所示：

$$\text{Min}\theta_k$$

$$\text{s.t.}\begin{cases}\sum_{j=1}^{n}\lambda_j x_{ij}+s^{-}=\theta x_{ik},i=1,2,\cdots,m\\ \sum_{j=1}^{n}\lambda_j y_{rj}-s^{+}=y_{rk},r=1,2,\cdots,s\\ \sum_{j=1}^{n}\lambda_j=1,j=1,2,\cdots,n\\ \lambda_j\geqslant 0,s^{+}\geqslant 0,s^{-}\geqslant 0\end{cases}\tag{4-2}$$

将问题转化为求 θ_j、s_j、λ_j的最优解问题，结论如下：若 $\theta_j=1$，且 $s^{+}=0$ 和 $s^{-}=0$，则该决策单元有效；若 $\theta_j<1$，则该决策单元未达到有效。

凡落在前沿面边界上的决策单元称为 DEA 有效率，其效率值为 1；而其他未落在边界上的决策单元称为 DEA 无效率，其效率值大于 0 小于 1。但 BCC 模型只能横向评价各个 DMU 在同一时点的创新效率，不能进行纵向评价。

（二）Malmquist 指数模型

不管是 CCR 模型还是 BCC 模型，测算的都是静态状况下的效率，假设前提也均是生产前沿面保持静止不动，但是这个假设条件很难达到，所有企业都是在不断发展变化，增加企业研发投入资本、实施自主创新等各种积极行为都可能使技术发展取得进步前沿面产生位移。而 Malmquist 指数模型则可测试在前沿面有变化时决策单元效率的动态变化过程。

20 世纪 50 年代，Malmquist 指数基本理论思想被首次提出，Fare 等（1994）构建的基于 DEA 的 Malmquist 指数模型是应用最为广泛的模型，正弥补了 BCC 模型的缺陷，即可用于动态评价。

假如存在 n 个决策单元，设定每个决策单元在 t 期使用 m 种输入获得 s 种输出。

规模报酬可变情形下：

$$(BC^2)\begin{cases} \max z = [D_V^t(x^t, y^t)] - 1 \\ s.t. \quad \sum_{j=1}^{n} x_j^t \lambda_j \leqslant x^t, \\ \qquad \sum_{j=1}^{n} y_j^t \lambda_j \geqslant z y^t, \\ \qquad \sum_{j=1}^{n} \lambda_j = 1 \\ \qquad \lambda_j \geqslant 0, j = 1, 2, \cdots, n. \end{cases} \tag{4-3}$$

在 t 期的技术条件下，从 t 期到 t+1 期的技术效率的变化为：

$$M^t = \frac{D_C^t(x^{t+1}, y^{t+1})}{D_C^t(x^t, y^t)}$$

在 t+1 期的技术条件下，从 t 期到 t+1 期的技术效率的变化为：

$$M^{t+1} = \frac{D_C^{t+1}(x^{t+1}, y^{t+1})}{D_C^{t+1}(x^t, y^t)}$$

采用两个 Malmquist 生产率指数的几何平均数，确定为 t 期到 t+1 期生产率的变化：

$$M(x^t, y^t, x^{t+1}, y^{t+1}) = (M^t \times M^{t+1})^{\frac{1}{2}} = \left[\frac{D_C^t(x^{t+1}, y^{t+1})}{D_C^t(x^t, y^t)} \times \frac{D_C^{t+1}(x^{t+1}, y^{t+1})}{D_C^{t+1}(x^t, y^t)}\right]^{\frac{1}{2}}$$

Malmquist 指数分解的 RD 模型的分解形式如下：

$$M_{RD}(x^t,y^t,x^{t+1},y^{t+1})$$

$$=\frac{D_V^{t+1}(x^{t+1},y^{t+1})}{D_V^t(x^t,y^t)}\times\left[\frac{D_V^t(x^t,y^t)}{D_V^{t+1}(x^t,y^t)}\times\frac{D_V^t(x^{t+1},y^{t+1})}{D_V^{t+1}(x^{t+1},y^{t+1})}\right]^{\frac{1}{2}}$$

$$\times\left[\frac{D_C^t(x^{t+1},y^{t+1})/D_V^t(x^{t+1},y^{t+1})}{D_C^t(x^t,y^t)/D_V^t(x^t,y^t)}\times\frac{D_C^{t+1}(x^{t+1},y^{t+1})/D_V^{t+1}(x^{t+1},y^{t+1})}{D_C^{t+1}(x^t,y^t)/D_V^{t+1}(x^t,y^t)}\right]^{\frac{1}{2}}$$

$$=TE_{(RD)}\times TC_{(RD)}\times SE_{(RD)}=TC_{(RD)}\times TEC_{(RD)}$$

注释：$x_j^t=(x_{1j}^t,\ x_{2j}^t,\ \cdots,\ x_{mj}^t)^T$ 代表第 j 个决策单元在 t 期的输入指标值；

$y_j^t=(y_{1j}^t,\ y_{2j}^t,\ \cdots,\ y_{sj}^t)^T$ 代表第 j 个决策单元在 t 期的输出指标值；

$(x^t,\ y^t)$ 在 t 期的距离函数为 $D_V^t\ (x^t,\ y^t)$，在 t+1 期的距离函数为 $D_V^{t+1}\ (x^t,\ y^t)$；

$(x^{t+1},\ y^{t+1})$ 在 t 期的距离函数为 $D_V^t\ (x^{t+1},\ y^{t+1})$，在 t+1 期的距离函数为 $D_V^{t+1}\ (x^{t+1},\ y^{t+1})$；

TE、TC 和 SE 分别代表纯技术效率变化指数、技术进步指数和规模效率变化指数。

Malmquist 指数值大于 1，表明全要素生产率呈上升趋势；如果计算的 Malmquist 指数值小于 1，则表明全要素生产率呈下降趋势。Malmquist 指数（MPI）可以分解为技术进步指数（TP）和技术效率变化指数（TEC），技术效率变化效率指数（TEC）可进一步被分解为纯技术效率变化指数（PTEC）和规模效率变化指数（SEC），如公式（4-4）所示：

$$MPE=TEC\times TP=PTEC\times SEC\times TP \tag{4-4}$$

三、效率评价投入产出指标的选择理论依据与指标确定

本部分采用 DEA 模型对各省区市高技术服务业的效率进行静态和动态对比分析。DEA 方法对指标的要求如下：第一，指标的数量选择。指标的数量不宜过多，否则会影响结果的精确度；决策单元的数量必须至少是所有投入和产出指标总数量的两倍。第二，指标的自身要求。投入指标与产出指标本身要

具有代表性，能在一定程度上反映出所要测试效率的相关重要因素；投入和产出指标的数值必须全为正数。第三，指标的相关性要求。投入指标和产出指标互相要呈正相关关系，若两者毫无联系，进一步的测试则是毫无意义的。

生产效率是评估经济目标达成的一种衡量方式，即将投入项转换成产出项的一系列过程，因此从投入和产出两个方面来构造高技术服务业效率评价指标。高技术服务业发展是一项复杂的多投入多产出系统工程，人力资源、资金资本、技术创新等要素是推进其发展的核心力量，总产值、增加值、营业收入等是衡量其发展效益的标志性指标。借鉴徐玲等（2016）已有经验①，选取“营业收入”作为高技术服务业效率评价的产出指标。为保证不同区域间效率评价结果比较的可行性，从资本支出与人力投入等方面选取“固定资产投资”“从业人员”“单位数”作为高技术服务业效率评价的投入指标。相关数据资料来源于《中国第三产业统计年鉴》，选取2013～2016年的数据，基于区域层面进行高技术服务业效率的静态评价和动态评价。

四、信息传输、软件和信息技术服务业效率评价

（一）相关性分析与描述性统计分析

对信息传输、软件和信息技术服务业的投入、产出指标进行相关性分析和描述性统计分析，结果如表4－1和表4－2所示。

表4－1　信息传输、软件和信息技术服务业投入、产出指标相关性分析

指标	从业人员	固定资产投资	单位数
营业收入	0.996**	0.971**	0.996**

注：** 表示在5%置信水平上显著。

由表4－1可知，从业人员、固定资产投资、单位数与营业收入的相关系数

① 徐玲，赵博睿，杨雪峰．基于DEA模型的省域服务业投入产出效率评价［J］．西安工程大学学报，2016，30（6）：848－853，868.

分别为0.996、0.971、0.996，相关性很强，且在0.01的水平上显著正相关，即投入要素的增加会引起产出要素的增加，符合数据包络分析的前提条件。

表4-2　信息传输、软件和信息技术服务业投入、产出指标描述性统计分析

指标	最小值（M）	最大值（X）	平均值（E）	标准偏差	偏度	峰度
营业收入（亿元）	40.200	46009.716	2373.813	6688.681	5.154	27.193
从业人员（万人）	0.600	660.200	37.223	103.293	5.149	26.303
固定资产投资（亿元）	0.100	1.000	0.155	0.154	5.291	26.985
单位数（个）	98.000	348613.000	17667.820	50168.255	5.198	27.852

从表4-2可以看出，4个投入指标和产出指标的偏度数值接近，大于0，分布为右偏。4个指标的峰度数值也接近，为正值，但与正态分布相比，有更多的观测值聚集在分布的中心位置。

（二）信息传输、软件和信息技术服务业效率的静态评价

运行DEAP 2.1软件并采用基于投入角度的BCC模型对2013~2016年我国信息传输、软件和信息技术服务业的投入产出指标数据进行处理，得到的效率值结果如表4-3所示。

表4-3　2013~2016年我国信息传输、软件和信息技术服务业效率值

年份	2013	2014	2015	2016	均值
全国	0.788	0.743	0.550	0.590	0.668
北京	0.819	1.000	1.000	1.000	0.955
天津	0.696	0.489	0.397	0.471	0.513
河北	0.824	0.762	0.500	0.525	0.653
山西	0.680	0.628	0.303	0.290	0.475
内蒙古	0.685	0.618	0.370	0.409	0.521
辽宁	0.603	0.516	0.328	0.476	0.481
吉林	0.629	0.605	0.339	0.396	0.492
黑龙江	0.591	0.487	0.284	0.294	0.414
上海	0.893	1.000	1.000	1.000	0.973

续表

年份	2013	2014	2015	2016	均值
江苏	0.821	0.731	0.524	0.670	0.687
浙江	0.973	1.000	1.000	1.000	0.993
安徽	0.668	0.620	0.376	0.399	0.516
福建	0.682	0.596	0.360	0.434	0.518
江西	0.729	0.645	0.404	0.473	0.563
山东	0.875	0.833	0.540	0.616	0.716
河南	0.713	0.643	0.412	0.441	0.552
湖北	0.627	0.533	0.412	0.458	0.508
湖南	0.654	0.607	0.371	0.344	0.494
广东	0.761	0.721	0.616	0.672	0.693
广西	0.761	0.716	0.381	0.392	0.563
海南	0.962	0.739	0.494	0.549	0.686
重庆	0.764	0.649	0.556	0.551	0.630
四川	1.000	1.000	0.508	0.517	0.756
贵州	1.000	1.000	0.637	0.677	0.829
云南	0.774	0.678	0.497	0.464	0.603
西藏	1.000	1.000	1.000	1.000	1.000
陕西	0.814	0.717	0.412	0.449	0.598
甘肃	0.807	0.839	0.493	0.539	0.670
青海	0.814	0.761	0.413	0.494	0.621
宁夏	0.704	0.729	0.386	0.519	0.585
新疆	0.905	0.887	0.499	0.449	0.685
均值	0.782	0.734	0.511	0.549	0.644

由表4-3可知，2013~2016年只有西藏信息传输、软件和信息技术服务业的效率值为1，完全处于生产前沿面，DEA有效，规模效率和纯技术效率均有效。2013年和2014年的效率均值比2015年和2016年的效率均值高，且2015年和2016年大部分省区市的效率均值在0.7以下，可见我国信息传输、软件和信息技术服务业效率低，不但没有得到提高，反而处于下降状态。个别省份如北京、上海和浙江在2013年的效率值不为1，2014~2016年的效率值为1，2013~2016年的效率均值也很高，非常接近1，表明部分省份的效率得到了提高。2013

年我国信息传输、软件和信息技术服务业效率值最高的是四川、贵州和西藏，效率值为1，规模报酬不变，已达到最佳生产规模。浙江的效率紧随其后，纯技术效率为1，规模报酬递减，规模效率无效是浙江未达到DEA有效的原因，并且规模超过了最优规模。

（三）信息传输、软件和信息技术服务业效率的动态评价

运行DEAP 2.1软件并采用基于投入角度的Malmquist模型，对2013～2016年我国信息传输、软件和信息技术服务业的效率变动趋势进行分析，得到的结果如表4－4和表4－5所示。

表4－4　2013～2016年我国信息传输、软件和信息技术服务业Malmquist指数及分解

指标	综合技术效率	技术进步	纯技术效率	规模效率	全要素生产率
全国	0.972	1.086	1.000	0.972	1.056
北京	1.000	1.145	1.000	1.000	1.145
天津	0.887	1.187	0.990	0.896	1.053
河北	0.866	1.108	0.964	0.898	0.959
山西	0.784	1.037	1.010	0.777	0.814
内蒙古	0.878	1.079	1.040	0.844	0.947
辽宁	0.882	1.105	1.066	0.827	0.975
吉林	0.900	1.060	0.960	0.938	0.954
黑龙江	0.817	1.096	1.017	0.803	0.895
上海	1.000	1.091	1.000	1.000	1.091
江苏	0.963	1.110	0.977	0.985	1.068
浙江	1.000	1.189	1.000	1.000	1.189
安徽	0.849	1.142	0.975	0.871	0.970
福建	0.897	1.099	0.983	0.912	0.986
江西	0.912	1.077	0.971	0.939	0.983
山东	0.922	1.084	0.934	0.987	0.999
河南	0.905	1.081	0.963	0.939	0.978
湖北	0.928	1.108	1.012	0.917	1.028
湖南	0.829	1.100	0.951	0.872	0.912

续表

指标	综合技术效率	技术进步	纯技术效率	规模效率	全要素生产率
广东	0.998	1.113	1.001	0.997	1.112
广西	0.847	1.080	1.001	0.846	0.914
海南	0.853	1.129	0.974	0.876	0.963
重庆	0.900	1.109	1.031	0.873	0.998
四川	0.844	1.016	0.916	0.921	0.858
贵州	0.936	1.065	0.979	0.955	0.996
云南	0.870	1.088	0.969	0.898	0.946
西藏	1.000	1.245	1.000	1.000	1.245
陕西	0.869	1.062	0.965	0.901	0.923
甘肃	0.917	1.079	1.000	0.917	0.989
青海	0.886	1.135	0.971	0.912	1.006
宁夏	0.921	1.121	0.983	0.937	1.033
新疆	0.853	1.088	0.980	0.870	0.927
均值	0.901	1.103	0.987	0.913	0.993

由表4-4可知，2013~2016年我国信息传输、软件和信息技术服务业综合技术效率指数平均减少9.9%，技术进步指数平均增长10.3%，纯技术效率指数平均减少1.3%，规模效率指数平均减少8.7%，全要素生产率指数平均减少0.7%，除了技术进步指数均值是增加的外，其余指数均值均是减少的，可见我国信息传输、软件和信息技术服务业整体产业技术进步，但整体上技术效率恶化，全要素生产率退步。全要素生产率指数进步的省份中，大多数省份都是综合技术效率指数、纯技术效率指数和规模效率指数小于或等于1，技术进步指数大于1，说明技术进步在很大程度上推动了全要素生产率的进步。

表4-5　2013~2016年我国信息传输、软件和信息技术服务业效率变动趋势

年份	综合技术效率	技术进步	纯技术效率	规模效率	全要素生产率
2013~2014	0.913	1.077	0.984	0.928	0.983
2014~2015	0.829	1.170	0.982	0.844	0.970
2015~2016	0.966	1.064	0.993	0.972	1.028
均值	0.901	1.103	0.987	0.913	0.993

由表 4 - 5 可知，只有 2016 年我国信息传输、软件和信息技术服务业全要素生产率是提高的，其余年份都是衰退的。全要素生产率指数 2016 年比 2015 年高 2.8%，综合技术效率指数 2016 年比 2015 年减少 3.4%，技术进步指数 2016 年比 2015 年高 6.4%，纯技术效率变化指数 2016 年比 2015 年低 0.7%，规模效率变化指数 2016 年比 2015 年低 2.8%，说明技术进步是全要素生产率提高的主要动力。

五、科学研究和技术服务业效率评价

（一）相关性分析与描述性统计分析

为了验证科学研究和技术服务业的投入、产出指标是否符合正相关关系，对投入、产出指标数据进行相关性分析和描述性统计分析，运行结果如表 4 - 6 和表 4 - 7 所示。

表 4 - 6　科学研究和技术服务业投入、产出指标相关性分析

指标	从业人员	固定资产投资	单位数
营业收入	0.990 **	0.951 **	0.994 **

注：** 表示在 5% 置信水平上显著。

从表 4 - 6 可以看出，从业人员、固定资产投资、单位数与营业收入的相关系数分别为 0.990、0.951、0.994，其相关系数都大于 0.95，相关性很强，且在 0.01 的水平上显著正相关，符合数据包络分析的条件。

表 4 - 7　科学研究和技术服务业投入、产出指标描述性统计分析

指标	最小值（M）	最大值（X）	平均值（E）	标准偏差	偏度	峰度
营业收入（亿元）	10.000	28329.480	1614.859	4547.168	4.965	24.745
从业人员（万人）	0.500	762.000	42.591	117.633	5.245	27.165
固定资产投资（亿元）	0.100	1.000	0.157	0.156	5.044	25.065
单位数（个）	229.000	471293.000	24929.047	69585.152	5.219	27.395

表 4 - 7 是对科学研究和技术服务业投入、产出指标的描述性统计分析。科学研究和技术服务业的从业人员、固定资产投资、单位数均值大于信息传输、软件和信息技术服务业均值，营业收入平均值则小于后者。

(二) 科学研究和技术服务业效率的静态评价

本书运行 DEAP 2.1 软件处理2013～2016年我国科学研究和技术服务业的投入产出指标数据，并对其效率值进行分析，得到的结果如表4－8所示。

表4－8　　2013～2016年我国科学研究和技术服务业效率值

年份	2013	2014	2015	2016	均值
全国	0.774	0.622	0.596	0.594	0.647
北京	1.000	1.000	1.000	1.000	1.000
天津	1.000	0.977	0.919	0.760	0.914
河北	0.603	0.510	0.392	0.390	0.474
山西	0.486	0.426	0.342	0.310	0.391
内蒙古	0.487	0.347	0.296	0.264	0.349
辽宁	0.394	0.321	0.290	0.281	0.322
吉林	0.394	0.366	0.340	0.310	0.353
黑龙江	0.462	0.365	0.308	0.266	0.350
上海	1.000	1.000	1.000	1.000	1.000
江苏	0.651	0.585	0.561	0.593	0.598
浙江	0.492	0.439	0.428	0.476	0.459
安徽	0.462	0.395	0.373	0.387	0.404
福建	0.456	0.379	0.352	0.352	0.385
江西	0.405	0.399	0.382	0.374	0.390
山东	0.449	0.501	0.500	0.522	0.493
河南	0.474	0.432	0.419	0.396	0.430
湖北	0.663	0.640	0.670	0.667	0.660
湖南	0.472	0.438	0.445	0.437	0.448
广东	0.647	0.561	0.548	0.549	0.576
广西	0.328	0.285	0.231	0.275	0.280
海南	0.480	0.394	0.326	0.412	0.403
重庆	0.819	0.677	0.627	0.642	0.691
四川	1.000	0.826	0.738	0.633	0.799
贵州	0.449	0.410	0.443	0.466	0.442

续表

年份	2013	2014	2015	2016	均值
云南	0.571	0.523	0.464	0.521	0.520
西藏	0.473	0.323	0.431	0.685	0.478
陕西	0.749	0.703	0.643	0.648	0.686
甘肃	0.635	0.511	0.516	0.584	0.562
青海	0.480	0.374	0.302	0.332	0.372
宁夏	0.456	0.432	0.350	0.374	0.403
新疆	0.647	0.496	0.386	0.375	0.476
均值	0.589	0.521	0.488	0.496	0.524

由表4－8可知，2013～2016年北京和上海科学研究和技术服务业效率值均为1，DEA有效，即规模效率和纯技术效率均有效。我国科学研究和技术服务业效率均值2013年为0.589，2014年为0.521，2015年为0.488，2016年为0.496，2013～2016年效率均值为0.524，每年的效率值不断波动，均在0.6以下，并且大多数省份的效率值也在0.6以下，说明我国科学研究和技术服务业效率低且不均衡，还有很大的提升空间。2013～2016年江苏和浙江的科学研究和技术服务业效率值不高，江苏规模效率均超过0.95，浙江从2014年起规模效率均超过0.95，两省效率值不高主要是因为纯技术效率低。大部分省份都处于规模报酬递增阶段，规模还未达到最优，资源投入不足，导致科学研究和技术服务业效率低下。

2013年和2014年科学研究和技术服务业效率值与信息传输、软件和信息技术服务业效率值类似，均比2015年和2016年效率值高，并且总体而言我国信息传输、软件和信息技术服务业效率值高于科学研究和技术服务业效率值，两者处于生产前沿的省区市也不相同。

（三）科学研究和技术服务业效率的动态评价

本书运行DEAP 2.1软件并采用基于投入角度的Malmquist模型对2013～2016年我国科学研究和技术服务业的投入产出指标数据进行处理，得到的结果如表4－9和表4－10所示。

表4-9 2013~2016年我国科学研究和技术服务业 Malmquist 指数及分解

指标	综合技术效率	技术进步	纯技术效率	规模效率	全要素生产率
全国	0.915	0.350	1.000	0.915	0.320
北京	1.000	0.369	1.000	1.000	0.369
天津	0.913	0.421	0.916	0.996	0.384
河北	0.865	0.444	0.845	1.023	0.384
山西	0.861	0.487	0.748	1.151	0.420
内蒙古	0.816	0.528	0.716	1.139	0.431
辽宁	0.893	0.443	0.784	1.140	0.396
吉林	0.923	0.537	0.793	1.165	0.496
黑龙江	0.832	0.517	0.779	1.069	0.430
上海	1.000	0.411	1.000	1.000	0.411
江苏	0.970	0.391	0.970	1.000	0.379
浙江	0.989	0.390	0.861	1.148	0.386
安徽	0.943	0.450	0.838	1.125	0.424
福建	0.917	0.440	0.759	1.209	0.403
江西	0.973	0.511	0.784	1.242	0.497
山东	1.051	0.431	1.052	0.999	0.453
河南	0.941	0.409	0.824	1.143	0.385
湖北	1.002	0.426	0.964	1.040	0.427
湖南	0.975	0.451	0.866	1.126	0.440
广东	0.947	0.376	0.914	1.035	0.356
广西	0.942	0.491	0.747	1.261	0.462
海南	0.950	0.603	0.855	1.111	0.573
重庆	0.922	0.483	0.897	1.028	0.446
四川	0.859	0.452	0.866	0.991	0.388
贵州	1.012	0.529	0.833	1.216	0.535
云南	0.970	0.501	0.869	1.116	0.486
西藏	1.132	0.814	1.000	1.132	0.921
陕西	0.953	0.495	0.959	0.994	0.472
甘肃	0.973	0.561	0.900	1.081	0.546
青海	0.885	0.655	0.830	1.065	0.579
宁夏	0.936	0.635	0.837	1.118	0.595
新疆	0.834	0.511	0.786	1.061	0.426
均值	0.938	0.477	0.864	1.086	0.447

由表 4－9 可知，2013～2016 年我国科学研究和技术服务业综合技术效率指数平均减少 6.2%，技术进步指数平均减少 52.3%，纯技术效率指数平均减少 13.6%，规模效率指数平均增加 8.6%，全要素生产率指数平均减少 55.3%，除了规模效率变化指数均值稍许增加之外，其余指数均值都是减少的，可见我国科学研究和技术服务业从总体上来看规模效率是进步的，但是整体上产业技术呈现衰退态势，企业管理方式与决策不当，全要素生产率是退步的，并且技术进步指数的大幅度衰退是造成全要素生产率指数大幅度衰退的主要原因。没有一个省区市的全要素生产率指数大于 1，且大多数省份的全要素生产率指数小于 0.5，说明 2013～2016 年所有省区市科学研究和技术服务业效率的下降很明显。

由表 4－10 可知，2014 年、2015 年和 2016 年我国科学研究和技术服务业全要素生产率都是衰退的，其中 2014 年衰退的幅度最大，全要素生产率指数 2014 年比 2013 年低 90.4%，2015 年比 2014 年低 5.1%，2016 年比 2015 年低 1.7%。技术进步指数 2014 年比 2013 年低 89%，2015 年比 2014 年高 2.3%，2016 年比 2015 年低 3.6%，表明 2014 年技术衰退幅度最大。2013～2016 年中只有 2014 年我国科学研究和技术服务业效率和技术衰退幅度很大，其余年份衰退不明显。

表 4－10　2013～2016 年我国科学研究和技术服务业效率变动趋势

年份	综合技术效率	技术进步	纯技术效率	规模效率	全要素生产率
2013～2014	0.873	0.110	0.714	1.223	0.096
2014～2015	0.927	1.023	0.962	0.964	0.949
2015～2016	1.020	0.964	0.939	1.086	0.983
均值	0.938	0.477	0.864	1.086	0.447

比较发现，信息传输、软件和信息技术服务业技术进步指数大于 1，而科学研究和技术服务业技术进步指数远远小于 1，两者的全要素生产率变化指数都小于 1，但是信息传输、软件和信息技术服务业的全要素生产率变化指数要比科学研究和技术服务业高出许多。

六、高技术服务业效率评价

（一）相关性分析与描述性统计分析

高技术服务业投入与产出指标相关性分析和描述性统计分析的结果，如表4－11和表4－12所示。

表4－11　　　高技术服务业投入与产出指标的相关性分析

指标	从业人员	固定资产投资	单位数
营业收入	0.995**	0.966**	0.998**

注：**表示在5%置信水平上显著。

由表4－11可知，从业人员、固定资产投资、单位数与营业收入的相关系数分别为0.995、0.966、0.998，其相关系数都大于0.95，相关性很强，且在0.01的水平上显著正相关，符合数据包络分析的前提条件。

表4－12　　　高技术服务业投入与产出指标描述性统计分析

指标	最小值（M）	最大值（X）	平均值（E）	标准偏差	偏度	峰度
营业收入（亿元）	51.860	74339.196	3979.443	11190.022	5.088	26.234
从业人员（万人）	1.100	1422.200	79.814	220.719	5.213	26.865
固定资产投资（亿元）	0.100	1.000	0.155	0.154	5.235	26.564
单位数（个）	327.000	819906.000	42596.867	119614.405	5.216	27.628

从表4－12中可见，高技术服务业的偏度和峰度，与信息传输、软件和信息技术服务业，科学研究和技术服务业的偏度和峰度数值接近，都是右偏，分布图形在右边拖尾，尖峰，比正态分布的峰要陡峭。

（二）高技术服务业效率的静态评价

为分析2013～2016年我国高技术服务业效率值，本书运行DEAP 2.1软件进行数据处理，得到的结果如表4－13所示。

表 4－13　　2013～2016 年我国高技术服务业效率值

年份	2013	2014	2015	2016	均值
全国	0.771	0.720	0.687	0.688	0.717
北京	1.000	1.000	1.000	1.000	1.000
天津	0.859	0.752	0.710	0.663	0.746
河北	0.664	0.588	0.497	0.484	0.558
山西	0.604	0.543	0.438	0.356	0.485
内蒙古	0.625	0.509	0.431	0.397	0.491
辽宁	0.558	0.485	0.429	0.416	0.472
吉林	0.626	0.575	0.507	0.474	0.546
黑龙江	0.606	0.491	0.411	0.365	0.468
上海	1.000	1.000	1.000	1.000	1.000
江苏	0.795	0.704	0.696	0.739	0.734
浙江	0.800	0.794	0.888	0.964	0.862
安徽	0.580	0.527	0.478	0.462	0.512
福建	0.615	0.536	0.475	0.489	0.529
江西	0.622	0.554	0.515	0.505	0.549
山东	0.628	0.619	0.572	0.588	0.602
河南	0.515	0.468	0.436	0.406	0.456
湖北	0.637	0.575	0.570	0.580	0.591
湖南	0.549	0.500	0.466	0.424	0.485
广东	0.760	0.697	0.681	0.694	0.708
广西	0.573	0.522	0.428	0.426	0.487
海南	0.776	0.620	0.551	0.617	0.641
重庆	0.809	0.690	0.643	0.648	0.698
四川	1.000	1.000	0.751	0.664	0.854
贵州	0.762	0.736	0.687	0.712	0.724
云南	0.740	0.660	0.556	0.578	0.634
西藏	0.852	0.756	1.000	1.000	0.902
陕西	0.799	0.739	0.636	0.614	0.697
甘肃	0.712	0.620	0.592	0.607	0.633
青海	0.620	0.565	0.451	0.456	0.523
宁夏	0.575	0.566	0.464	0.502	0.527
新疆	0.799	0.687	0.563	0.495	0.636
均值	0.713	0.650	0.600	0.594	0.639

由表 4－13 可知，2013～2016 年北京和上海高技术服务业效率值均为 1，规模效率有效且纯技术效率有效。2013 年我国高技术服务业效率均值为 0.713，2014 年为 0.650，2015 年为 0.600，2016 年为 0.594，2013～2016 年的效率均值为 0.639，表明我国高技术服务业效率不高，且每年呈现下降趋势，高技术服务业现状不是很乐观，有待进一步改进。四川 2013 年和 2014 年效率值为 1，2015 年和 2016 年规模效率略有下降，纯技术效率低，投入资源的使用缺乏效率，需要对技术进行改进，并且四川 2013～2014 年的信息传输、软件和信息技术服务业 DEA 有效，科学研究和技术服务业 2013 年 DEA 有效。西藏则相反，2013 年和 2014 年未处于生产前沿面，2015 年和 2016 年效率值为 1，西藏在 2013～2016 年纯技术效率有效，2013～2014 年处于规模报酬递增阶段，规模效率未达到最佳规模，2014～2015 年处于规模报酬不变状态，处于最佳生产规模，实现了对资源的有效利用，并且西藏信息传输、软件和信息技术服务业 2013～2016 年效率值均为 1，科学研究和技术服务业效率值则略低。

（三）高技术服务业效率的动态评价

本书运行 DEAP 2.1 软件并采用基于投入角度的 Malmquist 模型对 2013～2016 年我国高技术服务业的投入产出指标数据进行处理，得到的结果如表 4－14 和表 4－15 所示。

表 4－14　2013～2016 年我国高技术服务业 Malmquist 指数及分解

指标	综合技术效率	技术进步	纯技术效率	规模效率	全要素生产率
全国	0.966	1.061	1.000	0.966	1.025
北京	1.000	1.105	1.000	1.000	1.105
天津	0.917	1.059	0.952	0.964	0.971
河北	0.900	1.051	0.976	0.922	0.946
山西	0.839	1.050	0.995	0.843	0.881
内蒙古	0.860	1.056	1.022	0.841	0.908
辽宁	0.907	1.059	1.097	0.827	0.961
吉林	0.911	1.054	0.976	0.934	0.960

续表

指标	综合技术效率	技术进步	纯技术效率	规模效率	全要素生产率
黑龙江	0.844	1.053	1.011	0.835	0.889
上海	1.000	1.074	1.000	1.000	1.074
江苏	0.976	1.058	0.976	1.000	1.033
浙江	1.064	1.057	1.044	1.020	1.125
安徽	0.927	1.055	0.971	0.955	0.978
福建	0.926	1.058	0.975	0.950	0.979
江西	0.933	1.059	0.970	0.962	0.988
山东	0.979	1.060	0.978	1.000	1.037
河南	0.924	1.060	0.965	0.958	0.980
湖北	0.969	1.061	1.001	0.969	1.029
湖南	0.918	1.056	0.951	0.965	0.969
广东	1.002	1.077	1.008	0.995	1.080
广西	0.906	1.052	0.984	0.920	0.953
海南	0.926	1.057	0.986	0.940	0.979
重庆	0.928	1.058	1.012	0.918	0.983
四川	0.872	1.001	0.934	0.934	0.873
贵州	0.978	1.057	0.988	0.989	1.034
云南	0.921	1.056	0.989	0.931	0.972
西藏	1.055	1.091	1.000	1.055	1.151
陕西	0.916	1.052	0.989	0.927	0.964
甘肃	0.948	1.056	0.996	0.952	1.001
青海	0.902	1.055	0.977	0.924	0.952
宁夏	0.956	1.041	0.989	0.966	0.995
新疆	0.852	1.055	0.977	0.872	0.899
均值	0.934	1.058	0.990	0.943	0.988

由表4－14可知，2013～2016年我国高技术服务业综合技术效率指数、技术进步指数、纯技术效率指数、全要素生产率指数、规模效率指数平均分别减少

6.6%、增长5.8%、减少1%、减少5.7%、减少1.2%，除了技术进步指数均值是增加的外，其余指数均值均是减少的，可见我国高技术服务业整体产业技术进步，但整体上技术效率恶化，全要素生产率退步。只有北京、上海、江苏等10个省市的全要素生产率是进步的，可见大部分省区市高技术服务业的全要素生产率呈下降趋势，效率有所下降。

表4-15　2013~2016年我国高技术服务业效率变动趋势

年份	综合技术效率	技术进步	纯技术效率	规模效率	全要素生产率
2013~2014	0.908	1.060	0.990	0.917	0.962
2014~2015	0.916	1.071	0.987	0.929	0.982
2015~2016	0.978	1.043	0.992	0.985	1.020
均值	0.934	1.058	0.990	0.943	0.988

由表4-15可知，只有2016年我国高技术服务业全要素生产率是提高的，其余年份都是衰退的。全要素生产率指数2016年比2015年高2%，综合技术效率指数2016年比2015年减少2.2%，技术进步指数2016年比2015年高4.3%，纯技术效率变化指数2016年比2015年低0.8%，规模效率变化指数2016年比2015年低1.5%，说明技术进步是全要素生产率进步的主要动力。

第二节　基于行业层面的我国高技术服务业效率评价

一、高技术服务业效率评价指标的选择依据与指标确定

众多关于服务业效率评价的研究中，产出指标大多选用的是服务业总产值，借鉴王铁山（2015）对我国服务业产出的测度[①]，选取“增加值”作为行

① 王铁山．中国服务业技术效率的影响因素及其效应分析——基于岭回归方法的实证研究［J］．科技管理研究，2015，35（13）：206-210，217.

业层面高技术服务业效率评价的产出指标。而产出依赖于各项生产资料的投入，从经济学角度看，高技术服务业的要素投入一般包括资本和劳动两个部分。鉴于数据资料的可获得性，参考张恒等（2019）研究成果①，选取“全社会固定资产投资”“就业人员数”作为行业层面高技术服务业效率评价的投入指标。相关数据来源于《中国统计年鉴》和《中国第三产业统计年鉴》。选取2004～2016年的数据，进行高技术服务业行业层面发展效率的静态评价和动态评价。

二、基于行业层面的我国高技术服务业效率评价

如前所述，限于数据取得的有限性，本书所指高技术服务业的数据由信息传输、软件和信息技术服务业以及科学研究和技术服务业两部分构成，下面首先评价这两个细分行业的发展效率，然后评价高技术服务业的发展效率。

（一）信息传输、软件和信息技术服务业的效率评价

1. 相关性分析与描述性统计分析

对2004～2016年信息传输、软件和信息技术服务业投入产出指标的数据进行相关性分析和描述性统计分析，结果如表4－16和表4－17所示。

表4－16　信息传输、软件和信息技术服务业投入、产出指标相关性分析

指标	全社会固定资产投资	就业人员数
增加值	0.937**	0.962**

注：** 表示5%置信水平上显著。

由表4－16可知，全社会固定资产投资、就业人员数与增加值的相关系数分别为0.937、0.962，且在0.01的水平上显著正相关，投入越多，产出也会增加，适合进行数据包络分析。

① 张恒，周中林，郑军．长江三角洲城市群科技服务业效率评价——基于超效率DEA模型及视窗分析［J］．科技进步与对策，2019，36（5）：46－53.

表 4-17 信息传输、软件和信息技术服务业投入、产出指标描述性统计分析

指标	最小值（M）	最大值（X）	平均值（E）	标准偏差	偏度	峰度
增加值（亿元）	4236.300	17394.338	9059.204	3980.540	0.887	0.039
全社会固定资产投资（亿元）	1557.254	5053.372	2451.487	1103.066	1.668	1.852
就业人员数（万人）	123.700	364.100	221.115	90.648	0.634	-1.378

由表 4-17 可知，3 个指标的偏度均大于 0，分布为右偏。增加值和全社会固定资产投资的峰度为正值，分布为高峰度，就业人员数的峰度为负值，分布为低峰度，比正态分布的峰要平坦些。

2. 效率评价

本书运用 DEAP 2.1 软件处理信息传输、软件和信息技术服务业投入和产出指标数据，得出的结果如表 4-18 所示。

表 4-18 信息传输、软件和信息技术服务业 2004~2016 年的 Malmquist 指数及分解

年份	综合技术效率	技术进步	纯技术效率	规模效率	全要素生产率
2004~2005	1.000	1.155	1.000	1.000	1.155
2005~2006	1.000	1.030	1.000	1.000	1.030
2006~2007	1.000	1.120	1.000	1.000	1.120
2007~2008	1.000	1.036	1.000	1.000	1.036
2008~2009	1.000	0.909	1.000	1.000	0.909
2009~2010	1.000	1.075	1.000	1.000	1.075
2010~2011	1.000	1.125	1.000	1.000	1.125
2011~2012	1.000	1.002	1.000	1.000	1.002
2012~2013	1.000	0.876	1.000	1.000	0.876
2013~2014	1.000	0.985	1.000	1.000	0.985
2014~2015	1.000	0.974	1.000	1.000	0.974
2015~2016	1.000	1.071	1.000	1.000	1.071
均值	1.000	1.027	1.000	1.000	1.027

从表 4-18 可以看出，2004~2016 年，我国信息传输、软件和信息技术服务业综合技术效率指数、纯技术效率指数和规模效率指数每年均为 1，表明综合技术效率、纯技术效率和规模效率每年均没有变化。因为没有综合技术效率指数、

纯技术效率指数和规模效率指数的影响，所以全要素生产率指数和技术进步指数每年的变动趋势是一致的，两者紧密相关。技术进步指数和全要素生产率指数年均增长2.7%，可见技术进步是全要素生产率增长的主要原因。同时，全要素生产率指数和技术进步指数在波动中呈现下降趋势，指数均值1.027，比2004～2005年的增长率1.155小，可见我国信息传输、软件和信息技术服务业投入产出效率不稳定。

（二）科学研究和技术服务业的效率评价

1. 相关性分析与描述性统计分析

依据2004～2016年科学研究和技术服务业投入产出指标的数据进行相关性分析和描述性统计分析，结果如表4－19和表4－20所示。

表4－19　科学研究和技术服务业投入、产出指标相关性分析

指标	全社会固定资产投资	就业人员数
增加值	0.972**	0.988**

注：** 表示在5%置信水平上显著。

由表4－19可知，投入指标全社会固定资产投资、就业人员数与产出指标增加值的相关系数为0.972、0.988，在0.01的水平上正相关，非常接近1，符合数据包络分析的前提条件。

表4－20　科学研究和技术服务业投入、产出指标描述性统计分析

指标	最小值（M）	最大值（X）	平均值（E）	标准偏差	偏度	峰度
增加值（亿元）	1759.500	11589.315	6007.313	3440.868	0.370	－1.411
全社会固定资产投资（亿元）	333.100	4448.054	1685.068	1392.363	0.933	－0.428
就业人员数（万人）	222.100	419.600	308.138	74.895	0.464	－1.495

从表4－20可以看出，3个指标的偏度为正值，右偏，产出指标的偏度最小，为0.37，分布形状较接近对称。投入、产出指标的峰度均为负值，观测值在分布中心附近没有正态分布那样集中。

2. 效率评价

本书运用DEAP 2.1软件处理科学研究和技术服务业投入与产出指标数据，

评价我国科学研究和技术服务业的投入产出效率，得出的结果如表 4 - 21 所示。

表 4 - 21 科学研究和技术服务业 2004 ~ 2016 年的 Malmquist 指数及分解

年份	综合技术效率	技术进步	纯技术效率	规模效率	全要素生产率
2004 ~ 2005	1.000	1.063	1.000	1.000	1.063
2005 ~ 2006	1.000	1.141	1.000	1.000	1.141
2006 ~ 2007	1.000	1.164	1.000	1.000	1.164
2007 ~ 2008	1.000	0.942	1.000	1.000	0.942
2008 ~ 2009	1.000	0.927	1.000	1.000	0.927
2009 ~ 2010	1.000	1.072	1.000	1.000	1.072
2010 ~ 2011	1.000	1.231	1.000	1.000	1.231
2011 ~ 2012	1.000	0.918	1.000	1.000	0.918
2012 ~ 2013	1.000	0.945	1.000	1.000	0.945
2013 ~ 2014	1.000	0.928	1.000	1.000	0.928
2014 ~ 2015	1.000	1.023	1.000	1.000	1.023
2015 ~ 2016	1.000	0.979	1.000	1.000	0.979
均值	1.000	1.023	1.000	1.000	1.023

从表 4 - 21 可以看出，2004 ~ 2016 年我国科学研究和技术服务业综合技术效率指数、纯技术效率指数和规模效率指数每年均为 1，技术效率既未得到改善，也没有恶化。观察技术进步指数和全要素生产率指数，可以发现全要素生产率指数每年的变化和技术进步指数每年的变化是一样的，并且年均增长 2.3%，可见技术进步促进了全要素生产率增长。全要素生产率指数在波动中呈下降趋势，可见我国科学研究和技术服务业投入产出效率不稳定。

（三）高技术服务业的效率评价

1. 相关性分析与描述性统计分析

依据 2004 ~ 2016 年高技术服务业投入产出指标的数据进行相关性分析和描述性统计分析，结果如表 4 - 22 和表 4 - 23 所示。

表 4－22　　高技术服务业投入与产出指标的相关性分析

指标	全社会固定资产投资	就业人员数
增加值	0.965 **	0.979 **

注：** 表示在5%置信水平上显著。

由表 4－22 可知，投入指标全社会固定资产投资、就业人员数与产出指标增加值的相关系数为0.965、0.979，相关性很强，且在0.01的水平上正相关，投入指标要素增加，产出指标要素增加，符合数据包络分析的前提条件。

表 4－23　　高技术服务业投入与产出指标描述性统计分析

指标	最小值（M）	最大值（X）	平均值（E）	标准偏差	偏度	峰度
增加值（亿元）	5995.800	28983.652	15066.517	7372.555	0.622	－0.739
全社会固定资产投资（亿元）	1985.602	9501.425	4136.555	2457.204	1.285	0.601
就业人员数（万人）	345.800	783.700	529.254	165.267	0.559	－1.429

由表 4－23 可知，高技术服务业中，全社会固定资产投资的偏度最大，即其偏斜的程度最大。增加值和就业人员数的峰度小于0，为低峰度，全社会固定资产投资的峰度大于0，为尖峰。

2. 效率评价

为对 2004～2016 年我国高技术服务业进行动态效率评价，本书运用 DEAP 2.1 软件进行分析，得出的结果如表 4－24 所示。

表 4～24　　高技术服务业 2004～2016 年的 Malmquist 指数及分解

年份	综合技术效率	技术进步	纯技术效率	规模效率	全要素生产率
2004～2005	1.000	1.151	1.000	1.000	1.151
2005～2006	1.000	1.066	1.000	1.000	1.066
2006～2007	1.000	1.151	1.000	1.000	1.151
2007～2008	1.000	1.012	1.000	1.000	1.012
2008～2009	1.000	0.926	1.000	1.000	0.926
2009～2010	1.000	1.078	1.000	1.000	1.078
2010～2011	1.000	1.183	1.000	1.000	1.183
2011～2012	1.000	0.959	1.000	1.000	0.959

续表

年份	综合技术效率	技术进步	纯技术效率	规模效率	全要素生产率
2012~2013	1.000	0.917	1.000	1.000	0.917
2013~2014	1.000	0.958	1.000	1.000	0.958
2014~2015	1.000	1.002	1.000	1.000	1.002
2015~2016	1.000	1.033	1.000	1.000	1.033
均值	1.000	1.033	1.000	1.000	1.033

由表4-24可知，2004~2016年我国高技术服务业综合技术效率指数、纯技术效率指数和规模效率指数每年均为1，技术效率没有变化。全要素生产率指数和技术进步指数每年均呈现相同的变化趋势，全要素生产率年均增长3.3%是技术进步的结果，说明技术进步推动了全要素生产率增长。全要素生产率指数有增长有衰退，可见我国高技术服务业投入产出效率不稳定。

第三节 基于企业层面的我国高技术服务业效率评价

企业是产业发展的主体，而上市公司又是企业发展的“领头羊”，限于资料收集的原因，现根据高技术服务业上市公司的数据进行企业层面的效率评价研究。

一、评价方法选择、指标选取与数据来源

（一）评价方法选择

由于高技术服务业的投入变量是决策的基本变量，本书采用投入导向的规模报酬可变的BCC模型，通过计算可得到综合技术效率、纯技术效率和规模效率。为了保证效率评价结论的准确性，对高技术服务业上市公司的效率评价采用三阶段DEA模型进行评价。

三阶段DEA模型最大的优势是在对决策单元进行效率评价时，能够消除环境因素以及随机因素对运行结果产生的影响。顾名思义，在运算时需要进行3个

步骤。第一步，我国高技术服务业效率水平初步计算，采用传统经典的 CCR 模型或 BCC 模型计算效率；第二步，估计环境变量对各决策单元技术效率值的影响，运用 SFA 模型的回归结果对决策单元的投入项进行调整，目的是剔除外部环境因素以及随机误差造成的影响；第三步，运用 CCR 模型或 BCC 模型再次计算效率值即最终效率值。利用在第二步回归结果中所得的参数，对投入指标进行调整，并以调整后数据作为新的投入指标再次计算效率值。由于剔除了环境变量和随机变量造成的影响，由此得到的结果更为真实可靠。

（二）指标选取理论依据与指标确定

在选择高技术服务业上市公司效率评价的投入和产出指标时，结合考虑行业特点，选择具有行业代表性且能够反映行业特征的指标。

1. 投入指标

高技术服务业企业的投入既包括物质资本、人力资本等有形投入，也包括品牌宣传、政策支持等无形投入。由于部分企业的信息披露制度不够完善充分，参考徐书彬和叶晗堃（2019）的研究成果[①]，遵循可操作性原则，选取“营业成本”“固定资产净额”“员工总数”3 项指标分别衡量企业在管理、资本和人力方面的投入水平。其中，营业成本是企业生产经营活动过程中所投入的物质资料和人力资本的耗费；固定资产净额衡量的是企业生产中所投入的最重要的长期资产，由于固定资产原值会受到累计折旧和固定资产减值准备的影响，因此采用固定资产净额能够较准确表示固定资产的价值；员工总数是反映企业所投入的员工数量。

2. 产出指标

高技术服务业企业的产出一方面通过企业实际运营成果直观呈现，另一方面也体现为市场认可度、创新能力等非经济成果。现有研究常将专利申请或授权量作为企业创新产出指标，将总产值或营业收入作为企业经济产出指标[②]。作为高

---

① 徐书彬，叶晗堃．跨境电商上市企业经营效率评价——基于三阶段 DEA 模型［J］．技术经济与管理研究，2019（10）：75－81.

② 苑泽明，李田，王红．科技型中小企业创新效率评价研究——基于科技金融政策投入视角［J］．科技管理研究，2016，36（16）：39－44.

技术服务企业最重要的一项资产，无形资产能够较好反映企业当年度科技研发活动的积极性。营业收入则集中体现了企业研发投入运营所产生的经济效益。借鉴郭建平等（2018）研究经验①，遵循代表性、实用性等原则，选取“无形资产”“营业收入”作为高技术服务业企业产出指标。

拥有无形资产的多少能够直接影响该类企业的发展前景，技术创新能够重新组合投入的要素进而创造出新的产出要素。研发过程中投入的大量研发费用，待研发成功后应通过企业的无形资产表现出来。无形资产数量与企业技术价值呈现正比例关系。营业收入是企业投入生产经营活动成果的重要体现，它在一定程度上可以代表企业的规模。营业收入越高，为企业盈利能力奠定了越强的基础。

（三）数据来源与处理

本书的研究对象为高技术服务业上市公司，根据证监会上市公司的行业分类结果，筛选出高技术服务业上市公司，剔除指标异常的公司，删除数据缺失严重的公司，选取的是截至 2017 年 12 月 31 日前上市的共计 294 家高技术服务业公司作为分析对象。数据来源于万得（WIND）数据库，为了确保所有数值能够满足 DEA 运行要求，借鉴极值化方法对存在负值的指标进行无量纲化处理，确保所有数值均大于 0。计算公式如式（4－5）所示：

$$X^{*}=0.1+0.9\times\frac{X-\min(X)}{\max(X)-\min(X)} \tag{4-5}$$

其中，X 是原始数据，X^{*} 是无量纲化处理后的新数据。

二、基于企业层面的高技术服务业效率评价

首先进行投入指标与产出指标的相关性分析和描述性统计分析，以验证数据是否适合进行数据包络分析，结果如表 4－25 和表 4－26 所示。

① 郭建平，常菁，黄海滨．产业发展视角下高新技术企业效率评价——基于 DEA 模型的实证研究[J]．科技管理研究，2018，38（12）：67－72.

表 4-25　　第一阶段投入与产出指标的相关性分析

指标	营业成本	固定资产净额	员工总数
无形资产	0.973**	0.979**	0.967**
营业收入	0.998**	0.986**	0.972**

注：** 表示在5%置信水平上显著。

由表4-25可知，产出指标无形资产与投入指标营业成本、固定资产净额、员工总数的相关系数为0.973、0.979、0.967；产出指标营业收入与投入指标营业成本、固定资产净额、员工总数的相关系数为0.998、0.986、0.972。投入指标和产出指标之间的相关系数均十分接近1，说明相关性程度很强，且在0.01的水平上显著正相关，符合DEA的前提条件。

表 4-26　　第一阶段投入与产出指标描述统计分析

指标	最小值（M）	最大值（X）	平均值（E）	标准偏差	偏度	峰度
无形资产（元）	1.706E+03	2.698E+10	1.598E+08	1.385E+09	17.231	305.577
营业收入（元）	2.021E+06	3.037E+11	2.035E+09	1.523E+10	17.440	311.222
营业成本（元）	2.276E+06	2.117E+11	1.415E+09	1.114E+10	17.195	304.137
固定资产净额（元）	3.373E+05	3.778E+11	1.457E+09	2.015E+10	17.863	318.668
员工总数（人）	2.200E+01	2.537E+05	2.580E+03	1.315E+04	16.742	292.075

由表4-26可知，投入指标固定资产净额的偏离均值程度最大，5个指标的偏度接近，为正值，呈现右偏，偏斜程度较大。投入、产出指标的峰度大于零，分布为高峰度，分布的中心位置处有较多的观测值。

（一）第一阶段效率评价

第一阶段效率评价属于静态评价，采用传统DEA的效率评价方法。DEA静态分析的两个经典模型也是最早的两个模型即BCC模型和CCR模型。而CCR模型较BCC模型有个更为严苛的前提假设：产出的增加比例完全取决于（等于）投入增加的比例，而这一假设条件在现实的生产经营活动中是很难达成的，所以高技术服务业上市公司效率的静态评价选用投入导向的BCC模型。

静态分析时采用的是BCC（VRS）模型，而此模型测算出的效率值随着选择投入导向或产出导向而不同。在前面分析时选择的是投入导向模型，而三阶段DEA分析中第二阶段需要对投入松弛变量进行回归分析，纵观大多数学者的文献，发现他们在使用DEA三阶段模型时都使用投入导向模型。因此，在此阶段分析中同样选择投入导向模型。

此外，鉴于研究对象的数量较小且年份跨度较大，若处理为平衡面板数据，公司数量则会锐减，研究对象的数量也会急剧减少，因此按年份分别计算效率值。鉴于将进行年份间数据的比较分析，需要按效率等级进行统计对比。效率等级划分的标准是：效率值不为1时全部称为效率无效；处于区间［0，0.5）时属于低效率；处于区间［0.5，0.8）时属于较低效率；处于区间［0.8，1）时属于较高效率；效率值为1时则为效率有效。

运用DEAP软件对第一阶段搜集的数据进行处理，所得结果如表4－27所示。

表4－27　2007～2017年高技术服务业上市公司效率值（第一阶段）

年份	综合技术效率	纯技术效率	规模效率
2007	0.688	0.801	0.869
2008	0.749	0.799	0.938
2009	0.721	0.785	0.924
2010	0.614	0.713	0.873
2011	0.493	0.655	0.764
2012	0.489	0.605	0.821
2013	0.487	0.575	0.867
2014	0.530	0.612	0.877
2015	0.509	0.604	0.856
2016	0.359	0.495	0.747
2017	0.370	0.478	0.793
均值	0.546	0.647	0.848

由表4－27可知，2007～2017年，我国高技术服务业上市公司效率值呈现时

升时降、整体减少的趋势。综合技术效率值 2008 年为 0.749，是 2007 ~ 2017 年综合技术效率值最高的一年；2016 年为 0.359，效率最低。2007 ~ 2017 年综合技术效率、纯技术效率、规模效率的均值分别为 0.546、0.647、0.848。综合技术效率总体上效率很低，资源配置没有得到有效利用，使用效率低。规模效率高于纯技术效率，技术对高技术服务业上市公司的综合技术效率发挥着明显的制约作用。

为了全面分析高技术服务业上市公司综合技术效率、纯技术效率以及规模效率的具体状况，将其第一阶段的效率值整理的结果分别如表 4 – 28、表 4 – 29 和表 4 – 30 所示。

表 4 – 28　　高技术服务业上市公司综合技术效率值汇总（第一阶段）

年份	最大值	最小值	均值	[0, 0.5)	[0.5, 0.8)	[0.8, 1)	1
2007	1	0.115	0.688	11	42	13	9
2008	1	0.145	0.749	13	45	30	12
2009	1	0.258	0.721	19	66	34	14
2010	1	0.202	0.614	55	74	21	14
2011	1	0.223	0.493	118	45	6	11
2012	1	0.145	0.489	130	52	12	10
2013	1	0.155	0.487	147	76	14	10
2014	1	0.152	0.530	144	91	21	20
2015	1	0.166	0.509	166	91	14	17
2016	1	0.075	0.359	241	31	12	10
2017	1	0.127	0.370	241	28	7	18

从表 4 – 28 中可见，2007 ~ 2017 年高技术服务业上市公司的综合技术效率值的最小值都小于 0.5，属于低效率等级。效率均值在 0.35 ~ 0.75 徘徊，说明 11 年来上市公司效率均值不高。效率均值 2008 年为 0.749，是 2007 ~ 2017 年综合技术效率值最高的一年；2016 年为 0.359，效率最低。总体上低效率公司数量一直在增加，2016 年和 2017 年低效率公司数目保持不变，均为 241 家。

表 4-29　高技术服务业上市公司纯技术效率值汇总（第一阶段）

年份	最大值	最小值	均值	[0, 0.5)	[0.5, 0.8)	[0.8, 1)	1
2007	1	0.24	0.801	6	28	21	20
2008	1	0.168	0.799	12	29	33	26
2009	1	0.285	0.785	13	50	36	34
2010	1	0.219	0.713	37	59	33	35
2011	1	0.224	0.655	55	75	19	31
2012	1	0.248	0.605	70	90	21	23
2013	1	0.186	0.575	111	87	22	27
2014	1	0.219	0.612	102	107	27	40
2015	1	0.219	0.604	111	111	25	41
2016	1	0.109	0.495	175	78	14	27
2017	1	0.135	0.478	196	53	15	30

从表 4-29 中可见，高技术服务业上市公司纯技术效率有效的公司有 334 家，效率较高的公司有 266 家，均比综合技术效率相应效率等级的公司数目多。与此同时，纯技术效率低的公司数目也比综合技术效率低的公司数目少。相应地，纯技术效率高于综合技术效率，2007 年的纯技术效率均值大于 0.8，效率较高；2008～2015 年的纯技术效率均值在 0.5～0.8，效率较低；只有 2016～2017 两年的纯技术效率值小于 0.5，效率低。纯技术效率低的公司数目总体上在不断增加，2017 年数量最多，达到了 196 家；效率较低、效率较高和效率有效的公司数量在不断波动中，其中 2014 年和 2015 年的效率较低的公司数量突破百家，接下来的年份数量又开始降低，效率有效公司分别达到 40 家和 41 家，在 11 年的效率有效公司数量中占前两名；与之相关，效率均值在 2014 年和 2015 年稍有提高，其余年份都在减少。

表 4-30　高技术服务业上市公司规模效率值汇总（第一阶段）

年份	最大值	最小值	均值	[0, 0.5)	[0.5, 0.8)	[0.8, 1)	1
2007	1	0.115	0.869	1	21	44	9
2008	1	0.444	0.938	1	6	77	16
2009	1	0.468	0.924	3	11	104	15
2010	1	0.343	0.872	1	45	104	14

续表

年份	最大值	最小值	均值	[0, 0.5)	[0.5, 0.8)	[0.8, 1)	1
2011	1	0.284	0.764	15	81	73	11
2012	1	0.287	0.821	2	87	102	13
2013	1	0.157	0.867	17	48	171	11
2014	1	0.152	0.877	6	56	182	32
2015	1	0.166	0.856	10	64	193	21
2016	1	0.092	0.747	46	101	135	12
2017	1	0.196	0.793	34	92	147	21

从表4-30中可见，规模效率低的公司数量在2007~2010年、2012年和2014年均为个位数，公司总数最低；其次数量较低的是效率有效的公司数量，2007年低至9家，2014年最高也只有32家；效率较高的公司数最多，除了2011年外，其余年份效率较高公司占比最高，2009年占比最高，高达78.2%；2011年、2016年和2017年的规模效率均值在0.5~0.8中，其余年份均大于0.8，规模效率较高，并且规模效率大于纯技术效率，技术对高技术服务业综合技术效率有着明显的制约作用。

（二）第二阶段SFA回归估计结果及分析

此阶段的主要目的是通过运用SFA方法，来消除环境因素以及随机因素对最终效率值的影响，进而调整投入指标。而环境指标的选择多种多样。总体说来，作为环境指标有以下3点要求：第一，所选指标必须是不为人主观所控制或改变的；第二，能够对企业效率产生影响；第三，不能和所选的投入、产出指标相重合。同时，还有学者将环境指标直接称为外部影响因素。

综合相关文献的研究结论，本书选择的8个环境指标为：政府补助、总资产、上市年限、注册地、GDP增长率①、营业收入增长率、股权集中度（第一大股东

① 以不变价格计算当年GDP比上一年的增长率，经济发展水平将直接影响高技术服务业上市公司的经营管理和决策行为，进而影响管理层的投入产出决策，反映经济发展水平的程度，一般选择GDP增长率代替。

持股比例)、股权制衡度（第二至第五大股东持股比例/第一大股东持股比例)。

相似 SFA 回归模型：

$$S_{ni} = f^n(Z_i;\beta^n) + V_{ni} + U_{ni} \tag{4-6}$$

其中，S_{ni}——被解释变量，为投入指标的松弛变量；

Z_i——解释变量，为环境变量；

β^n——环境变量对应的参数向量；

V_{ni}——随机误差项，且服从正态分布；

U_{ni}——管理无效率，且服从截断正态分布；

i——决策单元序号；

n——投入指标序号。

利用软件 Frontier 4.1 对第一阶段所得松弛变量进行回归分析，所得结果如表 4-31 所示。尤其是环境变量对固定资产净额松弛变量和员工总数松弛变量两个变量的回归结果，除个别变量的影响系数不显著外，其他影响系数均是在 0.01 的水平上显著，即此阶段所选择的环境变量准确，所选择的环境变量均对三个松弛变量有显著的影响，需要对投入变量进行调整以剔除环境变量对效率值的影响。

表 4-31　　SFA 的最大似然回归结果

指标	营业成本松弛变量	固定资产净额松弛变量	员工总数松弛变量
常数项	17.4832 (0.1628)	-116444.0800*** (-6657.5576)	-343.1861*** (-24.0729)
政府补助	-0.0018 (-0.5612)	2.1193*** (6.8340)	0.0233*** (4.7357)
总资产对数值	2.8713 (0.3723)	10906.0480*** (54.4714)	25.4841*** (3.7212)
上市年限	-0.2844 (-0.1865)	-587.3362*** (-10.2159)	18.6634*** (7.3834)
公司注册地	17.4985 (0.8127)	-10862.3570*** (-847.5392)	-3.6936*** (-2.6483)

续表

指标	营业成本松弛变量	固定资产净额松弛变量	员工总数松弛变量
GDP 增长率	87.7637 *** (3.5888)	87215.5860 *** (40039.2480)	-1394.3302 *** (-403.8133)
营业收入增长率	0.0015 (0.0008)	-153.7037 *** (-23.0093)	-4.0378 (-1.3537)
股权集中度	-1.3170 (-1.5976)	-31.3823 (-0.5159)	2.4815 ** (1.9802)
股权制衡度	-15.2910 (-0.9239)	-2021.0846 *** (-52.7718)	105.9036 *** (4.1334)
σ^2	1.4290E+05	1.5186E+09	3.7014E+05
γ	1.0000E-04	4.2000E-03	1.8000E-03

注：**、*** 分别表示在 5%、1% 置信水平上显著。

对投入指标进行调整，最权威且采用的专家学者人数最多的方法是下述方法，即先依据式（4-7）和式（4-8）计算所需参数，再将所得参数代入式（4-9）中，即可计算出调整后新的投入指标。

$$E[U_{ni} \mid V_{ni} + U_{ni}] = \frac{\sigma\lambda}{1+\lambda^2}\left[\frac{\varphi\left(\frac{\varepsilon_i\lambda}{\sigma}\right)}{\Phi\left(\frac{\varepsilon_i\lambda}{\sigma}\right)} + \frac{\varepsilon_i\lambda}{\sigma}\right] \tag{4-7}$$

$$E[V_{ni} \mid V_{ni} + U_{ni}] = S_{ni} - Z_i\beta^n - E[U_{ni} \mid V_{ni} + U_{ni}] \tag{4-8}$$

$$X_{ni}^* = X_{ni} + [\max(Z_i\beta^n) - Z_i\beta^n] + [\max(V_{ni}) - V_{ni}] \tag{4-9}$$

其中，X 为初始投入指标；X^* 为调整以后的投入指标。

（三）第三阶段效率评价（调整后的 DEA 效率测算）

引入环境变量，对投入指标进行调整，根据第二步骤所调整后的投入指标，选择 BCC（VRS）模型，再次运行 DEAP 软件，高技术服务业上市公司效率评价的具体结果如表 4-32、表 4-33 和表 4-34 所示。

表 4-32　　高技术服务业上市公司综合技术效率值汇总（第三阶段）

年份	最大值	最小值	均值	[0, 0.5)	[0.5, 0.8)	[0.8, 1)	1
2007	1	0.102	0.744	7	19	11	11
2008	1	0.097	0.698	12	24	10	10
2009	1	0.262	0.692	18	38	13	13
2010	1	0.181	0.624	42	48	14	18
2011	1	0.192	0.603	60	58	14	20
2012	1	0.186	0.574	77	69	15	18
2013	1	0.179	0.586	73	72	24	14
2014	1	0.074	0.555	96	67	16	20
2015	1	0.15	0.547	118	77	18	23
2016	1	0.067	0.487	160	77	15	15
2017	1	0.118	0.434	208	53	11	19

从表 4-32 中可以看出，效率均值整体上逐年减少。总体上效率低的公司数量逐年增加，仅有 2013 年公司数目为 73，比 2012 年公司少，2013 年效率较高的公司比上一年多，相应地，效率从 2012 年的 0.574 增加到 2013 年的 0.586。11 年来效率有效的公司没有明显的增加，2011 年有 11 家，占比 22.92%，2015 年数目最多为 23 家，占比为 9.75%，2017 年 19 家，占比为 6.53%，虽然 2015 年和 2017 年效率有效的公司比 2007 年多，但因为效率低的公司增加明显，从 2007 年的 7 家增加到 2015 年的 118 家，2017 年为 208 家，增加幅度明显，所以效率有效公司的占比反而减少了。

表 4-33　　高技术服务业上市公司纯技术效率值汇总（第三阶段）

年份	最大值	最小值	均值	[0, 0.5)	[0.5, 0.8)	[0.8, 1)	1
2007	1	0.429	0.904	1	7	23	17
2008	1	0.694	0.904	0	7	36	13
2009	1	0.536	0.915	0	8	52	22
2010	1	0.558	0.906	0	17	75	30
2011	1	0.412	0.871	2	37	85	28

续表

年份	最大值	最小值	均值	[0, 0.5)	[0.5, 0.8)	[0.8, 1)	1
2012	1	0.384	0.873	1	34	119	25
2013	1	0.461	0.872	1	38	119	25
2014	1	0.246	0.846	8	47	116	28
2015	1	0.314	0.824	9	79	110	38
2016	1	0.269	0.787	15	112	115	25
2017	1	0.223	0.766	31	111	117	32

从表 4-33 中可以看出，效率介于 0~0.5 的公司在 2008~2010 年为 0，2016 年开始公司数量增加，不过 11 年来效率低的公司数目一直很低，始终保持最低的占比。公司数目所占比例最多的效率等级是较高效率等级，从 2012 年突破百家后，便没有少于 100 家，2012 年占比最高为 66.48%，2017 年则占比最低为 40.21%。效率较低的公司数量总体上呈现上升的趋势，占比从 2007 年的 14.58% 增加到 2017 年的 38.14%，2016 年占比高达 41.95%，与效率较高的公司的占比差距在不断变小。大部分年份的纯技术效率大于 0.8，效率较高，高于综合技术效率值。同时，第三阶段的纯技术效率比第一阶段的纯技术效率值高，说明环境变量对纯技术效率产生了负面影响。

表 4-34　高技术服务业上市公司规模效率值汇总（第三阶段）

年份	最大值	最小值	均值	[0, 0.5)	[0.5, 0.8)	[0.8, 1)	1
2007	1	0.102	0.817	4	11	21	12
2008	1	0.104	0.765	7	20	19	10
2009	1	0.303	0.753	11	34	24	13
2010	1	0.181	0.686	33	46	24	19
2011	1	0.241	0.690	39	58	35	20
2012	1	0.199	0.657	58	62	40	19
2013	1	0.191	0.673	55	61	53	14
2014	1	0.148	0.659	70	52	57	20
2015	1	0.16	0.665	68	87	57	24
2016	1	0.098	0.628	97	82	73	15
2017	1	0.118	0.579	128	88	56	19

从表 4 – 34 中可以看出，11 年中，7 年效率较低的公司所占比重最大，3 年效率低的公司占比最高，并且效率低和效率较低的公司数目总体上呈上升趋势，所以规模效率均值总体上不断减少。效率有效的公司很少，有 185 家，总体上占比不断降低，从 2007 年的 25% 降低到 2017 年的 6.53%，比例明显变少。规模效率值低于纯技术效率值，高于综合技术效率值，并且第三阶段的规模效率值低于第一阶段数值，说明环境变量对规模效率产生了正向影响。

（四）第一阶段与第三阶段效率值的比较分析

将上述得到的第一阶段和第三阶段的效率均值进行比较，得到的结果如表 4 – 35 所示。

表 4 – 35　　高技术服务业上市公司 2007 ~ 2017 年第一阶段与第三阶段效率平均值比较

年份	综合技术效率值		纯技术效率值		规模效率值	
	第一阶段	第三阶段	第一阶段	第三阶段	第一阶段	第三阶段
2007	0.688	0.744	0.801	0.904	0.869	0.817
2008	0.749	0.698	0.799	0.904	0.938	0.765
2009	0.721	0.692	0.785	0.915	0.924	0.753
2010	0.614	0.624	0.713	0.906	0.873	0.687
2011	0.493	0.603	0.655	0.871	0.764	0.690
2012	0.489	0.574	0.605	0.873	0.821	0.657
2013	0.487	0.586	0.575	0.872	0.867	0.673
2014	0.530	0.555	0.612	0.846	0.877	0.659
2015	0.509	0.547	0.604	0.824	0.856	0.665
2016	0.359	0.487	0.495	0.787	0.747	0.628
2017	0.370	0.434	0.478	0.766	0.793	0.579
均值	0.546	0.595	0.647	0.861	0.848	0.688

由表 4 – 35 可知，第三阶段的结果与第一阶段的结果有着较为明显的差别，由此可以看出引入环境变量，重新调整数据，来进行效率评价是必不可少的。2007 ~ 2017 年纯技术效率均值为 0.861，规模效率均值为 0.688，综合技术效率均值为 0.595，造成的资源浪费 0.405 中约有 55.58% [0.861/(0.861 + 0.688)]

是由纯技术无效率造成的，也就是高技术服务业公司管理效率低下导致的。第一阶段纯技术效率均值为 0.647，规模效率均值为 0.848，综合技术效率均值为 0.546，造成的浪费 0.454 中约有 43.28% [0.647/(0.647 + 0.848)] 是由纯技术效率无效引起的，其低估了经营管理对资源造成的浪费，高估了规模效率对资源造成的浪费。第三阶段纯技术效率高于规模效率，这说明了企业规模对效率的制约作用较为明显，因此规模效率有着更大的提升空间。第三阶段的结果更能代表高技术服务业上市公司的真实效率。

经过第二阶段剔除环境变量影响后，第三阶段的纯技术效率大于第一阶段的纯技术效率，第三阶段的规模效率低于第一阶段的规模效率。2008 年和 2009 年第三阶段的综合技术效率低于第一阶段的综合技术效率，说明这两年环境因素对其产生了正面影响。其余年份第三阶段的综合技术效率高于第一阶段综合技术效率，说明其余年份环境因素对其产生了负面影响。

将第一阶段和第三阶段效率有效的高技术服务业上市公司的数量及其占比进行整理，结果如表 4 – 36 所示。

表 4 – 36 第一、第三阶段处于效率前沿的高技术服务业上市公司数量比较

年份	第一阶段		第三阶段	
	个数	占比（%）	个数	占比（%）
2007	9	12.00	11	22.92
2008	12	12.00	10	17.86
2009	14	10.53	13	15.85
2010	14	8.54	18	14.75
2011	11	6.11	20	13.16
2012	10	4.90	18	10.06
2013	10	4.05	14	7.65
2014	20	7.25	20	10.05
2015	17	5.90	23	9.75
2016	10	3.40	15	5.62
2017	18	6.12	19	6.53

从表 4 – 36 中可见，第三阶段处于效率前沿的高技术服务业公司的占比始终

高于第一阶段公司占比，说明高技术服务业上市公司对外部环境很敏感，才导致剔除环境变量后，占比增加。进行第二阶段操作时，剔除了部分公司，导致2008年和2009年第三阶段效率有效的公司数量少于第一阶段公司数量，2014年两阶段效率有效的公司数量相等，但其第三阶段的公司占比更大。第一阶段2007年和2008年公司占比最大，为12%，第三阶段占比最大的是2007年的22.92%，可见处于效率前沿的公司占比很低，并且最开始几年占比竟然比后面几年高些，公司资源配置未得到充分利用，使用效率没有很大提升。

三、高技术服务业上市公司效率的区域对比

将上述第三阶段的综合技术效率值按照地区进行分类，整理的结果如表4－37、表4－38、表4－39和表4－40所示。

表4－37　　东部地区高技术服务业上市公司综合技术效率值汇总

年份	最大值	最小值	均值	[0，0.5)	[0.5，0.8)	[0.8，1)	1
2007	1	0.102	0.796	2	15	7	10
2008	1	0.282	0.765	3	15	8	8
2009	1	0.322	0.718	12	23	10	12
2010	1	0.181	0.632	32	36	11	15
2011	1	0.222	0.612	45	46	10	18
2012	1	0.194	0.599	57	55	14	17
2013	1	0.179	0.608	57	54	23	14
2014	1	0.144	0.571	73	58	13	18
2015	1	0.154	0.563	88	67	15	21
2016	1	0.096	0.495	125	67	13	10
2017	1	0.118	0.437	165	44	8	15

从表4－37中可以看出，11年来东部地区高技术服务业上市公司综合技术效率的最大值均为1，每年均有公司达到DEA有效，其数量最少的一年是2008年，只有8家，占比为23.53%，最多的一年为2015年，有21家，占比为10.99%，占比大致呈现下降的趋势。

表 4－38　　中部地区高技术服务业上市公司综合技术效率值汇总

年份	最大值	最小值	均值	[0, 0.5)	[0.5, 0.8)	[0.8, 1)	1
2007	0.835	0.183	0.564	1	2	1	0
2008	0.758	0.157	0.546	3	5	0	0
2009	0.907	0.305	0.660	1	7	1	0
2010	1	0.192	0.527	4	5	0	1
2011	1	0.192	0.490	7	3	0	1
2012	1	0.186	0.473	6	4	0	1
2013	0.751	0.242	0.471	5	4	0	0
2014	1	0.159	0.441	8	1	0	1
2015	1	0.203	0.449	11	1	1	1
2016	1	0.120	0.502	10	2	0	4
2017	1	0.141	0.419	14	1	2	1

从表 4－38 中可以看出，中部地区高技术服务业上市公司综合技术效率均值在低效率和较低效率等级徘徊，效率不高，较高效率的公司数量在 2008 年、2010～2014 年、2016 年为 0 家，效率有效的公司在 2007～2009 和 2013 年为 0 家，较高效率的公司和效率有效的公司大部分年份都是占比最低的。

表 4－39　　西部地区高技术服务业上市公司综合技术效率值汇总

年份	最大值	最小值	均值	[0, 0.5)	[0.5, 0.8)	[0.8, 1)	1
2007	1	0.131	0.565	4	2	1	1
2008	1	0.097	0.555	6	3	0	2
2009	1	0.262	0.580	4	4	1	1
2010	1	0.288	0.593	4	3	2	1
2011	0.947	0.258	0.588	6	4	3	0
2012	0.767	0.204	0.422	10	5	0	0
2013	0.631	0.243	0.450	8	8	0	0
2014	0.711	0.191	0.409	12	5	0	0
2015	0.820	0.15	0.440	16	6	1	0
2016	1	0.067	0.393	20	6	0	1
2017	1	0.121	0.401	23	3	1	2

从表 4－39 中可以看出，西部地区高技术服务业上市公司综合技术效率在

0.8~1 区间和效率为 1 的公司数量有几年均为 0 家，效率低的公司占比始终是最高的，11 年中效率均值不断波动，效率不高，2010 年效率均值最高，仅为 0.593。

表 4-40　　东北地区高技术服务业上市公司综合技术效率值汇总

年份	最大值	最小值	均值	[0, 0.5)	[0.5, 0.8)	[0.8, 1)	1
2007	0.952	0.917	0.935	0	0	2	0
2008	0.967	0.785	0.861	0	1	2	0
2009	0.813	0.396	0.688	1	4	1	0
2010	1	0.331	0.696	2	4	1	1
2011	1	0.413	0.640	2	5	1	1
2012	0.826	0.290	0.555	4	5	1	0
2013	0.851	0.328	0.582	3	6	1	0
2014	1	0.074	0.651	3	3	3	1
2015	1	0.359	0.628	3	3	1	1
2016	0.937	0.273	0.552	5	2	2	0
2017	1	0.196	0.490	6	5	0	1

从表 4-40 中可以看出，东北地区高技术服务业上市公司综合技术效率均值总体上呈下降趋势，从 2007 年的 0.935 降低到 2017 年的 0.49，下降幅度很大。2007 年东北有 2 家公司效率较高，效率均值处于较高等级。

东部地区的公司数量远超过其他 3 个地区，效率有效公司数量占比总体上也比中部、西部和东北地区高。整体上东部地区高技术服务业上市公司最大值与最小值的差值也较大，发展不均衡。中部、西部和东北地区情况类似，几个年份最大值未达到 1，其中东北地区公司最少，但效率较高和效率有效的公司数量占比总体上高于其他地区，其效率均值最高。

四、高技术服务业上市公司效率的企业属性对比

将高技术服务业上市公司按照企业属性分为国有公司和非国有公司两种类型，根据第三阶段的综合技术效率值数据，整理结果如表 4-41 和表 4-42 所示。

表 4-41　　高技术服务业国有上市公司综合技术效率值汇总

年份	最大值	最小值	均值	[0, 0.5)	[0.5, 0.8)	[0.8, 1)	1
2007	1	0.540	0.859	0	4	6	4
2008	1	0.305	0.757	2	12	5	3
2009	1	0.466	0.766	3	10	6	4
2010	1	0.302	0.731	3	11	5	5
2011	1	0.277	0.711	6	11	4	6
2012	1	0.317	0.700	8	14	3	7
2013	1	0.179	0.686	4	16	7	5
2014	1	0.074	0.597	12	15	4	5
2015	1	0.178	0.594	14	16	4	4
2016	1	0.096	0.511	23	15	3	3
2017	0.986	0.119	0.417	37	6	4	0

表 4-42　　高技术服务业非国有上市公司综合技术效率值汇总

年份	最大值	最小值	均值	[0, 0.5)	[0.5, 0.8)	[0.8, 1)	1
2007	1	0.102	0.697	7	15	5	7
2008	1	0.097	0.659	10	12	5	7
2009	1	0.262	0.664	15	28	7	9
2010	1	0.181	0.598	39	37	9	13
2011	1	0.192	0.580	54	47	10	14
2012	1	0.186	0.546	69	55	12	11
2013	1	0.201	0.565	69	56	17	9
2014	1	0.144	0.546	84	52	12	15
2015	1	0.150	0.538	104	61	14	19
2016	1	0.067	0.483	137	62	12	12
2017	1	0.118	0.438	171	47	7	19

由表 4-41 和表 4-42 可知，国有公司和非国有公司的综合技术效率均值总体上在不断减少，并且国有企业效率值减少的幅度更大，国有企业效率最大值为 2007 年的 0.859，最小值为 2017 年的 0.417，非国有企业 2007 年效率最大为 0.697，2017 年效率最小为 0.438，但是总体而言国有企业的效率更高一些。国有企业的效率在 2017 年的最大值不为 1，非国有企业每年均有效率有效的公司。11 年中国有企业效率有效公司总数为 46 家，非国有企业有 135 家，不过国有公

司总数少得多，所以整体上国有企业效率有效公司占比大一些。

第四节

我国高技术服务业效率的影响因素分析

一、我国高技术服务业效率影响因素的行业层面分析

（一）影响因素指标选择与数据说明

高技术服务业具有良好的发展前景，但其效率水平仍然有待进一步提高，对其效率影响因素进行分析具有重要的现实意义。借鉴许建平和任燕（2012）①、梁龙武等（2016）②、林昌华（2017）③ 等学者的研究结论，结合我国高技术服务业的实际发展情况，选取经济发展水平、工业化程度、对外开放度、教育水平、创新投入力度和制造业水平 6 个影响因素来进行研究。

（1）经济发展水平。

经济发展水平反映国家经济发展的规模和速度，影响高技术服务业的发展效率。经济发展水平越高，人均收入越高，人们需求越旺盛，进而倒逼服务业进行相应的改变，促使服务业更快发展。本书选取人均 GDP 来衡量经济发展水平。

（2）工业化程度。

我国工业化程度较高，拥有完整的工业产业链。一般而言，工业是服务业的基础，当工业发展壮大时，会对服务业产生更多需求，进而促使服务业快速发展。但也会出现特殊情况，当工业对服务业产生的挤出效应足够大时，两者不能相辅相成，工业产业吸收过多的生产要素，反而会阻碍服务业的发展。本书选取第二产业增加值占 GDP 比重作为工业化程度的衡量指标。

---

① 许建平，任燕．我国服务业效率特征研究——基于区域发展差异影响因素的解释［J］．产业经济研究，2012（1）：70－77.

② 梁龙武，袁宇翔，付智，余国兴．区域创新驱动全要素生产率测度及其影响因素研究——基于 Malmquist－Tobit 方法的实证分析［J］．科技管理研究，2016（10）：197－202.

③ 林昌华．台湾服务业技术效率评估及其影响因素［J］．台湾研究，2017（2）：60－67.

（3）对外开放度。

对外开放度表现为国家市场与境外市场的联系程度。对外开放可以吸引资金和人才，扩大服务业规模；吸收先进的管理思想，提高企业管理水平；吸引国外企业，加剧行业竞争，促进服务业快速发展。同时，服务业也能“走出去”，在国外拥有更大的市场，使自身进一步发展扩大。本书选取进出口额占 GDP 比重来代表对外开放度。

（4）教育水平。

教育水平体现人们接受教育的程度，反映人们技能和知识的水平状况。教育水平越高，员工能力可能越强，越有可能产生新颖实用的思想，给服务业带来技术和管理层面的进步，使服务业效率得到提高。本书采用在校学生数与总人口比重表示教育水平。

（5）创新投入力度。

创新投入力度一般分为资金投入和人才投入，此处选择资金投入即 R&D 经费支出占 GDP 比重来衡量创新投入力度。当创新投入量变引起质变后，可能会带来技术水平的提高，从而降低成本，增加利润，提高效率。但是创新投入具有滞后效应，创新投入可能不会导致明显的技术进步，可能对服务业效率影响较小。

（6）制造业水平。

制造业与高技术服务业之间的关系，随着信息技术的发展和社会的进步，逐步变得越来越密切，甚至导致制造业与服务业之间的界限越来越模糊。制造业的发展水平越高对高技术服务业的需求越强、影响越大，推动其发展效率的提升。本书采用制造业增加值发展速度来反映其发展水平。

（二）回归模型构建

本书高技术服务业效率与影响因素的关系，根据所选取的指标，建立回归模型如公式（4－10）所示。

$$Y_t = C + \beta_1 PGDP_t + \beta_2 IND_t + \beta_3 OPEN_t + \beta_4 EDL_t + \beta_5 TEC_t + \beta_6 MANI_t + \varepsilon_t \tag{4-10}$$

其中，Y_t为高技术服务业效率水平（以全要素生产率指数 TFP 表示），右式中的解释变量依次分别为经济发展水平、工业化程度、对外开放度、教育水平、创新投入力度和制造业水平，C 为截距项，β 表示各个自变量的回归系数，ε_t表示误差项。模型变量定义详见表 4－43，因变量由前面采用 Malmquist 模型求得，自变量数据来源于 2005～2017 年《中国统计年鉴》。

表 4－43　　变量定义表

变量类型	变量名称	变量定义	变量代码
因变量	效率	全要素生产率指数	Y
自变量	经济发展水平	人均 GDP	PGDP
	工业化程度	第二产业产值占 GDP 比重	IND
	对外开放度	进出口额占 GDP 比重	OPEN
	教育水平	在校学生数占总人口比重	EDL
	创新投入力度	R&D 经费支出占 GDP 比重	TEC
	制造业水平	制造业增加值发展速度	MANI

（三）实证过程及结果分析

本书依据 2005～2016 年的数据，运用 Stata 软件先采取 Pearson 相关系数分析法对各变量进行处理，研究各变量间的相关性，并且研究自变量的方差膨胀因子（VIF），最后根据回归模型进行回归分析。

相关性分析的结果如表 4－44 所示。

表 4－44　　相关性分析

	Y	PGDP	IND	OPEN	EDL	TEC	MANI
Y	1						
PGDP	0.632**	1					
IND	－0.121	0.474	1				
OPEN	0.577**	0.424	0.186	1			
EDL	0.497	0.037	－0.303	0.048	1		
TEC	－0.341	－0.011	0.396	－0.434	－0.324	1	
MANI	0.260	0.517*	0.489	0.401	－0.327	0.183	1

注：*、** 分别表示在 10%、5% 置信水平上显著。

表4-44展示了变量之间的相关系数。各相关系数绝对值不超过0.8，初步认定变量间不存在多重共线性。高技术服务业发展效率与经济发展水平的相关系数为0.632，在5%的水平上显著正相关；与对外开放度的相关系数为0.577，相关性显著且正相关；与其余解释变量均不显著，其中与工业化程度和创新投入力度之间存在负相关关系，与教育水平和制造业水平发展速度呈正相关关系。

自变量的方差膨胀因子如表4-45所示。

表4-45　　　　方差膨胀因子

PGDP	IND	OPEN	EDL	TEC	MANI
1.79	1.86	1.92	1.33	1.9	1.94

从表4-45可以看出，6个自变量的方差膨胀因子都小于2，远小于10，可以认为模型不存在多重共线性问题，因此适合做回归分析。回归分析的结果如表4-46所示。

表4-46　　　　回归结果分析表

影响因素	回归系数	标准差	T值	P值
常数	-4.932**	1.607	-3.070	0.028
PGDP	2.375*	1.000	2.370	0.064
IND	-0.659*	0.281	-2.350	0.066
OPEN	0.386*	0.180	2.140	0.085
EDL	3.310**	0.920	3.600	0.016
TEC	0.304	0.461	0.660	0.539
MANI	0.036	0.040	0.900	0.412
调整 R^2	0.686			
F统计量	9.77**			

注：*、**分别表示在10%、5%置信水平上显著。

（四）模型统计检验

第一，拟合优度检验（R^2 检验）。模型 R^2 为0.857，调整的 R^2 为0.686，意味着高技术服务业发展效率Y变异的68.6%可以用回归模型中选择的自变量的变异进行解释，回归方程对样本观测值的拟合度较好，即因变量与自变量之间的相关程度较高。

第二，方程显著性检验（F 检验）。方程显著性检验是对模型中因变量与自变量之间的线性关系在总体上是否显著成立作出判断。从回归模型来看，就是检验高技术服务业发展效率 Y 与经济发展水平、工业化程度、对外开放度、教育水平、创新投入力度以及制造业水平之间的关系是否显著。计算结果表明，F 等于 9.77，Signifinance F 等于 0.0122，方程通过了 F 检验（显著性水平 $\alpha=0.05$）。高技术服务业发展效率 Y 至少与经济发展水平、工业化程度、对外开放度、教育水平、创新投入力度以及制造业水平 6 个变量中的一个存在线性关系。

第三，变量显著性检验（t 检验）。方程的总体显著性并不意味着所有自变量对因变量的影响都是显著的。t 检验就是对每个自变量进行显著性检验。结果显示，经济发展水平、工业化程度、对外开放度在 1% 水平上显著，“教育水平”在 5% 水平上显著，创新投入力度以及制造业水平对高技术服务业效率的影响为正但均不显著。

（五）研究结论

（1）经济发展水平与高技术服务业效率在 5% 的水平上显著正相关。当经济发展水平提高时，人们也会相应地提高对服务业的要求以满足人们日益丰富的需求，从而促进服务业发展，效率得到提升。

（2）工业化程度与高技术服务业效率在 5% 的水平上显著负相关。工业可能会对服务业产生挤出效应，两者形成竞争关系，没有实现有效的“两业融合”，服务业所需要的生产要素可能被工业吸收，进而阻碍服务业发展，工业化程度提高反而导致服务业效率下降。

（3）对外开放度与高技术服务业效率在 5% 的水平上显著正相关。对外开放有利于资金和人才等要素对服务业的投入，有利于区域间的合作交流，有利于吸取国外先进的管理经验来提高企业管理水平，所以对外开放度越高，服务业效率越高。

（4）教育水平与高技术服务业效率在 1% 的水平上显著正相关。教育水平每增加1%，服务业效率增加3.052%，教育水平影响很大。人力资本是服务业重要的投入要素，教育水平越高，人才越多，越有可能提高企业技术和管理水平，提高投入的边际收益，引起服务业效率的提升。

（5）创新投入力度对高技术服务业效率影响不显著。我国服务业发展良好，技术水平可能进入“瓶颈”阶段，较少的R&D经费投入可能难以迅速有效地提升产业技术水平，将资金投入转化为服务业价值，导致创新投入力度对服务业效率的影响作用不明显。

（6）制造业水平对高技术服务业效率影响系数为正但不显著。全球生产要素的流动加速了产业间互相关联渗透，制造业服务化和服务业产品化两种趋势共同促使制造业价值链向服务环节拓展，推动高技术服务业发展方式转变。但我国制造业大而不强仍是基本格局，随着人口红利与劳动力要素优势的削弱，传统制造业升级的难度急剧加大，这可能导致制造业发展水平对高技术服务业效率影响作用不显著。因此，加快提升科技竞争力、促使高技术服务业与制造业融合发展，仍是推进产业高质量发展的必由之路。

综上所述，根据影响因素回归系数的绝对值大小进行排序，影响力从高到低的因素分别是教育水平、经济发展水平、工业化程度、对外开放度、创新投入力度和制造业水平。教育水平和经济发展水平对高技术服务业效率影响较大，需要着重采取有力措施来提高教育水平和经济发展水平以提高高技术服务业发展的效率水平。

二、我国高技术服务业效率影响因素的企业层面分析

（一）影响因素指标选择

通过对高技术服务业上市公司效率评价的研究发现，我国高技术服务业上市公司效率水平还存在较大的改善空间，基于此，本节将从企业内部治理能力与外部宏观环境两个角度出发，利用Tobit模型对影响高技术服务业上市公司效率的影响因素进行实证研究。在研究影响效率的诸多因素时，以往研究主要从成长性、公司规模、股权结构等主要变量来检验其对上市公司效率的影响，本节则在

结合产业特征的基础上对其影响因素进行较为系统的梳理，进而选择合适的因素指标，进一步开展实证分析。

（1）权益乘数（EM）。

资本结构通常是指企业债务资本与股权资本之间的比例关系，它对企业的偿债能力、融资能力以及盈利能力具有较大程度的影响作用。徐玉德和周玮（2009）认为上市公司的财务杠杆水平对企业投资效率和投资收益存在显著的影响[①]。企业为了提高效率水平获取更多的净收益，可以通过增加负债融资以提高自有资金的使用效率。现采用权益乘数（EM）作为资本结构的替代变量，权益乘数等于资产总额与股东权益总额的比值，权益乘数越大企业的负债率越高，这在一定程度上可以提高企业的杠杆水平，为企业带来税收等方面的好处，但同时也会面临较大的财务风险，增加企业的破产风险。

（2）财务能力。

财务能力分析是指依据企业的财务报告及相关资料，对企业的财务状况、经营成果和现金流量的综合考察和评价，是一项有效的经济管理手段。企业拥有较强的财务能力，有利于企业更为持久的发展。现选取每股收益（EPS）和总资产周转率（TAT）作为财务能力的替代指标。每股收益是指税后利润与股本总数的比值，能够体现企业的经营管理水平和绩效，是说明企业成长性的大小。总资产周转率能够反映企业的资产运营效率，体现总资产的流转速度，一般情况下，总资产周转率越高企业的销售能力越强，效率水平越高。

（3）机构投资者持股比例（INSP）。

企业的治理结构是指对公司控制与管理权的配置，罗红霞（2014）研究发现公司治理水平与投资效率之间存在显著的正相关关系[②]。与个人投资者相对，机构投资者拥有更为专业的知识储备与经验能够做出更为理性的投资决策，从而提高市场效率、增强市场稳定性；同时其还拥有雄厚的经济实力和信息收集与处理优势，其能够通过对上市公司股票间的买卖影响资本市场，特别是影响被投资公

---

① 徐玉德，周玮．不同资本结构与所有权安排下的投资效率测度——来自我国 A 股市场的经验证据［J］．中国工业经济，2009（11）：131－140.

② 罗红霞．公司治理、投资效率与财务绩效度量及其关系［D］．长春：吉林大学，2014.

司的治理机制，甚至可以参与公司的政策制定，有效监督上市公司的管理层，使上市公司的经营管理更加规范有效。本书采用机构投资者持股比例（INSP）作为企业治理结构的替代指标。

（4）创新能力。

创新是企业持续增长的源动力，新增长理论将创新定义为企业为了盈利而发生的内生性行为，企业创新的最终目的是实现收益最大化，企业的创新能力和企业的生存与发展息息相关。从企业内部视角出发，寻求其创新驱动因素，可以分别从企业研发人员、研发投入以及企业人员结构等多角度进行分析。刘伟娜（2011）以保险业为例提出人力资本是影响效率水平的重要影响因素，公司员工的受教育程度越高，人力资源的素质越高，公司的竞争力就强①。本节考虑研发投入与高水平人才两个方面，相应地采用研发支出占总资产比重（R&DT）与大学本科以上学历占员工总数比重（BAP）作为企业创新能力的替代指标。

（5）现金营运指数（CFR）。

现金的运转状况直接决定着企业的生产经营活动，充足的现金流量可以保证企业维持良好的运营状态，决策者可以依据现金流量的运作情况判断企业的财务状况和盈利水平，便于企业相关管理人员及时调整目标，是企业经营决策的重要依据，有利于提升企业的经营管理能力。本节采用现金营运指数（CFR）作为企业现金流量能力的替代指标，该指数越小说明企业的部分收益还停留在债权形态，收益质量越差。

（6）GDP 增长率（GDPG）。

我国上市企业的生产经营活动不仅受其自身能力的影响，来自宏观环境的冲击也是重要的影响因素，宏观环境是微观企业经营决策的先行指标，丁毅（2014）提出宏观经济环境会对上市公司的投资行为也有较大影响②。经济周期作为一项重要的宏观条件对企业的决策产生影响，当经济周期处于繁荣时期时，

① 刘伟娜．基于 DEA 和 Tobit 模型的我国保险业的投资效率及其影响因素分析［D］．太原：山西财经大学，2011.

② 丁毅．我国上市公司投资效率影响因素与改进措施［J］．经济纵横，2014（4）：88 - 90.

市场需求旺盛，企业发展迅速；反之，当经济下滑时，企业容易遭受负向冲击，效率降低。本节采用 GDP 增长率（GDPG）作为衡量经济周期变量的重要指标。

（7）公司规模（SIZE）。

一般而言，企业规模越小，其面临的市场风险与不确定性越大，生产经营会受到更多的抑制，效率水平低下；而企业规模越大，通常意味着其拥有更多的可担保资产或在资本市场中拥有更高的准入门槛，因而其经营能力越强。我国高技术服务业大多处于发展阶段，公司规模较小，难以形成规模优势，使其经营活动受到一定程度的限制。本节采用总资产（SIZE）来衡量公司规模。

（二）影响因素模型构建与数据说明

依据上述高技术服务业上市公司效率的影响因素分析，首先选取综合技术效率值作为被解释变量，权益乘数、财务能力、机构投资者持股比例、创新能力、现金运营指数、GDP 增长率等指标为解释变量，对高技术服务业上市公司效率影响因素问题进行实证研究，模型变量汇总及具体含义如表 4-47 所示。

表 4-47　　Tobit 模型变量汇总

变量类型	变量名称	变量定义	变量代码
因变量	综合技术效率	计算得到	CRSTE
自变量	权益乘数	1/（1-资产负债率）	EM
	每股收益	税后净利润/股本总数	EPS
	总资产周转率	营业总收入/［（期初总资产+期末总资产）/2］	TAT
	机构投资者持股比例	机构持股合计/股本总数	INSP
	研发支出占总资产比重	研发投入/资产总计	R&DT
	本科及以上员工比重	本科及以上人数/总人数	BAP
	现金营运指数	经营现金净流量/经营现金毛流量	CFR
	GDP 增长率	（本年 GDP-上年 GDP）/上年 GDP	GDPG
	公司规模	总资产取对数	SIZE

根据前述影响因素的分析，由于高技术服务业上市公司效率变动处于在0与1之间，因而采用Tobit模型进行影响因素分析。

Tobit模型属于受限因变量回归的一种类型，对于某些观测数据，被解释变量的概率分布由一个离散点与一个连续分布所组成的混合分布，在这种情况下，如果用OLS来估计，不能得到一致的估计。

不失一般性，为简便起见，假定归并点为0，Tobit模型标准形式如下所示：

$$y_i^* = \beta x_i + \varepsilon_i$$

$$y_i = \begin{cases} y_i^* \text{ if } y^* > 0 \\ 0 \text{ if } y^* \leqslant 0 \end{cases}$$

其中，y_i^* 为潜在因变量；y_i 为因变量；x_i 为自变量向量；β 为系数向量；ε_i 为残差，独立且服从正态分布。

根据以上分析，构建如公式（4-11）所示回归模型：

$$CRSTE_{it} = C + \beta_1 EM_{it} + \beta_2 EPS_{it} + \beta_3 TURN_{it} + \beta_4 INS_{it} + \beta_5 R\&D_{it} + \beta_6 EDU_{it} + \beta_7 CFR_{it} + \beta_8 GDP_{it} + \beta_9 SIZE_{it} + \varepsilon_{it} \quad (4-11)$$

根据数据的可取得性，本节选取了2011～2017年高技术服务业上市公司为研究样本，剔除了相关财务指标缺失的公司，数据来源于万得（WIND）数据库，筛选后共获取1306个样本数据。

（三）实证过程及结果分析

借助Stata软件构建Tobit模型对高技术服务业上市公司效率影响因素进行描述性统计、回归分析以及稳健性检验。

1. 相关性分析与描述性统计

表4-48列明的是各相关变量的相关性分析系数，从表中可见，综合技术效率与除现金营运指数、GDP增长率外的影响因素均相关性显著；与其余解释变量均在1%的水平上正相关，大部分变量的相关系数大于0.10。两两自变量之间的相关系数都很小，绝对值均小于0.4，基本不会产生多重共线性的问题，因此模型符合Tobit回归分析的前提条件。

表4-48　　相关系数矩阵

	CRSTE	EM	EPS	TAT	INSP	R&DT	BAP	CFR	GDPG	SIZE
CRSTE	1									
EM	0.098 ***	1								
EPS	0.199 ***	-0.169 ***	1							
TAT	0.250 ***	0.304 ***	0.147 ***	1						
INSP	0.203 ***	0.221 ***	-0.070 **	0.139 ***	1					
R&DT	0.163 ***	-0.140 ***	0.106 ***	0.129 ***	0.041	1				
BAP	0.138 ***	-0.107 ***	0.156 ***	0.027	-0.007	0.370 ***	1			
CFR	-0.010	-0.069 **	0.064 **	-0.077 ***	0.064 **	0.085 ***	0.039	1		
GDPG	0.026	-0.033	0.055 **	0.003	-0.021	-0.053 *	-0.126 ***	-0.0181	1	
SIZE	0.285 ***	0.268 ***	0.035	-0.024	0.225 ***	-0.103 ***	0.126 ***	0.030	-0.179 ***	1

注：*、**、***分别表示在10%、5%、1%置信水平上显著。

表4-49中列示了各变量间的描述性分析结果，从表中可以看出如下信息：效率（CRSTE）的均值为0.5340，标准差为0.2381，说明高技术服务业上市公司间效率较为稳定，同时存在较大的提升空间；权益乘数（EM）的均值为1.6073，这表明高技术服务业上市公司的债务资本与股权资本的比值平均水平在1.6073，资金主要来源于债务融资；每股收益（EPS）的均值为0.4140，标准差为0.4126，最小值为-0.4400，最大值为2.2500，说明高技术服务业上市公司盈利水平差别较大；总资产周转率（TAT）的均值为0.5463，标准差为0.3112，反映了企业总资产周转速度一般；机构投资者持股比例（INSP）的均值为0.2824，标准差为0.2100，最小值为0.0005，最大值为0.7855，说明高技术服务业企业间治理结构差别较大；研发支出占比（R&DT）均值为0.0393，标准差为0.0355，研发支出较为稳定；本科及以上学历员工占比（BAP）均值为0.5480，标准差为0.2514，最小值为0，最大值为0.9173，说明企业间员工水平差别较大，对行业总体而言，接近一半员工学历都在本科及以上；现金营运指数（CFR）均值为0.4934，标准差为1.1901，最小值为-4.2229，最大值为5.2936，说明企业间经营管理水平参差不齐；GDP增长率（GDPG）的均值为

0.1018，标准差为0.0284，说明宏观经济环境比较稳定；公司规模（SIZE）的均值为21.3824，最小值为18.9053，最大值为23.8902，说明公司实力较为均衡。

表4－49　　变量间描述性统计

变量	均值	标准差	最小值	中位数	最大值
CRSTE	0.5340	0.2381	0.1430	0.4850	1.0000
EM	1.6073	0.6165	1.0410	1.4068	4.4595
EPS	0.4140	0.4126	-0.4400	0.3400	2.2500
TAT	0.5463	0.3112	0.1319	0.4912	1.9569
INSP	0.2824	0.2100	0.0005	0.2486	0.7855
R&DT	0.0393	0.0355	0.0000	0.0299	0.2144
BAP	0.5480	0.2514	0.0000	0.6047	0.9173
CFR	0.4934	1.1901	-4.2229	0.6078	5.2936
GDPG	0.1018	0.0284	0.0105	0.0982	0.2025
SIZE	21.3824	0.9669	18.9053	21.2984	23.8902

2. 多元回归分析

多元回归分析的结果如表4－50所示。从模型整体结果看，除权益乘数、机构投资者持股比例、GDP增长率以外，其余变量均在不同置信水平上显著，即这些因素是能够显著影响上市公司效率水平的。其中，除现金营运指数与效率之间呈负相关关系外，其余变量均能够提高公司的效率。从各系数值来看，研发投入与GDP增长率对公司效率影响最大。

为了证实上述主要结论的可靠性，同时进行了稳健性检验，将被解释变量综合技术效率（CRSTE）替换为规模效率（SCRLE）进行上述回归，回归结果如表4－50所示，结果表明将规模效率代入后，除权益乘数、本科及以上员工占比、现金营运指数与原模型回归系数显著性不同外，其余结论大部分与原模型相符，基本验证了前面得出的结论。

表 4-50　　回归结果

变量	CRSTE	SCRLE
C	-1.502*** (-7.45)	-1.843*** (-9.06)
EM	-0.008 (-0.76)	-0.023** (-2.05)
EPS	0.107*** (6.18)	0.093*** (5.36)
TAT	0.191*** (8.90)	0.220*** (10.05)
INSP	0.009 (0.29)	0.000 (0.02)
R&DT	0.896*** (4.50)	0.958*** (4.76)
BAP	0.067** (2.44)	0.043 (1.56)
CFR	-0.010* (-1.86)	-0.007 (-1.42)
GDPG	-0.360 (-1.21)	-0.126 (-0.42)
SIZE	0.086*** (10.42)	0.107*** (12.80)
年度效应	已控制	已控制
个体效应	已控制	已控制
N	1306	1306
Log likelihood	172.0859	185.3396

注：crste、scale 分别表示综合效率值、规模效率值；*、**、*** 分别表示在 10%、5%、1% 置信水平上显著。

（1）权益乘数对效率的影响。本节用权益乘数代表上市公司的资本结构，权益乘数与效率之间的相关系数为 -0.0085，但并不显著。权益乘数等于资产总额与股东权益总额的比值，反映了企业财务杠杆的大小，权益乘数的提升反映出企业杠杆运用能力的增强。但过高的权益乘数意味着负债率水平较高，企业所面临的财务风险也会相应增大，这易对生产经营活动产生负面影响，最终影响企业综合效率。

（2）每股收益对效率的影响。每股收益反映了企业的经营业绩和管理能力，在1%的置信水平上每股收益与效率相关性显著，且系数为0.107，说明企业普通股获利水平越高，经营业绩越好，其可用于投资的资金越多，效率越高。

（3）总资产周转率对效率的影响。总资产周转率也是衡量企业运营效率的一项重要指标，只是这项指标更偏重于销售质量，在1%的置信水平上总资产周转率与效率相关性显著，且系数为0.191，说明企业管理质量、销售能力和资产利用效率高，企业资产的收益能力越强，效率越高。

（4）机构投资者持股比例对效率的影响。机构投资者持股比例与效率之间的相关系数并不显著，这可能是由于该类企业大多处于成长阶段，企业管理层的积极性较高，机构投资者对管理层的监督作用体现得不够明显，因此对企业效率的影响不大。

（5）研发支出占比对效率的影响。研发支出占比与效率之间相关系数为0.896，且在1%的水平上显著，说明研发投入越多，企业的效率越高，这是因为高技术服务业作为新兴产业和技术性产业，研发投入的增加更容易提高企业的技术水平，促进了企业的技术创新能力，为企业核心能力的发展提供了充足的动力，能够为企业带来更高的经济效益，从而提高了其效率水平。

（6）本科及以上学历员工比重对效率的影响。学历在一定程度上能够反映出员工的工作能力，高学历的员工对新思想、新技术的接受力更强，更能够创造性地解决复杂问题，更有可能带来技术上的创新。实证结果表明，这两个变量在系数5%的置信水平上显著，且相关系数为正，这说明高学历人数越多，企业的效率越高。

（7）现金营运指数对效率的影响。现金营运指数与效率之间的相关系数为-0.0095，且在10%水平上显著。现金营运指数反映企业现金回收质量，能够度量企业现金风险的大小。本书中的高技术服务业样本企业现金营运指数整体偏低，表明企业部分收益滞留于存货、应收账款等未变现项目中，企业仍需要投入更多资金去经营运作，而企业占用资金越多，机会成本越大，这不利于企业综合效率提升。

（8）GDP增长率对效率的影响。结果显示，GDP增长率与效率之间的系数

为 -0.3597，但并不显著。一方面因为宏观经济因素不可控；另一方面因为我国是一个 GDP 增长率高但人均 GDP 低的国家，经济体处在发展中阶段，高技术服务业的效率水平出现下降现象。

(9) 公司规模对效率的影响。两者在 1% 的水平上显著，且相关系数为 0.086，这是因为总资产反映了企业的规模，企业规模越大其在资金的运筹与运用方面更具优势，更容易吸引外来投资，企业的效率水平越高。

通过对各变量系数绝对值的大小进行排序，各影响因素对高技术服务业效率影响的排序由大到小依次是：研发支出占比、GDP 增长率、总资产周转率、每股收益、公司规模、本科及以上学历占比、现金营运指数、机构投资者持股比例、权益乘数。可见，除了宏观经济环境等不可控因素外，企业自身要想提高效率水平，需要加大对技术研发的投入，同时提高自身经营与内部管理能力。

由于各自变量对综合效率值或规模效率值的影响都可能具有滞延性，将原模型中的各自变量采用滞后一期值代入回归，有助于减少模型可能存在的内生性问题，结果如表 4-51 所示。

表 4-51　　滞后一期回归结果

变量	CRSTE	SCRLE
C	-1.456*** (-5.79)	-1.877*** (-7.32)
EM	0.003 (0.24)	0.000 (0.01)
EPS	0.072*** (3.38)	0.080*** (3.66)
TAT	0.146*** (5.91)	0.165*** (6.54)
INSP	0.036 (0.98)	0.015 (0.40)
R&DT	1.112*** (4.79)	1.048*** (4.42)
BAP	0.024 (0.76)	0.014 (0.42)

续表

变量	CRSTE	SCRLE
CFR	0.009 (1.42)	0.015 ** (2.36)
GDPG	-0.522 (-1.48)	-0.469 (-1.31)
SIZE	0.075 *** (7.36)	0.097 *** (9.28)
年度效应	已控制	已控制
个体效应	已控制	已控制
N	1009	1009
Log likelihood	118.0709	115.9586

注：crste、scale 分别表示综合效率值、规模效率值；** 、*** 分别表示在 5%、1% 置信水平上显著。

从表 4-51 中可以看出，除了权益乘数、现金营运指数的回归系数方向与原来结果相反外，其余变量对综合效率值或规模效率值的影响基本与前面一致，研究的主要结论依然成立。

(四) 研究结论

本部分运用 Tobit 模型对影响高技术服务业上市公司效率的影响因素进行了研究，结果发现，在宏观经济稳定发展的背景下，我国高技术服务业效率整体水平并不高，影响因素中研发支出占比是最重要的关键影响因素，其投入强度越大，高技术服务业的发展效率越高，因此公司应该更加关注对技术创新的投入以及高技术人才的培养。同时，高技术服务业效率还与总资产周转率、每股收益、公司规模等自身运营状况有关，资产运转速度快、经营效益好、公司规模大多能够提高公司的效率水平。因此，提高企业的治理水平、强化资金使用情况管理，对提升我国高技术服务业上市公司效率是非常重要的。由于现金营运指数对效率有消极影响，因此企业要适当注重现金回收质量，以此提高企业的效率水平。只有注重技术的研发创新与企业经营业务的发展，才能够提高企业的效率水平，实现产业的可持续健康发展。

第五章

代表性高技术服务业上市公司融资效率评价与影响因素分析研究

——以软件和信息技术服务业为例

资金是企业生产经营活动中的必要生产要素，是企业的血液，企业能否拥有稳定的资金来源和多元化的融资渠道，在很大程度上决定着其生存和发展。

软件和信息技术服务业是典型的高技术服务业。剖析软件和信息技术服务业的融资现状，分析其融资效率，探索影响融资效率的因素，不仅有利于企业了解所处整个行业的融资状况，做出更加合理的融资决策，提高自身的融资效率，而且有利于国家财政支持政策的制定。本章基于融资视角针对软件和信息技术服务业上市公司的效率评价与影响因素问题进行详细的深入研究。

第一节 软件和信息技术服务业发展现状分析

软件和信息技术服务业的发展水平，直接影响着我国国民经济发展的速度和质量。在如今日新月异的国际大环境下，“中国制造 2025”“一带一路”“互联网 +”行动计划、大数据等都是国家提供的发展平台，抓住机遇，挑战自我，尽快形成具有国际竞争力的产业生态体系是国家对软件和信息技术服务业发展的新要求。

经济增长方式的转型正在逐渐深入贯彻实施，企业投入产出效率的提升既是客观需求，也是必然趋势。软件和信息技术服务业上市公司若想获得持续生存和长足发展，一方面离不开国家政策的支持；另一方面必须从自身出发，紧扣市场需求，不断提升效率水平。

此节数据来源于《中国统计年鉴》和万得数据库。由于2012~2017年采用的是《国民经济行业分类》国标（GB/T 4754—2011），前一阶段采用的是《国民经济行业分类》国标（GB/T 4754—2002）。两个分类标准之间存在差异，2011版标准在原标准基础上有所调整。另外，2006年颁布了新的会计准则，因此本书选定软件和信息技术服务业的现状研究区间为2007~2017年。其中，当指标在2012年前后有变动的情况下，将发展现状划分为两个阶段分别描述，两个阶段以2012年为划分点，一个阶段是2007~2011年，另一阶段为2012~2017年。

一、基于行业层面的软件和信息技术服务业发展现状分析

当研究年限跨度较长时，由于行业标准的改变和中国统计年鉴的变更，数据很难统一，因此划分成两个阶段分别分析。

第一阶段2003~2011年数据如表5-1所示，统计年鉴中将其命名为信息传输、计算机服务和软件业。分析表中数据可以发现：首先，国有单位从业人员数总体呈下降趋势，2008年后略有回升，但直至2011年也只是恢复到670002人，比2003年从业人员数720000人少了近乎5万人；相比国有单位从业人数的不断减少，其他单位从业人员数一直呈上升趋势，从2003年的430115人，增加至2011年的1445000人，8年的时间内增加从业人员数100万人；查阅软件和信息技术服务业上市公司的公司属性容易发现，截至2011年更改自己公司属性的企业并不多，例如，茂业通信从民营企业变更为外资企业；高升控股从地方国有企业变更为外资企业。此外，最为关键的是新上市公司几乎全为民营企业，此为其他单位从业人员数持续大量增长的主要原因。其次，固定资产投资额的整体变化趋势呈波浪形，在2009年达到峰值，之后又有所回落；而投资占全社会投资比重也一直在下降，从3%降至0.7%，投资可能存在不足，若想进一步提高行业实力，扩大产业规模，需要进一步增加软件行业的投资额。最后，对外直接投资净额一直呈增长趋势，2011年的数额达到77000万美元，增长幅度较大；登记外商投资企业投资额和实际外商直接投资额也同样一直在增加，只是登记投资额远比实际投资额大。

表 5－1　　2003～2011 年信息传输、计算机服务和软件业发展指标

年份	国有单位从业人员数（人）	其他单位从业人员数（人）	固定资产投资额（万元）	投资占全社会投资比重（%）	对外直接投资净额（万美元）	登记外商投资企业投资额（万美元）	实际外商直接投资额（万美元）
2003	720000	430115	16607000	3	883	—	—
2004	741163	483437	16577000	2.4	3050	2220300	91609
2005	658480	628303	15818000	1.8	1479	2978600	101454
2006	656000	715000	18759000	1.7	4802	3488400	107049
2007	625311	868000	18481000	1.3	30384	5997025	148524
2008	630176	957087	21626000	1.3	29875	7002321	277479
2009	646000	1081000	25890000	1.2	27813	10247268	224694
2010	625103	1223000	24545000	0.9	50612	10631283	248667
2011	670002	1445000	21744500	0.7	77646	—	269918

资料来源：《中国统计年鉴》和《中国第三产业统计年鉴》。

第二阶段 2012～2017 年软件和信息技术服务业主要经济指标如表 5－2 所示。可以看出，我国软件和信息技术服务业的收入额和出口额逐年增加，不管是从整体还是分板块来看一直保持增长趋势，发展态势较好。

表 5－2　　2012～2017 年软件和信息技术服务业主要经济指标

年份	软件业务收入（亿元）				软件业务出口（亿美元）
	软件产品收入	信息技术服务收入	嵌入式系统软件收入	合计	
2012	7857.24186	12944.89592	3991.61457	24793.75235	394.238
2013	9876.83806	16030.5341	4680.10215	30587.47431	469.1377
2014	12198.49617	18711.09005	6116.83352	37026.41973	486.70578
2015	13656.14319	22210.95139	6980.8213	42847.91588	494.87025
2016	15027.82524	26090.42325	7113.97501	48232.2235	499.46077
2017	16983.57247	30603.70904	7515.83715	55103.11866	541.16433

资料来源：《中国第三产业统计年鉴》。

二、基于企业层面的软件和信息技术服务业发展现状分析

截至 2017 年 12 月 31 日，软件和信息技术服务业的上市公司已达到 176 家。

其中，主板上市的共有72家：深交所上市（股票代码以00开头）的有39家；沪交所上市（股票代码以60开头）的有33家；创业板上市（股票代码以30开头）的有104家。显而易见，软件和信息技术服务业上市公司更偏向于在创业板上市。一方面，因为公司自身属于技术型企业，注重创新能力，与其他产业有显著区别。具体体现在其知识技术密集，发展空间大，但没有雄厚的资金支持，尤其是在成立初期，企业的资金来源更是一大难题。另一方面，由于创业板具有特殊性，创业板在我国资本市场中占据着重要地位，是主板的必要补充，两者相辅相成，缺一不可。创业板对公司的上市要求更为宽松，门槛更低，是专为目前无法在主板上市的科技型、成长型等企业提供发展机会的平台，是软件和信息技术服务业公司上市的首选。

软件和信息技术服务业上市公司的上市时间如表5－3所示。公司最早的上市时间为1990年，其后十几年内，每年上市的公司数量皆为个位数，有些年份甚至没有公司上市，一直到2008年总计上市公司才39家，数目较少。此外还发现，2008年及以前上市的公司都是在主板上市。2009年上市公司的数量明显增加，此后几年上市的公司数目基本一致，上升势头保持平稳，只在2011年、2016年和2017年新上市公司数量突破20家，此外，新上市公司以在创业板上市为主。这一现象与2009年中国创业板正式上市相呼应。

表5－3　　软件和信息技术服务业上市公司上市时间统计

年份	1990	1994	1996	1997	1999	2000	2001	2002	2003	2004	2006
数量	2	3	7	2	1	3	2	2	4	1	3
年份	2007	2008	2009	2010	2011	2012	2014	2015	2016	2017	总计
数量	4	5	11	18	22	17	12	12	21	24	176

资料来源：WIND数据库。

软件和信息技术服务业上市公司的地理分布如图5－1所示。北京所占比例最高为26%，其次分别是广东占22%，上海占16%，福建和浙江同占7%，四川占4%和江苏占3%。其中，大部分省份都位处于东部沿海地区，北京更是政治中心，不管是经济水平还是发展水平都处于全国领先地位。而位于四川的上市公司通过进一步调查发现：四川的所有软件和信息技术服务业上市公司都位于成都市。不仅是四川有这一现象，对其他省份细究同样发现，软件和信息技术服务业上市公司地理分布集中在“中国软件名城”，如表 5 - 4 所示。

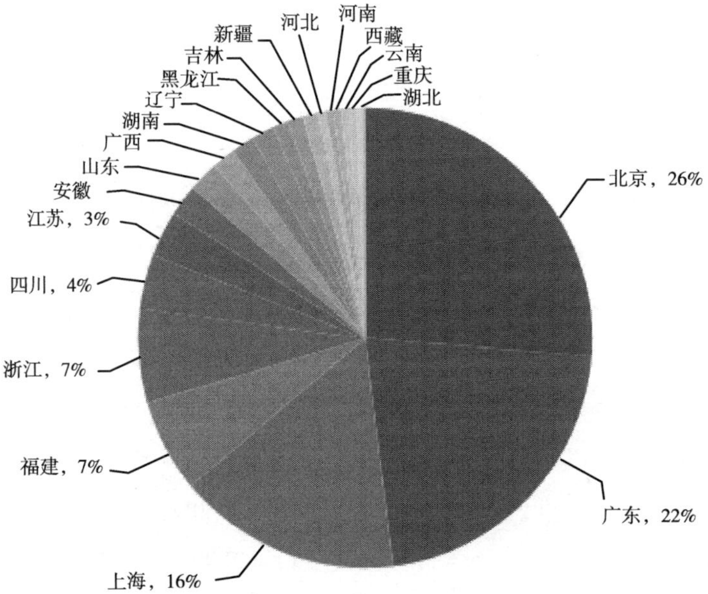

图 5 - 1 上市公司所处省区市分布

资料来源：WIND 数据库。

表 5 - 4 中国软件名城分布情况

序号	城市	授予时间
1	南京	2010 年 09 月
2	济南	2011 年 11 月
3	成都	2012 年 02 月
4	广州	2012 年 11 月
5	深圳	2012 年 11 月
6	上海	2013 年 04 月
7	北京	2013 年 05 月
8	杭州	2014 年 04 月

资料来源：笔者整理。

三、软件和信息技术服务业上市公司融资现状分析

按不同的划分标准可分别将融资方式分为两大类。最为常见的划分标准有三种：第一种，按企业筹集资金的获取方向不同，分为内源融资和外源融资；第二种，按企业获取资金的途径不同，分为直接融资和间接融资；第三种，按融资形成的资金产权关系不同，分为股权融资和债权融资。这六种融资方式的优缺点如表5－5所示。

表5－5　　　　融资方式的优缺点

划分标准	融资方式	优点	缺点
资金获取方向	内源融资	融资成本小； 风险低；自主性高	融资数量有限； 受自身发展局限
	外源融资	高效便捷	风险较高； 融资成本相对较高
是否通过金融机构融资	直接融资	直接性； 融资成本低	风险较高； 限制条件较多
	间接融资	风险较低； 稳定性好	融资成本相对较高
融资中形成的资金产权关系	股权融资	融资成本低； 长期性；降低经营风险	分散控制权
	债权融资	可发挥 财务杠杆的作用	融资成本高； 风险相对较高

资料来源：笔者整理。

内源融资的融资方式为企业将经营活动产生的自有资金转化为投资，通常由留存收益和折旧构成；外源融资的融资方式包括银行贷款、发行股票、企业债券、商业信用和融资租赁等。直接融资的融资方式包括企业发行股票和债券、企业之间或个人之间的直接借贷等；间接融资的融资方式包括银行信贷、非银行金融机构信贷、委托贷款、融资租赁、项目融资贷款等。股权融资的融资方式主要包括股票融资；债权融资的融资方式包括银行贷款、发行债券、应

付票据、应付账款等。

(一) 行业融资现状的总体分析

考虑研究对象软件和信息技术服务业上市公司数据的可得性，同时，为了尽量保持所刻画融资结构的完整性，选取以下几个融资形式：内源融资选用留存收益、固定资产折旧来衡量；外源融资选用短期借款、长期借款、应付账款来衡量负债融资；股本、资本公积来衡量股权融资。选取 2007～2017 年 11 年数据，共 1641 条数据，运用软件 SPSS 进行数据处理和分析，按每个指标分别统计，其中缺失值在分析中自动剔除。软件和信息技术服务业上市公司融资指标的描述性统计如表 5－6 所示。

表 5－6　　软件和信息技术服务业上市公司融资指标统计描述

融资方式	最小值（万元）	最大值（万元）	平均值（万元）	标准偏差（万元）	偏度	峰度	统计
留存收益	－222037.7	1115736.82	32104.36	63465.65	6.15	71.56	1641
固定资产折旧	0.23	46282.05	1417.60	2553.87	7.09	85.16	1564
短期借款	2.72	345000.00	19593.46	34018.20	4.48	27.91	837
长期借款	16.73	196855.45	12979.05	22544.81	3.77	19.50	402
应付账款	0.00	1223599.11	16830.51	46040.36	14.38	319.34	1622
股本	110.14	420197.06	28512.15	38170.37	3.32	17.04	1641
资本公积金	－13732.68	525403.66	43277.30	64635.47	3.03	11.55	1578

资料来源：WIND 数据库。

从表 5－6 中可见，7 个指标最小值和最大值相差甚远，标准偏差的数值也很大；所有指标的偏度值都大于 0，处于 3～15，说明数据存在明显正偏（即右偏）形态；峰度值也全部显著大于 0，即数据的分布形态较正态分布更为陡峭呈尖峰分布，说明各上市公司融资数据之间差异非常显著，融资水平高低不同且存在融资异常现象。融资指标平均值的变化趋势如图 5－2 所示。

首先，分析内源融资的留存收益、固定资产折旧两个指标的具体情况，由于固定资产折旧的数量级与留存收益不同，单独的图表才能显示出其各自的变化趋

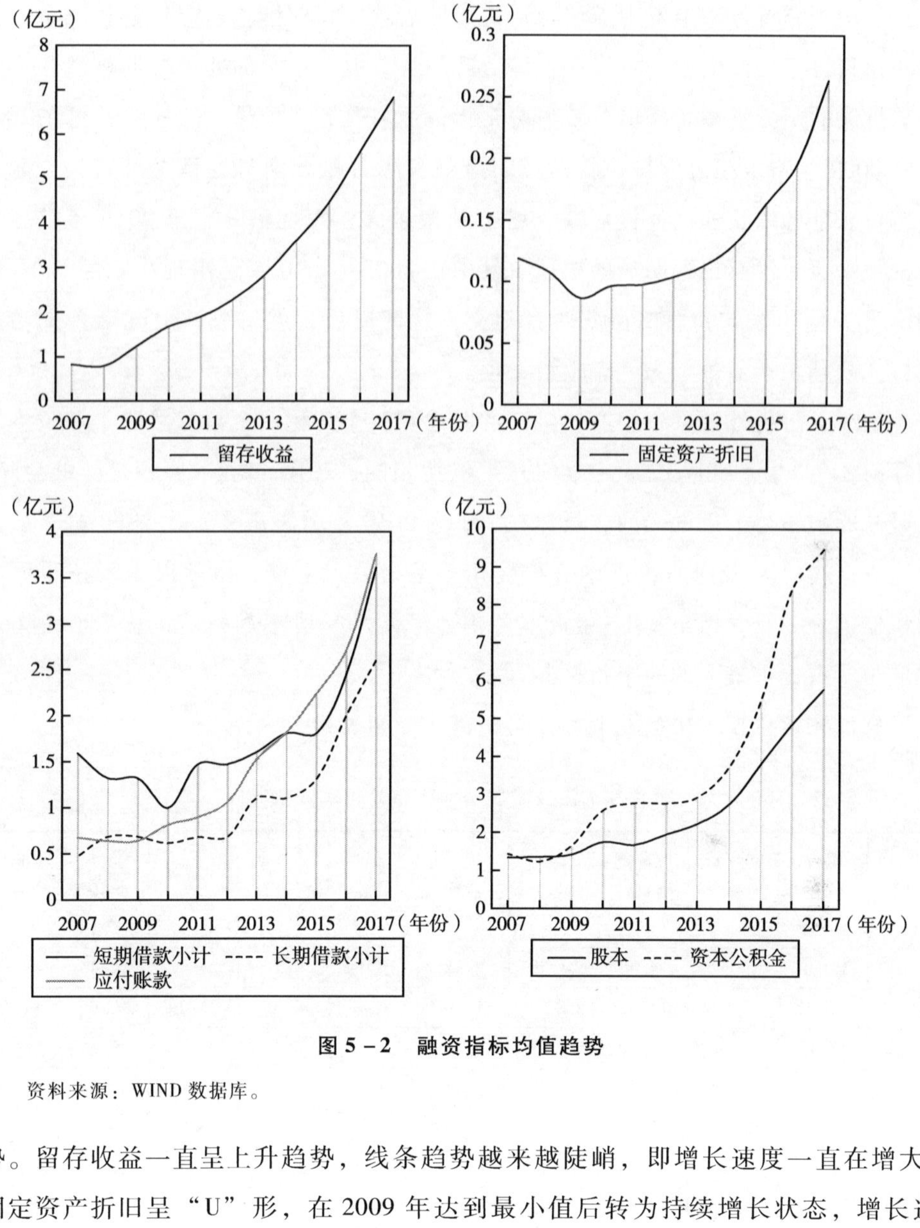

图 5－2　融资指标均值趋势

资料来源：WIND 数据库。

势。留存收益一直呈上升趋势，线条趋势越来越陡峭，即增长速度一直在增大；固定资产折旧呈“U”形，在 2009 年达到最小值后转为持续增长状态，增长速度同样也呈上升趋势，且 2017 年的增速明显高于前一时期的增速；这意味着上市公司不断扩大留存收益和固定资产折旧，一方面说明公司的盈利能力在显著提高，可留存供自身发展的资金也越来越丰厚；另一方面说明公司设备等硬件实力得到不断充实。

其次，分析外源融资中负债融资的短期借款、长期借款、应付账款三个指标的变化趋势。长期借款的折线一直呈上升趋势，但几乎全部处于短期借款和应付账款折线的下方，即长期借款较另两个指标而言是三者中最小的一个，只在2008年和2009年略微超过应付账款；短期借款和应付账款同时也呈上升趋势，尤其是应付账款的增长速度先慢后快，增幅越来越大；短期借款直至2015年整体趋势都很平缓，没有出现明显的增加，其中在2007~2010年还出现小幅度的下降；2014年，应付账款和短期借款两者相交，从此以后，应付账款上升至短期借款上方，超越短期借款成为三者中最大项。

最后，分析外源融资中股权融资的股本和资本公积两个指标。股本和资本公积在前3年，折线相互交织，数值几乎保持相同；2010年资本公积金陡然急增，打破与股本不分上下的局面，虽然在2011~2013年增速几乎为0，但仍处于股本线上方；2014年及以后，资本公积金几乎呈指数式上涨，虽然股本增速也同时加快但仍是不及，截至2017年资本公积数额几乎是股本的一倍，意味着资本公积成为所占比重最大的一个指标。

软件和信息技术服务业上市公司融资状况如表5-7所示。

表5-7　　软件和信息技术服务业上市公司融资状况

年份	留存收益(%)	固定资产折旧(%)	内源融资合计(%)	短期借款(%)	长期借款(%)	应付账款(%)	债务融资合计(%)	股本(%)	资本公积金(%)	股权融资合计(%)
2007	12.46	1.84	14.30	24.59	7.32	10.44	42.35	20.92	22.43	43.35
2008	12.62	1.75	14.37	21.52	11.16	10.40	43.08	22.29	20.26	42.55
2009	17.17	1.24	18.40	18.81	9.7	9.14	37.70	20.35	23.55	43.90
2010	19.41	1.13	20.55	11.70	7.21	9.55	28.46	20.61	30.38	50.99
2011	19.72	1.03	20.75	15.53	7.18	9.44	32.15	17.77	29.32	47.09
2012	21.85	1.01	22.85	14.29	6.61	10.27	31.17	19.04	26.93	45.98
2013	22.70	0.92	23.62	13.03	8.97	12.40	34.40	18.16	23.83	41.98
2014	23.97	0.88	24.85	12.11	7.39	12.15	31.65	18.43	25.07	43.50
2015	22.99	0.85	23.84	9.3	6.82	11.61	27.82	19.86	28.48	48.34
2016	21.37	0.74	22.11	9.31	7.62	10.33	27.27	18.52	32.10	50.62
2017	21.04	0.82	21.86	11.18	8.04	11.64	30.86	17.93	29.36	47.29

资料来源：WIND数据库。

以 2017 年为代表，7 个指标所占比例从大到小分别为：资本公积金（29.63%）、留存收益（21.04%）、股本（17.93%）、应付账款（11.64%）、短期借款（11.18%）、长期借款（8.04%）、固定资产折旧（0.82%）；总体来看，只有内源融资中留存收益和资本公积金有大幅度增加，留存收益增加了将近 10 个百分点，资本公积金增加了 7 个百分点；而短期借款减少了 13 个百分点；其他指标的波动幅度都很小，几乎保持不变。三种融资方式的比例折线图如图 5－3 所示。

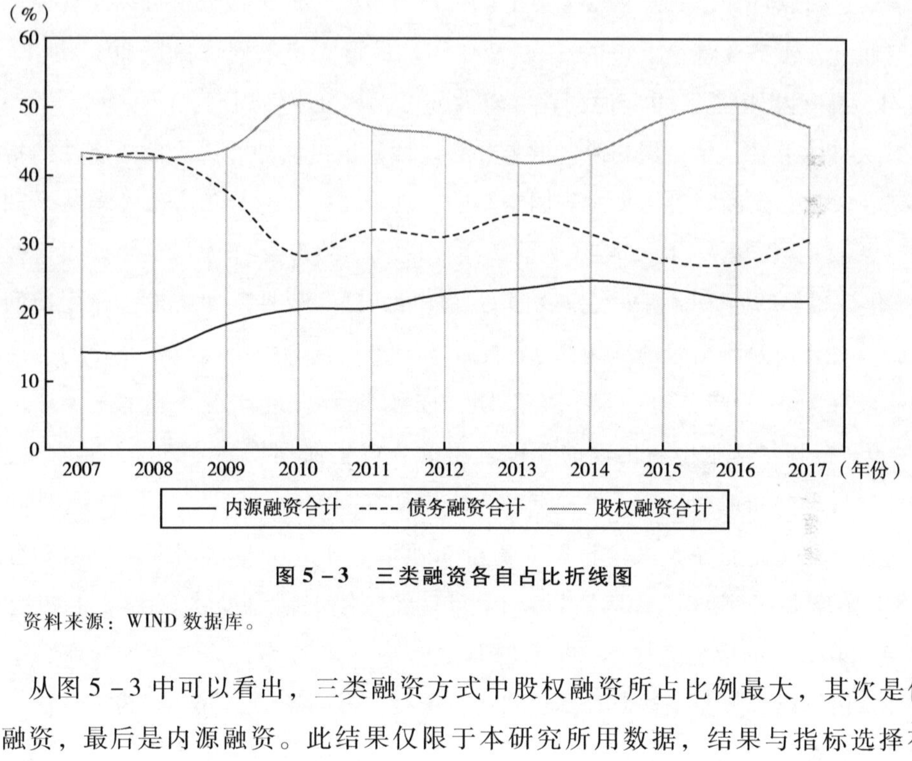

图 5－3 三类融资各自占比折线图

资料来源：WIND 数据库。

从图 5－3 中可以看出，三类融资方式中股权融资所占比例最大，其次是债务融资，最后是内源融资。此结果仅限于本研究所用数据，结果与指标选择有关。股权融资的折线在小范围内起伏，一直处于 43%～51% 范围内上下波动，没有明显的变化；债务融资则大致呈下降趋势，在 2008～2010 年有明显的下降，其后同样在小范围内上下波动，所占比例维持在 30% 左右；股权融资和债务融资的变化趋势正好相反。内源融资虽然所占比例最小，但大致呈上升趋势，增幅在 7% 左右，意味着公司的盈利能力在不断增强，收益显著增加。

综合以上分析可知，我国软件和信息技术服务业上市公司经过 11 年的发展，目前的融资顺序为：股权融资的资本公积金、内源融资的留存收益、债务融资。这符合我国上市公司偏好股权融资的特征。另外，债务融资的比例在下降，而内源融资的比例却在上升，在盈利状况允许的情况下，上市公司愿意提高内源融资的比重。

（二）基于生命周期理论的融资现状分析

1. 公司生命周期的具体划分

通过对软件和信息技术服务业上市公司上市时间的统计分析可以发现公司上市时间参差不齐，最早上市的是在1990年，最迟上市的则可截至2017年12月31日，首尾相距将近30年时间跨度较大，可以划分生命周期。

从总体上看，生命周期阶段的划分有定性和定量两种方法。鉴于定性的指标难以获取且在判断时容易受主观因素影响，现采用定量划分的方法。范从来和袁静（2002）以1987~1993年作为前7年，1994~2000年作为后7年，以这两个7年作为相邻的两个时期来观察我国上市公司所处产业性质即所处生命周期的不同阶段对公司并购绩效的影响[①]。王杰芳（2009）认为中小高技术企业的生命周期一般分为种子期、初创期、扩张期、成熟期和衰退期五个阶段[②]。曹裕等（2009）分析了文献中已出现的3种常用的企业生命周期划分方法：管理熵法、产业增长率法和现金流法，发现三种方法均具有一定的适用性，其中产业增长率法选取企业主营业务收入增长率来衡量企业增长率作为生命周期阶段的划分标准[③]。秦瑜和王宗水（2017）以我国114家软件与信息技术服务业上市公司2010~2015年的数据为样本，同样选取营业收入增长率代表企业增长率，采用产业经济学增长率分类法对样本公司进行所处生命周期的划分，因为该方法考虑了行业特征[④]。

---

① 范从来，袁静．成长性、成熟性和衰退性产业上市公司并购绩效的实证分析［J］．中国工业经济，2002（8）：65－72.

② 王杰芳．中小高技术企业融资渠道优化路径选择［J］．科技管理研究，2009（10）：177－179.

③ 曹裕，陈晓红，王傅强．我国上市公司生命周期划分方法实证比较研究［J］．系统管理学报，2010（3）：313－322.

④ 秦瑜，王宗水．软件与信息技术服务业上市公司生命周期研发投人及影响因素研究［J］．数学的实践与认识，2017（8）：82－92.

参照上述学者的方法并结合研究对象的特点，选用产业经济学增长率分类法将我国软件与信息技术服务业的生命周期划分为成长期、成熟期、衰退期三个时期。默认初创期为上市之前所处的阶段，不将初创期作为研究对象。基于行业数据的可得性和研究对象自身上市时间的特点，选取主营业务收入增长率作为划分依据，以2008~2012年作为前一阶段，以2013~2017年作为相邻的后一阶段，其中有上市较晚且数据不足6年的上市公司单独做调整分析。该方法的主体思想是：分别将每个公司两个时间段的平均增长率和行业整体的平均增长率作对比。成长期：公司两个时期的增长率同时大于行业增长率或前一时期的增长率近似等于行业增长率而后一时期增长率远大于行业增长率；成熟期：公司前一时期的增长率大于行业增长率而后一时期增长率渐渐小于行业增长率；衰退期：公司两个时期的增长率同时小于行业增长率。软件和信息技术服务业上市公司生命周期划分具体情况如表5-8所示。

表5-8　　软件和信息技术服务业上市公司生命周期划分

数目	成长期	成熟期	衰退期
主板（深交所）	12	11	16
主板（沪交所）	7	7	19
创业板	35	36	33
合计	54	54	68

注：默认初创期为上市之前所处的阶段，不将初创期作为研究对象。

资料来源：WIND数据库。

从表5-8中可见，总计176家上市公司，处于成长期和成熟期公司的均是54家，处于衰退期的公司是68家。其中处于衰退期的公司中有33家是创业板上市公司，近几年新增的创业板公司占行业公司数目的比例较大，而创业板上市的公司更看中的是成长能力、中长期业绩、发展潜力等，这33家公司目前是处于“衰退期”，但也可能是处于实际意义上的“成长期”。总体看来，处于衰退期的上市公司数目较大，此结果可能与划分指标和划分方法的选取有关。

2. 基于生命周期理论的融资现状具体分析

生命周期理论是基于研究对象不同阶段拥有不同特征而提出的，即将研究对象区分不同发展阶段，分别研究其在各阶段有何区别与联系。现根据前述生命周期的划分标准，分别对处于不同阶段上市公司的融资状况进行分析，探索处于三个阶段上市公司融资状况之间的异同点。同样以2007~2017年的数据为分析样本，根据前述对上市公司总体融资状况的分析结果，剔除指标占比小于10%的固定资产折旧，删除缺失值，共得到成长期上市公司544条数据，成熟期上市公司504条数据，衰退期上市公司593条数据。软件和信息技术服务业成长期上市公司融资状况如表5-9和表5-10所示。

表5-9　软件和信息技术服务业成长期上市公司融资指标均值　单位：万元

年份	留存收益	短期借款	长期借款	应付账款	股本	资本公积金
2007	-48.45	18001.88	11958.40	3814.92	12932.31	14718.12
2008	-4081.45	14548.47	10360.26	3247.72	11982.92	10778.96
2009	1229.68	5585.30	4083.28	3735.41	11985.52	15257.03
2010	4191.26	6244.77	4172.30	4982.91	14665.30	23152.10
2011	8476.88	8751.57	4991.18	6932.94	16915.28	27154.26
2012	12033.54	7886.81	4129.64	8757.89	19441.04	28851.22
2013	17845.97	13384.19	10336.00	18971.15	24310.71	34959.89
2014	28223.95	15020.24	16982.77	23345.21	29979.00	47389.89
2015	41506.74	16979.65	15275.07	30059.53	48537.99	77191.93
2016	60902.35	26889.81	30684.67	38826.93	68758.84	151122.48
2017	90375.38	37859.26	34524.30	67462.77	87043.05	166013.09
总体	25865.00	17577.96	16943.30	20806.31	33207.93	58759.76

资料来源：WIND数据库。

总体来看，成长期上市公司的融资偏好顺序为：股权融资的股本和资本公积，其次是内源融资的留存收益，最后是债务融资，债务融资中稍微偏向于应付账款。当然，也可以发现融资指标的比例不是一成不变的，而是持续变化的。变化最为明显的是留存收益，在2007年均值是-48.45万元，2008年达到最小值-4081.45万元，留存收益是留用于企业发展的一部分净利润，其数值小于零，即处于成长期的公司在发展较早时期想要通过内部融资是难以实现的。查询成长期公司的净利润发现，2006年均值为-426.67万元，2007年均值为903.77万元，2008 年均值为 -2148.00 万元，2009～2017 年净利润均值转为正数且每年都在大幅增加。成长初期，公司的收益很低甚至为负，企业的经营效益较差，但经过 10 年的发展，留存收益增至 90375.38 万元，2017 年留存收益的比例（18.70%）超越股本，仅次于资本公积金所占比例位列第二。目前，内部融资所占比例越来越大，已成为公司融资的主要途径之一。

成长期公司融资指标中股本和资本公积金所占比例虽然一直在上下波动，但波动范围较小，两者一直处于遥遥领先的地位。股本和资本公积金的占比均值分别为 19.18% 和 33.93%，毫无疑问，不管是 2007 年还是 2017 年，股权融资都是成长期企业融资最主要的途径。而债务融资在 2007 年时占比很大且和股权融资所占比例相当，但经过 11 年的发展，短期借款和长期借款的所占比例分别降至 7.83% 和 7.14%，只有应付账款有所上升，但增加的比例远比另两个指标下降的比例要小，相比股权融资方式和内部融资方式，债务融资方式排名靠后。

表 5-10　软件和信息技术服务业成长期上市公司融资结构状况

年份	留存收益（%）	短期借款（%）	长期借款（%）	应付账款（%）	股本（%）	资本公积金（%）
2007	-0.08	29.33	19.48	6.22	21.07	23.98
2008	-8.71	31.06	22.12	6.93	25.58	23.01
2009	2.94	13.34	9.75	8.92	28.62	36.43
2010	7.30	10.88	7.27	8.68	25.55	40.33
2011	11.58	11.95	6.82	9.47	23.10	37.08
2012	14.84	9.72	5.09	10.80	23.97	35.57
2013	14.90	11.17	8.63	15.83	20.29	29.18
2014	17.54	9.33	10.55	14.51	18.63	29.45
2015	18.08	7.40	6.65	13.09	21.14	33.63
2016	16.15	7.13	8.14	10.29	18.23	40.07
2017	18.70	7.83	7.14	13.96	18.01	34.35
总体	14.94	10.15	9.78	12.02	19.18	33.93

资料来源：WIND 数据库。

软件和信息技术服务业成熟期上市公司融资状况如表 5 – 11 和表 5 – 12 所示。可以发现，成熟期公司的融资状况明显不同于成长期公司。第一，步入成熟期的上市公司明显不存在留存收益为负的现象，留存收益呈稳步上升趋势，所占比例也相对稳定，11 年的数值围绕均值 20.31% 上下波动，占比排名第三。第二，股权融资的股本和资本公积金所占比例虽然仍处于领先地位但是呈下降趋势，尤其是资本公积金的比例下降了 10 个百分点，下降幅度较大。第三，债务融资所占比例虽然仍是最小，但却一直呈增加态势且与另两者的差距明显缩小。其中，应付账款增加较少，长期借款增加了 6 个百分点，短期借款在 2017 年增至 16.56%，排名第四，与第三名只相差了 3.75%。总而言之，对于处于成熟期的公司而言，内部融资基本保持在原有水平，股权融资比例在减少，但依然是占比最大的融资方式，债务融资的地位则不断上升，三种融资方式彼此差距不大，明显没有“一家独大”的现象。

表 5 – 11　软件和信息技术服务业成熟期上市公司融资指标均值　单位：万元

年份	留存收益	短期借款	长期借款	应付账款	股本	资本公积金
2007	5257.31	2851.94	480.00	2293.85	7258.89	12038.22
2008	7022.50	2801.54	1785.63	2918.25	8432.92	8117.53
2009	10662.52	3186.25	5056.52	3572.41	10986.19	16530.01
2010	15240.94	6376.82	4674.49	4689.61	14989.10	32424.16
2011	21085.82	12258.44	3919.26	7338.84	18201.70	46600.26
2012	23346.42	16441.78	6504.51	8700.06	21376.57	40839.06
2013	27530.53	18666.36	8493.13	10845.96	24663.41	36258.75
2014	35092.39	21227.17	7807.56	13197.33	32394.60	41023.17
2015	39653.45	26909.78	6152.76	16129.19	42896.29	49132.46
2016	44179.98	29891.02	9973.44	18799.90	48837.03	53727.97
2017	48115.28	41271.09	18863.99	21181.33	56068.94	63761.86
总体	27745.37	20951.81	7868.76	11070.81	28622.83	40374.00

资料来源：WIND 数据库。

表 5－12　软件和信息技术服务业成熟期上市公司融资结构状况

年份	留存收益（%）	短期借款（%）	长期借款（%）	应付账款（%）	股本（%）	资本公积金（%）
2007	17.42	9.45	1.59	7.60	24.05	39.89
2008	22.60	9.01	5.75	9.39	27.13	26.12
2009	21.33	6.37	10.11	7.15	21.98	33.06
2010	19.44	8.13	5.96	5.98	19.12	41.36
2011	19.27	11.20	3.58	6.71	16.64	42.59
2012	19.92	14.03	5.55	7.42	18.24	34.84
2013	21.77	14.76	6.72	8.58	19.50	28.67
2014	23.28	14.08	5.18	8.75	21.49	27.21
2015	21.92	14.88	3.40	8.92	23.72	27.16
2016	21.51	14.55	4.86	9.15	23.78	26.16
2017	19.30	16.56	7.57	8.50	22.49	25.58
总体	20.31	15.33	5.76	8.10	20.95	29.55

资料来源：WIND 数据库。

软件和信息技术服务业衰退期上市公司融资状况如表 5－13 和表 5－14 所示。处于衰退期的上市公司，在 11 年的发展中，股本、短期借款和应付账款占比大致呈下降趋势；留存收益、长期借款和资本公积金占比大致呈上升趋势。但不管是指标的增加趋势还是下降趋势都不是严格的，拟合出的曲线也不是保持一个变化趋势静止不动而是上下波动的且无明显的变化规律，这是衰退期上市公司融资状况特有的表现。衰退期上市公司的融资顺序是：资本公积（23.17%）、留存收益（20.99%）、股本（17.72%）、短期借款（14.84%）、应付账款（13.33%），与成长期和成熟期公司相比，各种融资方式所占比例更为接近，差距相对更小，分布均匀。

表 5－13　软件和信息技术服务业衰退期上市公司融资指标均值　单位：万元

年份	留存收益	短期借款	长期借款	应付账款	股本	资本公积金
2007	12668.49	18788.02	3908.29	15628.32	21202.30	16666.28
2008	16391.54	20515.91	6334.65	15081.55	22636.41	18620.72
2009	19124.70	23250.90	6659.49	13506.98	21745.76	18579.82

续表

年份	留存收益	短期借款	长期借款	应付账款	股本	资本公积金
2010	23868.61	17211.58	10927.54	16715.14	24997.49	22225.64
2011	17570.48	23681.76	12304.63	11525.35	16060.01	16300.44
2012	21144.99	17612.72	11000.35	13480.60	18598.90	17376.68
2013	25366.47	16957.77	14782.23	16007.05	19051.09	19634.02
2014	29591.86	18631.47	17761.01	18145.03	21875.84	26946.27
2015	34959.69	19889.98	20862.09	21300.44	26542.43	41815.61
2016	43669.54	17133.20	17072.90	24444.64	32472.71	55547.97
2017	45148.22	29167.84	18239.66	26913.64	36268.07	62984.18
总体	28568.71	20200.76	13533.67	18147.64	24110.31	31538.05

资料来源：WIND 数据库。

表 5－14　　软件和信息技术服务业衰退期上市公司融资结构状况

年份	留存收益（%）	短期借款（%）	长期借款（%）	应付账款（%）	股本（%）	资本公积金（%）
2007	14.26	21.14	4.40	17.59	23.86	18.76
2008	16.46	20.60	6.36	15.15	22.73	18.70
2009	18.59	22.60	6.47	13.13	21.14	18.06
2010	20.59	14.84	9.42	14.42	21.56	19.17
2011	18.03	24.30	12.63	11.83	16.48	16.73
2012	21.31	17.75	11.09	13.59	18.75	17.51
2013	22.69	15.17	13.22	14.32	17.04	17.56
2014	22.26	14.01	13.36	13.65	16.45	20.27
2015	21.14	12.03	12.62	12.88	16.05	25.29
2016	22.94	9.00	8.97	12.84	17.06	29.18
2017	20.64	13.34	8.34	12.30	16.58	28.80
总体	20.99	14.84	9.94	13.33	17.72	23.17

资料来源：WIND 数据库。

所有公司三种融资方式即六个指标 11 年的占比均值趋势如图 5－4 所示。

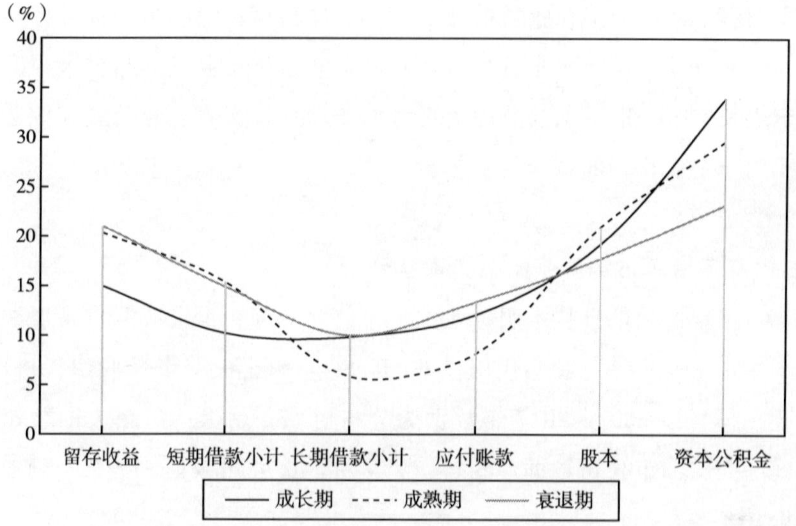

图 5-4 融资方式占比均值折线图

资料来源：WIND 数据库。

成长期公司短期负债所占比例最少，成熟期公司的长期借款占比最少，符合生命周期理论的发展规律。公司处于成长期时会偏向选择融资成本低的股权融资方式，以筹集更多的长期资金以供扩张规模；处于成熟期时则尽量减少负债融资，因为公司规模成型不需要大肆扩张且利润可观资金相对充沛；处于衰退期时则会为了避免支付长期借款需要支付的利息费用，更偏向于选择短期负债。三个时期的上市公司唯有股本这一指标数额相差无几，一般情况下，股本等于注册资本且除非特定情况不得随意变动。资本公积金是成长期公司占比例最高，成熟期次之，衰退期为最后。作为股权融资的一种重要融资方式，资本公积金的积累与公司的生产经营活动无关，是公司投入资本自身的涨跌，最为主要的来源是股本溢价。公司在成长期时快速发展，规模与效益的增加在此阶段时速度最快，公司价值迅速提升；处于成熟期时公司发展速度放缓，规模与效益的增长保持平稳；衰退期则会面临发展或转型等各种问题，相比成熟期收益会有所降低，企业面临新一轮的发展。

成长期企业的留存收益占比明显较低的可能原因有以下两点：第一，效益水平相对较低。企业处于成长期时规模往往不大，没有形成真正的核心优势。第二，从净利润中计提为留存收益的数额较小。净利润一般都是先弥补以前年度的亏损部分，之后才会用于股东分配或计提留存收益供企业发展与扩大再生产，而企业处于成长期时一般在利润分配上更倾向于增加投资者、经营者和职工的工资与奖励，用于企业积累的资金相对较少。

（三）基于资本市场体系的融资现状分析

将176家软件和信息技术服务业的上市公司分为：深交所上市（股票代码以00开头）、沪交所上市（股票代码以60开头）、创业板上市（股票代码以30开头）三类。同样以2007~2017年数据为分析对象，剔除严重缺失的公司数据后共计得到深交所上市公司数据406条、沪交所上市公司数据317条、创业板上市公司数据918条。

基于不同资本市场体系的软件和信息技术服务业上市公司融资结构数据汇总如表5-15所示。依据表中数据分别做三种板块上市公司各指标的占比折线图，发现所有指标的变化趋势都不是呈明显的上升或下降趋势，很难拟合出光滑的曲线，变化规律也不明显。此外，单从数值上来看，总体均值与2017年数据比较近似，在此阶段直接分析总体均值。

表5-15　　基于不同资本市场体系的软件和信息技术服务业上市公司融资结构

年份	上市板块	留存收益（%）	短期借款（%）	长期借款（%）	应付账款（%）	股本（%）	资本公积金（%）
2007	深交所	15.37	23.73	7.39	10.21	21.66	21.65
	沪交所	12.55	18.58	5.03	12.99	24.64	26.21
	创业板	25.40	8.57	13.16	10.37	31.47	11.03
2008	深交所	19.80	18.92	4.19	9.95	23.73	23.41
	沪交所	9.50	19.43	8.77	13.16	26.68	22.46
	创业板	26.41	7.62	10.58	13.89	31.56	9.95
2009	深交所	22.74	15.36	3.40	9.34	22.72	26.44
	沪交所	17.32	17.23	7.77	11.57	26.40	19.70
	创业板	21.36	3.92	5.45	9.43	18.52	41.32

续表

年份	上市板块	留存收益（%）	短期借款（%）	长期借款（%）	应付账款（%）	股本（%）	资本公积金（%）
2010	深交所	20.38	13.18	5.61	7.87	18.14	34.83
	沪交所	21.11	10.48	6.57	14.19	29.05	18.60
	创业板	19.41	5.80	6.26	6.79	16.12	45.62
2011	深交所	21.57	12.52	6.40	8.59	19.06	31.86
	沪交所	21.80	15.89	6.41	14.17	23.08	18.66
	创业板	19.82	9.71	4.55	7.24	14.51	44.18
2012	深交所	24.12	11.23	5.75	9.96	20.81	28.13
	沪交所	24.12	15.03	6.06	14.93	24.31	15.54
	创业板	21.84	8.54	4.00	7.72	16.03	41.87
2013	深交所	24.16	10.19	7.96	12.36	18.01	27.32
	沪交所	23.03	14.42	7.94	17.75	22.17	14.67
	创业板	23.77	12.24	6.39	8.55	16.60	32.44
2014	深交所	25.64	5.99	6.51	11.22	19.20	31.45
	沪交所	24.38	14.44	6.94	18.22	20.97	15.05
	创业板	24.05	15.20	4.85	8.72	17.07	30.11
2015	深交所	23.29	4.38	5.91	11.22	18.96	36.23
	沪交所	24.09	12.48	6.67	17.68	19.68	19.40
	创业板	22.88	11.06	6.94	8.18	21.50	29.45
2016	深交所	22.66	7.81	3.67	9.76	20.14	35.97
	沪交所	22.02	9.89	10.80	16.56	18.48	22.26
	创业板	20.37	9.97	9.42	7.34	17.66	35.24
2017	深交所	21.32	9.71	4.07	11.66	19.29	33.96
	沪交所	22.65	12.55	7.82	18.87	16.86	21.25
	创业板	20.15	11.53	11.76	7.60	17.80	31.16
总体	深交所	22.36	9.61	5.70	10.55	19.37	32.41
	沪交所	21.87	13.45	7.26	16.65	21.29	19.47
	创业板	19.86	13.02	10.97	7.35	16.62	32.18

资料来源：WIND 数据库。

由表 5－15 可发现，第一，深交所上市公司和创业板上市公司的融资顺序相同，融资顺序为：资本公积、留存收益、股本，甚至于资本公积所占比例也非常接近，分别为32.41%和32.18%。第二，计算深交所和创业板上市公司偏好的前三种融资方式占所有融资方式的比例，深交所上市公司达到74.14%，创业板上市公司达到68.66%，可见这三种方式是最主要的融资方式。第三，相比深交所上市公司偏好的三种融资方式比其他融资方式占比明显偏高，差距较大，创业板上市公司所有融资方式之间占比的差距更小，分布更均，只有应付账款这一个指标的占比小于10%，融资方式更为多样。而沪交所上市公司的融资顺序是：留存收益（21.87%）、股本（21.29%）、资本公积（19.47%）、应付账款（16.65%），明显不同于前两者。最为显著不同的是融资第一偏好是留存收益且与股本占比相差甚微。另外，融资方式之间的差距较创业板上市公司更小，分布更为均匀，融资方式多样。

第二节 软件和信息技术服务业上市公司融资效率评价

一、相关文献综述

融资可看作企业资金流转的起点，实现融资过程可有很多方式，每种方式各有优势，关键在于如何将不同的融资方式有效的组织和运用，评判这一过程好坏的标准就是融资效率。国内众多文献中皆认为曾康霖（1993）、肖兵（1999）等人是最早研究融资效率理论的学者。曾康霖（1993）详细地阐述了7个因素如何影响间接融资和直接融资的效率和成本，并对比分析对应影响因素下哪种融资方式的效率更高，但并未给出“融资效率”的具体概念[①]。宋文兵（1998）在阐述融资方式与融资效率、企业监控、金融风险防范三者关系时，表示融资效率包括交易效率和配置效率[②]。可以认为企业融资效率是指能够创造企业价值的融资能力，即企业在融资活动中所实现的功能和功效。

① 曾康霖. 怎样看待直接融资与间接融资［J］. 金融研究，1993（10）：7-11.

② 宋文兵. 关于融资方式需要澄清的几个问题［J］. 金融研究，1998（1）：35-37.

融资效率评价主要涉及评价指标体系的构建和评价方法的选择。在融资效率的评价方法上，学者们主要运用的方法有熵值法、模糊综合评价法、灰色关联分析法、SFA 随机前沿法和 DEA 数据包络分析法等。其中数据包络分析法为目前研究的主流方法。

刘力昌等（2004）运用 DEA 方法测算我国 1998 年在沪交所上市公司的股权融资效率，研究结果表明，我国上市公司股权融资效率值总体较低①。杨宜（2009）使用 DEA 模型评价北京高科技中小企业的融资效率，探讨了企业规模和融资效率之间的关系，融资效率值随企业规模的增长而增长，扩大企业规模是有效的②。初立苹（2013）运用三阶段 DEA 模型测算寿险公司的融资效率，第二阶段中所选的五个环境指标都对融资效率有较大的影响，因此调整后测算出的效率值普遍降低，均在 0.4 以下③。李芳和王超（2014）运用 DEA 模型评价了创新性中小企业的融资效率，投入指标选取融资成本、融资规模和偿债能力，产出指标选取营运能力、获利能力和发展能力④。王静（2014）选择三个投入、三个产出，运用 DEA－Malmquist 指数测算科技型中小企业的融资效率，结果表明，融资效率值整体呈下降趋势，达到效率有效的企业只是小部分，提升融资效率是势在必行的⑤。熊正德等（2014）运用两阶段关联网络 DEA 模型，选取债权融资总额和债权融资比例作为中间指标，打破传统“黑箱”测算，剖析内部运转过程⑥。王琼和耿成轩（2016）构建六阶段 Super－SBM 模型并结合 Malmquist 指数模型，对江苏省战略性新兴产业上市公司进行融资效率评价，调整后的最终融资效率变小，说明所选择的环境变量造成了融资效率值的高估，对公司的效率变动

① 刘力昌，冯根福，张道宏，等．基于 DEA 的上市公司股权融资效率评价［J］．系统工程，2004（1）：55－59.

② 杨宜．北京高科技中小企业融资效率研究［J］．科技管理研究，2009（10）：151－154.

③ 初立苹．我国寿险公司融资效率的测度及改进［J］．保险研究，2013（10）：19－31.

④ 李芳，王超．创新型中小企业融资效率评价体系构建［J］．统计与决策，2014（2）：172－175.

⑤ 王静．科技型中小企业融资效率评价指标体系构建探讨——基于 DEA－Malmquist 的视角［J］．财会通讯，2014（7）：17－19.

⑥ 熊正德，阳芳娟，万军．基于两阶段 DEA 模型的上市公司债权融资效率研究——以战略性新兴产业新能源汽车为例［J］．财经理论与实践，2014（5）：51－56.

存在显著的影响①。沈忱（2017）借助三阶段 DEA 模型研究了新三板上市公司融资效率，消除环境变量影响并调整投入值后测度得到第三阶段效率值②。

由于模糊综合评价法、灰色关联度分析法等传统的效率评价方法容易导致评价结果的非公正性。DEA 分析法的指标权重采取线性规划计算求得，不需要测算投入与产出之间的生产函数，因此该方法具有较强的客观性。

二、指标选取理论依据、指标确定与数据来源

（一）指标选取理论依据

现将融资效率相关文献的研究对象、投入指标、产出指标汇总整理如表 5－16 所示。

表 5－16　　投入产出指标汇总

作者	研究对象	投入指标	产出指标
刘力昌等（2004）③	上市公司	股权融资净总额、股权集中度、股票非流通性、资产负债率	资产收益率、主营业务收入增长率、托宾 Q 值
王家庭和张容（2009）④	文化产业	资产、从业人数	营业收入、增加值
田娟娟和李强（2015）⑤	战略性新兴产业	营业成本、外源融资、内源融资	营业收入、无形资产
张孟威（2017）⑥	科技型中小企业新三板	企业资产总额、主营业务收入成本、资产负债率	净资产收益率、总资产周转率

① 王琼，耿成轩．江苏省战略性新兴产业上市公司融资效率研究——基于 2009～2014 年面板数据［J］．华东经济管理，2016（7）：14－20.

② 沈忱．中小企业在新三板市场融资效率研究——基于三阶段 DEA 模型定向增发研究［J］．审计与经济研究，2017（3）：78－86.

③ 刘力昌，冯根福，张道宏，等．基于 DEA 的上市公司股权融资效率评价［J］．系统工程，2004（1）：55－59.

④ 王家庭，张容．基于三阶段 DEA 模型的中国 31 省市文化产业效率研究［J］．中国软科学，2009（9）：75－82.

⑤ 田娟娟，李强．战略性新兴产业融资的效率与风险研究［M］．大连：东北财经大学出版社，2015.

⑥ 张孟威．科技型中小企业挂牌新三板融资效率研究［D］．贵阳：贵州财经大学，2017.

续表

作者	研究对象	投入指标	产出指标
谢海琳（2017）①	新三板医疗器械行业	资产总额、资产负债率、营业成本	营业收入、净资产收益率
王维等（2017）②	新三板信息技术企业	资产负债率、主营业务成本、财务费用、职工薪酬	净资产收益率、总资产周转率、收入增长率、利润总额
李芳和王超（2014）③	创新型中小企业	资产负债率、流动比率、融资后现金流量净额增长率	总资产周转率、营业利润率、营业利润增长率
宋玉臣和李楠博（2014）④	创业板科技创新型企业	资产负债率、运营成本、IPO净额	净资产利润率、主营业务收入增长率、总资产利用率、托宾Q值、无形资产增长率营业收入
宋光辉等（2017）⑤	创新型中小企业	商业信用、内源融资、外源融资	营业收入
杨宜（2009）⑥	北京高科技中小企业	资产均值、负债均值、权益均值、资产负债率均值	总资产收益率、主营业业务收入
何丽娜（2016）⑦	科技创新型中小企业	总资产、营运成本（包括营业成本和管理费用）	营业收入、无形资产、净利润
修国义和李岱哲（2016）⑧	科技型中小企业新三板	资产总额、主营业务成本、资产负债率	净资产收益率、主营业务收入增长率、总资产周转率

资料来源：笔者整理。

企业融资的目的在于通过最低的资金成本获得最优的资本结构和资源配置。如果企业能够实现这一目标，则其融资行为或融资方式就是有效率的。企业融资

① 谢海琳．我国新三板医疗器械行业融资效率研究［D］．湘潭：湘潭大学，2017.

② 王维，桂嘉伟，乔朋华．多维视阈下信息技术企业融资效率比较研究［J］．科技进步与对策，2017（21）：141－146.

③ 李芳，王超．创新型中小企业融资效率评价体系构建［J］．统计与决策，2014（2）：172－175.

④ 宋玉臣，李楠博．科技创新型企业创业板上市融资效率研究［J］．财经理论与实践，2014（4）：38－42.

⑤ 宋光辉，李洪发，许林．基于两阶段DEA的科技型中小企业融资效率研究［J］．科技管理研究，2017（2）：191－195.

⑥ 杨宜．北京高科技中小企业融资效率研究［J］．科技管理研究，2009（10）：151－154.

⑦ 何丽娜．我国科技创新型中小企业融资效率研究——基于创业板上市公司的DEA分析［J］．金融理论与实践，2016（3）：61－65.

⑧ 修国义，李岱哲．科技型中小企业新三板融资效率测度研究［J］．科技进步与对策，2016（14）：124－128.

效率的理论研究可以追溯至 MM 定理（Modigliani and Miller，1958[①]），该理论认为，在不考虑公司所得税且企业经营风险相同而只有资本结构不同时，企业融资结构不会影响其市场价值。进一步放宽 MM 理论完全信息的假定，并考虑交易成本的存在，Myers（1984）提出融资优序理论，该理论认为，当企业存在融资需求时，一般会遵循内源融资、债务融资、股权融资的先后顺序[②]。究其原因，内源融资主要来源于企业内部现金流，无须与投资者签订契约或支付各种费用，因而是首选融资方式；其次是低风险债券，其信息不对称成本可以忽略；再次是高风险债券；股权融资信息约束最严格，可能导致企业价值被低估，最后不得已的情况下才会发行股票。

基于上述分析可见，不同融资模式的决策关乎企业获取资金的难易程度与资金使用效率，包括成本、风险等。因此，选取内源融资、外源融资两个指标作为投入要素，以反映企业获取与积累资金的能力，以及推断企业融资结构是否合理。软件和信息技术服务业上市公司融资效率的测度还应充分考虑其高技术性、高投入性和高风险性。结合表 5－16 所示学者的研究结论，选取无形资产、营业收入两个指标作为产出要素，以反映企业对融入资金的转化效率与经营效率。

（二）投入产出指标确定

投入指标包括内源融资和外源融资两个指标。

内源融资为留存收益和固定资产折旧之和，反映出企业积累资金的能力。通常对于发展初期的企业来说，内源融资是提供资本的重要渠道，对于规模较大的企业来说内源融资是企业资本运营的主要资源。

外源融资为长期借款、短期借款、应付账款、股本和资本公积五者之和，体现了企业从外部获得资金的能力。其中长期借款与短期借款属于企业的债权融资，股本和资本公积反映企业的股权融资规模。

---

① Modigliani F，Miller M H . American Economic Association The Cost of Capital，Corporation Finance and the Theory of Investment. 1958.

② Myers S C，Majluf N S. Corporate Financing and Investment Decisions when Firms have Information that Investors do not have [J]. Journal of Financial Economics，1984，13（2）：187－221.

产出指标包括无形资产和营业收入两个指标。

无形资产的多少是企业高技术性的重要体现，软件和信息技术服务业也不例外。技术创新决定了企业的发展潜力，它能够将投入要素进行重新组合从而创造出新的产出要素。无形资产的数量越多，代表企业拥有的技术价值越高。

营业收入是企业融入资金后经营效率的重要体现，能反映企业融资后的成长性。营业收入越高，说明企业的盈利性越强。

（三）数据来源与处理

本章的研究对象为软件和信息技术服务业上市公司，在对发展现状进行描述性分析时，选取截至 2017 年 12 月 31 日前上市的共计 176 家上市公司作为分析对象，而现阶段进行融资效率测算选用的方法是 DEA，此方法对数据有一定要求，因此会对 176 家上市公司进行筛选剔除，以保障分析结果的科学性。相关数据来源于万得（WIND）数据库，为了确保所有数值能够满足 DEA 运行要求，借鉴极值化方法对存在负值的指标进行无量纲化处理，确保所有数值均大于 0。

三、基于三阶段 DEA 模型的融资效率评价

依据 DEA 方法的运行要求，剔除 ST 和 * ST 的上市公司（* ST 信通、ST 慧球、ST 中安、* ST 工新、ST 运盛）；剔除指标异常的公司；删除数据缺失严重的公司，所有数据均来自万得数据库。运用软件 SPSS 对投入指标和产出指标做相关性分析，结果如表 5 - 17 所示。可以看出，所有的相关系数均为正数，且都在 0.01 水平上显著相关，符合 EDA 方法的测算要求，可以进行下一步的效率值测算。当相关系数大于 0.8 时表示两个变量之间的线性关系较强；当相关系数小于 0.3 时表示变量之间关系较弱。由表 5 - 17 可知，内源融资和营业收入的相关系数最高为 0.812，其余三个虽未达到 0.8，但都在 0.6 以上，说明内源融资和外源融资与无形资产和营业收入的相关性都较强。

表 5-17 相关性分析

指标	无形资产	营业收入
内源融资	0.647*** (0.000)	0.812*** (0.000)
外源融资	0.699*** (0.000)	0.795*** (0.000)

注：*** 表示在1%置信水平上显著。

(一) 传统 DEA 的效率评价

DEA 静态分析中两个经典模型 BCC 模型和 CCR 模型，其中 CCR 模型较 BCC 模型有个更为严苛的前提假设：产出的增加比例完全取决于（等于）投入增加的比例，而这一假设条件在现实的生产经营活动中是很难达成的，所以软件和信息技术服务业上市公司融资效率的静态评价选用投入导向的 BCC 模型。此外，鉴于研究对象的数量较小且年份跨度较大，若处理为平衡面板数据，研究对象的数量会急剧减少，因此数据是非平衡面板数据，按年份分别计算融资效率，11 年共计 1492 家。因为将进行年份间数据的比较分析，鉴于数据的可比性，按融资效率等级进行统计对比。融资效率值等级划分的标准为：效率值不为 1 时全部称为效率无效，处于区间［0，0.5）时属于低效率，处于区间［0.5，0.8）时属于较低效率，处于区间［0.8，1）时属于较高效率，效率值为 1 时则为效率有效。crste 代表综合效率值，vrste 代表规模效率值，scale 代表纯技术效率值。

软件和信息技术服务业上市公司融资效率的静态评价如表 5-18、表 5-19、表 5-20 和表 5-21 所示。表 5-18 为综合效率值汇总表，从中可见我国软件和信息技术服务业上市公司的融资效率明显低下。历年来最大值均是 1；最小值的变化趋势是先缓慢降低继而转变为缓慢增加，且绝大多数都低于 0.1 效率非常低；平均值呈上下波动的趋势，11 年间综合效率值的平均值均未超越 0.5，一直在 0.38~0.50 的范围内上下波动，在 2007 年取得历年最高为 0.498。每年能达到效率有效的公司数量也较少，在 2011 年和 2012 年效率有效的公司数量达到最高 10 家。此外，绝大多数企业的综合效率值在 0.5 以下即属于低效率等级，尤其是在 2011 年低效率公司数目首次突破百家，此后久居不下，在 2014 年更是达到了 123 家，所占比例高达 72.78%。

表 5-18　　软件和信息技术服务业上市公司综合效率值

年份	最大值	最小值	均值	[0, 0.5)	[0.5, 0.8)	[0.8, 1)	1
2007	1	0.106	0.498	34	18	5	5
2008	1	0.153	0.470	56	12	6	7
2009	1	0.086	0.407	65	20	4	6
2010	1	0.042	0.434	69	23	3	9
2011	1	0.051	0.407	105	19	6	10
2012	1	0.056	0.407	117	28	6	10
2013	1	0.053	0.446	110	40	9	9
2014	1	0.065	0.389	123	34	4	8
2015	1	0.069	0.439	117	29	17	7
2016	1	0.069	0.431	115	40	7	9
2017	1	0.068	0.425	118	39	9	5

表 5-19 为纯技术效率值汇总表。由表中数据可知，公司的纯技术效率均值明显高于综合效率均值，最大值为 2007 年和 2008 年的 0.978。2007～2017 年效率值处于 0.5 以下的公司数量全部为 0，只有在 2016 年出现唯一一家公司效率为 0.474，与此同时，2007～2009 年处于 0.5～08 效率区间的公司数目也为 0，大部分公司的效率值处于 0.8～1 这一范围，意味着大部分公司的纯效率较高。2013 年及以后，纯技术效率均值延续前几年持续下降的趋势，同时打破之前效率值 0.8 以下公司数量稀少的常规模式，出现一批呈较低效率状态的公司。仔细探究从 2010 年开始新出现的较低效率的公司，刚开始只有零星几家，2017 年发展成 40 家，较低效率的公司数目一路攀升，这些公司的出现带来最直接的也最为明显的后果就是均值一路呈下降趋势，2017 年效率均值降低至 0.868。经统计，纯技术效率较低的公司共计 135 家，其中连续超过 5 年持续低效率的有 6 家，超过 3 年的有 5 家，2 年的 32 家，可以发现这些效率较低的公司比较集中；以上市板块作为划分依据进行统计发现，股票代码以 00 开头的共计 59 家；以 30 开头的 63 家；以 60 开头的 13 家，创业板上市公司低效率的数目最多且占比最大。

另外，公司数量占比最大的效率等级一直保持为较高效率等级，在2011年较高效率企业数目直接突破百家，于2013年达到145家占比达到86.31%。较低效率区间公司的数目也一直在增加，在2017年较高效率与较低效率公司数目占比分别为67.25%和23.39%，两者数量差距明显减少。最后，效率有效的公司数量大致呈上下波动趋势，2015年达到历年最高值，最为突出的是历年纯技术效率值达到1的公司数目明显多于综合效率有效的公司。

表5-19　　软件和信息技术服务业上市公司纯技术效率值

年份	最大值	最小值	均值	[0, 0.5)	[0.5, 0.8)	[0.8, 1)	1
2007	1	0.849	0.978	0	0	46	16
2008	1	0.872	0.978	0	0	63	18
2009	1	0.865	0.970	0	0	83	12
2010	1	0.731	0.944	0	3	82	19
2011	1	0.802	0.945	0	5	115	20
2012	1	0.720	0.935	0	3	142	16
2013	1	0.661	0.914	0	9	145	14
2014	1	0.632	0.907	0	10	140	19
2015	1	0.617	0.919	0	13	135	22
2016	1	0.474	0.849	1	52	103	15
2017	1	0.527	0.868	0	40	115	16

表5-20为规模效率值汇总表。从数据上看，不管是均值、最小值、最大值，还是公司数目在效率等级中的分布规律都与综合效率值相差无几。均值仍是较小在0.4~0.5的小范围内波动，均值低是因为效率值几乎全集中处于低效率区间，且公司数量占比排名第二的是较低效率区间，虽然规模有效的公司数量在增加，但也改变不了整体均值低下的状况。三个效率值中纯技术效率有效的公司数目最多为187家，规模效率到达有效的公司数目86家，综合效率有效的公司数目最少为85家。

表 5-20　　软件和信息技术服务业上市公司规模效率值

年份	最大值	最小值	均值	[0, 0.5)	[0.5, 0.8)	[0.8, 1)	1
2007	1	0.110	0.510	33	19	5	5
2008	1	0.157	0.479	54	14	6	7
2009	1	0.091	0.418	65	19	5	6
2010	1	0.048	0.453	68	22	5	9
2011	1	0.058	0.423	101	19	10	10
2012	1	0.065	0.429	111	32	8	10
2013	1	0.061	0.483	102	43	14	9
2014	1	0.075	0.425	115	36	10	8
2015	1	0.071	0.475	109	35	18	8
2016	1	0.099	0.504	101	44	17	9
2017	1	0.090	0.488	105	39	22	5

表 5-21 为规模收益状况汇总表。累计所有年份共计 86 家公司规模收益是不变的，此数据与达到规模效率值有效的公司数目相同，年份数据也相同。大多数公司的规模收益呈递增状态，只有极少部分公司的规模收益出现递减趋势，累计 11 年共 14 家。单独从规模收益方面看，软件和信息技术服务业整体发展态势良好，规模收益几乎全部是递增状态，即企业的收益好、生命力强、发展态势处于迅猛，是具有成长潜力的行业。

表 5-21　　软件和信息技术服务业上市公司规模收益

年份	irs	drs	——
2007	56	1	5
2008	74	0	7
2009	89	0	6
2010	95	0	9
2011	130	0	10
2012	150	1	10
2013	158	1	9

续表

年份	irs	drs	——
2014	159	2	8
2015	159	3	8
2016	159	3	9
2017	163	3	5
合计	1392	14	86

注：irs 表示规模收益递增；drs 表示规模收益递减；——表示规模收益不变。

表 5－22 展示的是 11 年来，技术效率、纯技术效率和规模效率三者同时达到 1 即效率有效的公司，总计共 85 家，数量较少。在 11 年内，达到 7 年有效的公司只有 1 家为东软集团（600718），取得如此成效对公司而言实属不易；达到 6 年有效的公司有 4 家：用友网络（600588）、浙大网新（600797）、科大讯飞（002230）、华东电脑（600850）；达到 5 年有效的公司有 2 家：宝信软件（600845）和太极股份（002368）。所有效率有效的公司如表 5－22 所示，这些公司的融资效率状况均是优异，值得其他公司学习借鉴。

表 5－22　　2007～2017 年三个效率值均有效的公司汇总

年份	证券代码	证券简称	年份	证券代码	证券简称
2017	002230. SZ	科大讯飞	2015	000555. SZ	神州信息
2017	002280. SZ	联络互动	2015	002230. SZ	科大讯飞
2017	002368. SZ	太极股份	2015	002368. SZ	太极股份
2017	600570. SH	恒生电子	2015	002609. SZ	捷顺科技
2017	600850. SH	华东电脑	2015	300518. SZ	盛讯达
2016	000555. SZ	神州信息	2015	600850. SH	华东电脑
2016	002230. SZ	科大讯飞	2015	603039. SH	泛微网络
2016	002368. SZ	太极股份	2014	000555. SZ	神州信息
2016	300271. SZ	华宇软件	2014	002153. SZ	石基信息
2016	300613. SZ	富瀚微	2014	002230. SZ	科大讯飞
2016	600446. SH	金证股份	2014	002368. SZ	太极股份
2016	600718. SH	东软集团	2014	002912. SZ	中新赛克
2016	600850. SH	华东电脑	2014	300518. SZ	盛讯达
2016	603039. SH	泛微网络	2014	300687. SZ	赛意信息

续表

年份	证券代码	证券简称	年份	证券代码	证券简称
2014	600850. 52	华东电脑	2011	600845. SH	宝信软件
2013	000555. SZ	神州信息	2010	300271. SZ	华宇软件
2013	002153. SZ	石基信息	2010	300378. SZ	鼎捷软件
2013	002230. SZ	科大讯飞	2010	300399. SZ	京天利
2013	002368. SZ	太极股份	2010	600410. SH	华胜天成
2013	300359. SZ	全通教育	2010	600446. SH	金证股份
2013	300687. SZ	赛意信息	2010	600588. SH	用友网络
2013	600406. SH	国电南瑞	2010	600718. SH	东软集团
2013	600718. SH	东软集团	2010	600797. SH	浙大网新
2013	600850. SH	华东电脑	2010	600845. SH	宝信软件
2012	002230. SZ	科大讯飞	2009	300170. SZ	汉得信息
2012	300359. SZ	全通教育	2009	300378. SZ	鼎捷软件
2012	300378. SZ	鼎捷软件	2009	600588. SH	用友网络
2012	300608. SZ	思特奇	2009	600718. SH	东软集团
2012	300613. SZ	富瀚微	2009	600797. SH	浙大网新
2012	600410. SH	华胜天成	2009	600845. SH	宝信软件
2012	600588. SH	用友网络	2008	002232. SZ	启明信息
2012	600718. SH	东软集团	2008	300170. SZ	汉得信息
2012	600797. SH	浙大网新	2008	300339. SZ	润和软件
2012	600850. SH	华东电脑	2008	600588. SH	用友网络
2011	002232. SZ	启明信息	2008	600718. SH	东软集团
2011	300359. SZ	全通教育	2008	600797. SH	浙大网新
2011	300378. SZ	鼎捷软件	2008	600845. SH	宝信软件
2011	300533. SZ	冰川网络	2007	002232. SZ	启明信息
2011	600410. SH	华胜天成	2007	300170. SZ	汉得信息
2011	600446. SH	金证股份	2007	600588. SH	用友网络
2011	600588. SH	用友网络	2007	600797. SH	浙大网新
2011	600718. SH	东软集团	2007	600845. SH	宝信软件
2011	600797. SH	浙大网新	总计	85	

总而言之，软件和信息技术服务业上市公司综合效率不高，规模效率也不高，规模效益几乎都是递增模式，但纯技术效率值较高，符合软件和信息技术服务业上市公司的性质与发展现状：上市板块集中在创业板；公司自身发展不足，实力较弱，但是规模效益递增，成长势头好，发展空间大，具有较大潜力；融资

效率高的仍是集中在主板上市的公司等。上市公司若想提升自己的融资效率，应当着重提升规模效率，规模效率较低有很大的提升空间。当然，软件和信息技术服务业作为技术型企业，纯技术效率值较高是理所应当的，虽然均值较高，但绝大多数公司也未能达到1，达到效率有效的也只是较少数公司，还有部分公司数值在低效率区间，提高纯技术效率也同样不可忽视。

（二）第二阶段相似 SFA 回归分析

此阶段主要目的是利用 SFA 方法剔除环境因素和随机因素对最终效率值的影响，调整投入指标。本章借鉴沈忱（2017）观点，选择的四个环境指标为：体现企业性质的公司属性；体现经济规模的员工总数；体现经营效率的总资产周转率；体现盈利能力的销售净利率[①]。利用软件 Frontier 4.1 对数据进行最大似然估计回归，结果如表 5－23 所示。

表 5－23　　　　SFA 的最大似然回归结果

	内源融资松弛变量	外源融资松弛变量
常数项	－0.01 （－0.01）	－14477.69*** （－16.03）
公司属性	0.02 （0.02）	1038.13*** （4.79）
员工总数	－0.04 （－0.04）	－0.91*** （－3.60）
总资产周转率	0.06 （0.06）	11571.78*** （7.20）
销售净利率	－0.08 （－0.08）	－42.52 （－1.08）
σ^2	6.21E－04	1.49E＋09
γ	0.28	0.67
Log likelihood function	3581.53	－17404.12

注：*** 表示在1%置信水平上显著。

① 沈忱．中小企业在新三板市场融资效率研究——基于三阶段 DEA 模型定向增发研究［J］．审计与经济研究，2017（3）：78－86.

此回归方程的被解释变量为第一步效率测算时所得的两个投入指标的松弛变量，解释变量则是所选择的环境变量。两个模型的γ值均处于0.1～0.9，说明所选变量适用SFA模型，模型合理。尤其是对外源融资松弛变量进行回归时，只有一个环境变量即销售净利率的系数不显著，其他三个变量均在0.01的水平上显著，意味着环境变量的选择准确，所选择的环境变量对投入指标确实存在影响，需要对投入变量进行调整以剔除其所受的影响。

对投入指标进行调整，根据前面的调整方法，计算新的投入指标。

(三) 调整后的DEA效率评价

根据第二步骤中所调整后的投入指标，选择BCC（VRS）模型，利用软件DEAP再次对软件和信息技术服务业上市公司的融资效率进行测算，计算结果如表5－24至表5－26所示。

表5－24　　软件和信息技术服务业上市公司第三阶段综合效率值

年份	最大值	最小值	均值	[0, 0.5)	[0.5, 0.8)	[0.8, 1)	1
2007	1	0.062	0.367	44	11	2	5
2008	1	0.046	0.302	68	6	3	4
2009	1	0.046	0.275	82	6	3	4
2010	1	0.037	0.282	90	8	1	5
2011	1	0.018	0.266	124	9	1	6
2012	1	0.035	0.249	144	10	1	6
2013	1	0.049	0.273	147	13	2	6
2014	1	0.041	0.280	148	14	2	5
2015	1	0.052	0.312	146	13	5	6
2016	1	0.06	0.326	139	21	6	5
2017	1	0.054	0.339	135	26	5	5

表 5－25　　软件和信息技术服务业上市公司第三阶段纯技术效率值

年份	最大值	最小值	均值	[0，0.5)	[0.5，0.8)	[0.8，1)	1
2007	1	0.849	0.978	0	0	46	16
2008	1	0.871	0.978	0	0	63	18
2009	1	0.861	0.970	0	0	82	13
2010	1	0.731	0.943	0	4	81	19
2011	1	0.739	0.931	0	6	114	20
2012	1	0.709	0.935	0	4	141	16
2013	1	0.642	0.914	0	10	143	15
2014	1	0.629	0.908	0	10	141	18
2015	1	0.603	0.917	0	14	135	21
2016	1	0.398	0.833	4	55	97	15
2017	1	0.469	0.854	2	47	105	17

表 5－26　　软件和信息技术服务业上市公司第三阶段规模效率值

年份	最大值	最小值	均值	[0，0.5)	[0.5，0.8)	[0.8，1)	1
2007	1	0.062	0.378	44	11	2	5
2008	1	0.046	0.309	66	8	3	4
2009	1	0.046	0.284	81	7	3	4
2010	1	0.042	0.297	88	10	6	0
2011	1	0.018	0.284	122	10	2	6
2012	1	0.035	0.266	141	12	2	6
2013	1	0.052	0.299	146	11	4	7
2014	1	0.041	0.311	143	14	7	5
2015	1	0.058	0.344	139	17	8	6
2016	1	0.063	0.400	121	31	14	5
2017	1	0.057	0.402	121	29	16	5

从中可以看出，综合效率值整体很低均值一直徘徊在 0.3 左右，且行业内公司融资状况差异较大。最为明显的是处于低效率区间的公司数目非常多占绝大多数，如 2014 年占比高达 87.57%。此外，较低效率区间的公司数目占据第二名，

因此软件和信息技术服务业上市公司整体综合效率值不高，亟待提升。值得肯定的是经过调整计算后达到效率有效的公司数目并未发生明显变化，规模效率值的整体状况同综合效率值几乎相同，纯技术效率值依旧较高状况较好。首先，达到效率有效的公司数目较多，2015 年达到 21 家；其次，绝大多数公司的纯技术效率值都处于较高效率区间；再次，最近两年中较低效率区间的公司数目明显增加分别为 55 家和 47 家，而 2016 年以前较低效率公司数目较少甚至为 0；最后，低效率公司只在 2016 年和 2017 年两个年份出现，其他所有年份的低效率公司数目均为 0。

软件和信息技术服务业上市公司效率均值调整前后的变化趋势对比如图 5－5 所示。

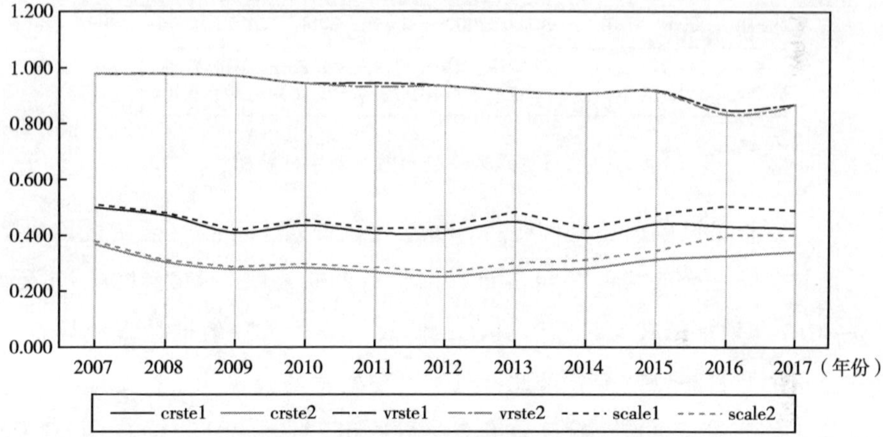

图 5－5　效率均值变化趋势对比折线图

图 5－5 中，标注 1 的为未经任何调整所得效率值，标注 2 的为经过三阶段调整投入指标后所得的效率值。可以看出，调整后的规模效率值较调整前几乎没有变化，不管是变化趋势还是具体数值都保持相等或相近。而每年的综合效率均值和纯技术效率均值在调整后都有了一定程度的降低，但调整前后的变化趋势相同。由此可知，环境因素和随机因素确实对融资效率产生了一定程度的影响，这两种因素的存在造成第一阶段的融资效率被高估。软件和信息技术服务业上市公司的融资效率在剔除外界环境影响和运气成分，效率值平均下降了 0. 15。

软件和信息技术服务业上市公司在四种效率等级区间的数目对比如图 5－6 所示。

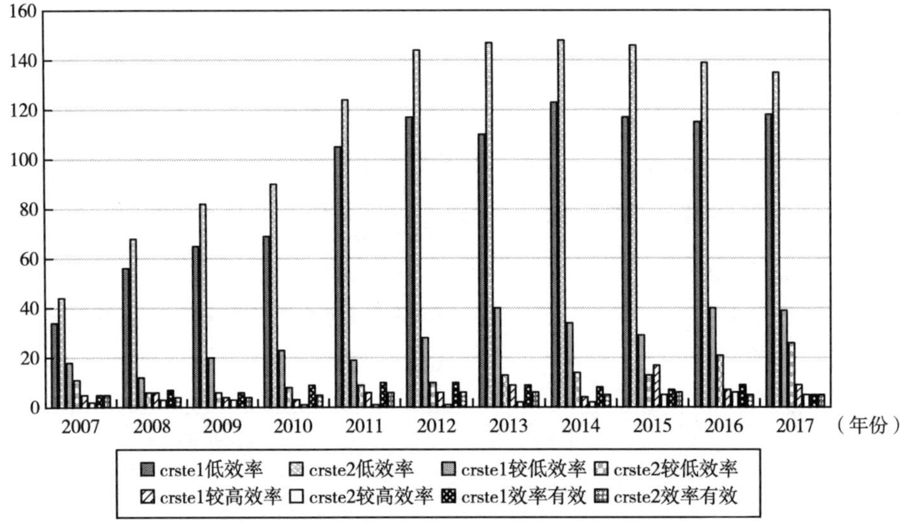

图 5－6　各等级效率公司数目对比柱状图

首先，不管是调整前还是调整后，每年处于低效率等级的公司数目均是最多，且远超另外三个等级的公司数目。调整后，低效率公司数目进一步增加，尤其是 2013 年增加的数目最多。其次，低效率公司数目的增加直接导致了较低效率公司的数目急剧减少，由此可见被高估效率的公司几乎都是原本处于较低效率等级的公司。再次，较高效率公司数目在 2011～2015 年也有剧烈变化，调整后较高效率公司在此期间只剩一两家。最后，效率有效的公司数目波动最小或呈不变状态，一方面源于调整前公司数目就少，另一方面则说明效率有效的公司确实融资状况良好发展稳定。总而言之，该行业上市公司的融资效率确实较低，低效率公司数目所占比例巨大，需要进一步改善企业的融资状况和提高融资效率。

将软件和信息技术服务业上市公司按企业所处生命周期阶段分组，分别统计各阶段公司的三阶段融资效率值，数据汇总结果如表 5－27 所示。

表 5－27　　软件和信息技术服务业上市公司各生命周期阶段效率值

变量	成长期			成熟期			衰退期		
	crste	vrste	scale	crste	vrste	scale	crste	vrste	scale
最小值	0.018	0.398	0.018	0.046	0.584	0.046	0.046	0.549	0.047
最大值	1	1	1	1	1	1	1	1	1
均值	0.279	0.895	0.318	0.255	0.904	0.289	0.343	0.936	0.366
[0, 0.5)	417	6	391	413	0	399	439	0	424
[0.5, 0.8)	43	58	59	34	65	36	60	27	65
[0.8, 1)	9	354	19	2	354	13	20	442	30
1	11	62	11	12	42	13	32	82	32
合计	480			461			551		

注：crste、vrste、scale 分别表示综合效率值、纯技术效率值、规模效率值。

从表 5－27 中可以发现：就均值而言，综合效率值是衰退期企业取得最大值，其次是成长期的企业；纯技术效率值同是衰退期企业取得最大值，成熟期企业次之，成长期企业最后；规模效率值依旧是衰退期企业取得最大值，成长期企业排名第二。总体来说，衰退期企业的融资效率最高，虽然在本书的生命周期划分中被划分为衰退期，但可能是由于用单一指标作为划分依据，导致划分结果不是特别准确，或者这种现象也可能是实际现象。对比各等级效率值的企业数量可以发现：规模效率值的分布状况同综合效率值的相同；成熟期和衰退期的纯技术效率低的企业数量均为 0，尤其是衰退期企业的较低效率区间企业数量也相对少很多，这是成长期企业纯技术效率值取得最小值的主要原因；衰退期综合效率值处于低效率等级的企业数量最多，效率有效的企业数量也最多。

第三节

软件和信息技术服务业上市公司融资效率的影响因素分析

软件和信息技术服务业上市公司融资效率整体偏低，而融资效率与企业自身发展息息相关，提升融资效率刻不容缓，必须找出其重要影响因素抓住关键才能对症下药。

一、指标选取与模型构建

（一）指标选取与假设提出

从资金供给和需求两个角度看，影响软件和信息技术服务业上市公司融资效率的因素由外部因素和内部因素构成。由于我国资本市场发展尚不成熟，且外部因素多为宏观不可控因素，缺乏统一标准予以量化，因此本研究着重探究影响软件和信息技术服务业上市公司融资效率的内部因素。融资效率包括资金筹集效率与资金使用效率，参考杜丽慧和韩士专（2018）已有研究①，将划分资金筹集阶段与资金配置阶段探究企业融资效率的内部影响因素。资金筹集阶段，企业融资效率主要受自身筹资规模与筹资方式的影响，因此选取企业规模、资产结构两个代表指标。资金配置阶段，企业融资效率主要衡量资金的运用能力，从盈利能力、偿债能力、营运能力、成长能力四个方面分析其对融资效率的影响。

1. 盈利能力与融资效率

盈利能力即企业资本增值能力，是投资者判断企业是否具有投资价值的重要依据。根据融资优序理论可知，当企业存在融资需求时，一般遵循内源融资、债务融资、股权融资的先后顺序。盈利能力越强，表明企业留存利润越多。充裕的内部资金使企业优先利用内源融资进行再投资，不仅有助于降低融资成本，而且规避了外源融资的潜在风险，能够提升企业融资效率，保障企业长期健康发展。此外，依据信号传递理论，盈利能力较强的企业向投资者传递出企业经营良好的信息，更容易吸引外部投资，缓解筹资压力，使企业融资方式更加灵活。陈建芸（2018）通过研究江苏创新型中小企业新三板融资效率的影响因素，结果发现企业盈利能力与融资效率呈正相关②。杜丽慧和韩士专（2018）的研究同样表明企业净资产收益率与融资效率呈正向关联，即企业盈利能力越强，资金获取与利用率越高，从而有利于提高融资效率③。基于此，提出假设 H5－1：

①③ 杜丽慧，韩士专．港口上市公司融资效率及影响因素研究［J］．财会通讯，2018（6）：91－95.

② 陈建芸．创新型中小企业融资效率影响因素研究——基于江苏省新三板挂牌企业的数据［J］．时代金融，2018（35）：110－111.

假设 H5－1：盈利能力对融资效率具有正向影响。

2. 偿债能力与融资效率

偿债能力是企业偿付到期应付债务或保证按期付款的能力，是投资者判断投资可行性的重要依据。一方面，偿债能力越强，表明企业信用水平越高，投资风险越小，越容易获取外部资金支持；另一方面，偿债能力强的企业信用风险小，可供选择的融资渠道更加多元化，这能够提升企业风险抵御力，为其持续稳定发展提供资金保障。此外，企业融资结构中，若权益资金占比较高，则不利于实现规模效应，容易致使利润率低下。若债务资金占比较高，则可能形成过高的杠杆水平，加大企业面临的财务危机。偿债能力强的企业面临的融资选择多，能够筛选出相对最佳的融资方式并确定合理融资结构，这正是企业实现资金融通高效率的基本条件。廖艳等（2017）以 2014 年新增挂牌的 246 家新三板企业为样本对象，研究发现偿债能力与企业融资效率呈显著正向关系，即证实了企业偿债能力越强，资金融通效率越高[①]。基于此，提出假设 H5－2：

假设 H5－2：偿债能力对融资效率具有正向影响。

3. 营运能力与融资效率

营运能力反映了企业的资产管理与经营效率。一般来说，营运能力越强的企业，资金流转速度越快，偿债能力也会得到相应保障，进而更加容易获取外部融资。同时，营运能力较强的企业所融入的资金从投入到产出的周转时间较短，可以减少不必要资源占用或闲置现象，使资金得到高效配置，提升企业融资效率。余熙雅（2020）以新三板高新技术企业为研究对象，运用 DEA－Malmquist 模型从静态和动态两个方面评价企业融资效率，并结合 Tobit 模型探究影响企业融资效率的微观因素，结果显示，总资产周转率与企业融资效率呈显著正相关关系，即企业营运能力增强能带来融资效率的提升[②]。基于此，提出假设 H5－3：

假设 H5－3：营运能力对融资效率具有正向影响。

4. 成长能力与融资效率

成长能力指企业未来发展趋势与发展速度，体现出企业扩大规模和持续经营的

---

① 廖艳，沈亚娟，杨选思. 新三板中小企业融资效率及其影响因素研究［J］. 会计之友，2017（11）：49－53.

② 余熙雅. 新三板高新技术企业融资效率评价及影响因素研究［D］. 郑州：河南工业大学，2020.

可能性。成长性较高的企业意味着其市场前景广阔，更容易吸引外部投资，融资效率也会更高。同时，成长能力强表明企业拥有强劲的业务扩张能力、持续的利润增长能力，在市场上的投资灵活度更高。张文娟（2016）基于对新三板市场融资效率的研究，发现企业成长能力与融资效率呈正相关关系。成长性高，企业占领市场份额的步伐加快，这给企业带来更多可观收益，相对融资方式选择更加多元化，融资效率也随之提高[①]。基于此，提出假设 H5 -4：

假设 H5 -4：成长能力对融资效率具有正向影响。

5. 资产结构与融资效率

在总资产规模一定的情况下，由于流动资产与长期资产的周转天数存在差异，不同资产结构配置会对总资产周转周期产生多样影响。流动资产占比越高，总资产周转天数越短，所创造的利润价值越大；反之，流动资产占比越低，总资产周转天数越长，对企业的利润贡献越小。袁海明（2011）基于均衡信贷配给理论研究发现，绝大多数科技型中小企业在信贷配给中被排除，原因在于科技型中小企业总资产规模小、无形资产比重高，这会削弱企业资产弹性，降低资产周转速度[②]。若市场及其他临时流动性因素发生变动，则企业资产结构调整的灵活性大大降低，极易引发因营运资金不足形成的资金链断裂，进而对融资能力与融资效率产生负面影响。基于此，提出假设 H5 -5：

假设 H5 -5：资产结构对融资效率具有正向影响。

6. 企业规模与融资效率

企业规模对融资效率的影响作用不容忽视，多数学者在探究融资效率的影响因素时，都会将企业规模纳入其中。崔杰等（2014）基于全国 425 家制造类非上市中小企业 2003 ~2009 年财务数据，构建动态因子面板数据模型分析企业融资效率影响因素，研究发现企业规模与融资效率正相关[③]。企业规模大往往意味着企业在生产规模、生产设备等方面达到了适当标准，具备一定抵御风险的能力，有助于降低信息不对称程度，扩大企业融资渠道，提高外部融资数量。同时，随着企业规模不

① 张文娟．新三板市场融资效率的影响因素分析［J］．江苏科技信息，2016（28）：11 -12.

② 袁海明．我国科技型中小企业融资效率分析［J］．商业经济，2011（14）：87 -88.

③ 崔杰，胡海青，张道宏．非上市中小企业融资效率影响因素研究——来自制造类非上市中小企业的证据［J］．软科学，2014，28（12）：84 -88.

断扩大，内部经营管理机制更加规范，资金配置与使用效率会相应提升。基于此，提出假设 H5－6：

假设 H5－6：企业规模对融资效率具有正向影响。

7. 企业生命周期的调节作用

依据伊查克·爱迪斯（1972）提出的企业生命周期理论，企业的不同发展阶段会针对自身情况采取不同融资行为，所形成的融资效率也不尽相同。创业期，企业亟需资金投入用于产品研发与市场开拓，但此阶段企业规模较小，盈利能力较低，经营风险较高，难以吸引金融机构贷款或外部投资。融资能力不足、融资效率偏低是初创期企业面临的主要财务风险。成长期，企业经营规模扩大，产品和服务不断完善，可供选择的融资渠道增多，逐渐拥有持续增长的现金流，融资能力和融资效率有所增强。成熟期，企业经营状况基本稳定，内部管理制度比较完备，经营风险相对降低，继续获得持续稳定的现金流，并开始注重财务杠杆的功能。衰退期，企业创新性明显削弱，盈利能力、偿债能力持续下降，整体财务风险加剧。此阶段企业以债务融资为主，较高的负债率提高了融资成本，融资能力与融资效率迅速降低。基于此，提出假设 H5－7：

假设 H5－7：企业生命周期对各因素与融资效率的影响具有调节作用。

8. 企业性质的调节作用

基于产权理论和委托代理理论，国有企业一般经营绩效较好，更易获得财政支持，能够较便捷地从金融机构获取项目融资。但过度的政府干预可能造成国有企业经营目标扭曲，激励机制缺失，导致资金配置低效率。非国有企业因政治关联性低，往往较少获得财政支持，且与传统金融机构联系较少，双方信息不对称程度高，常常面临较强的融资约束。此外，不同产权性质企业在经营过程中呈现出不同的风险偏好，其融资行为与融资效率往往具有较大差异性。例如，国有企业管理者为追求"政治晋升"，更倾向选取谨慎性投融资策略。基于此，提出假设 H5－8：

假设 H5－8：企业性质对各因素与融资效率的影响具有调节作用。

（二）模型构建与数据说明

基础回归模型构建如下：

$$Y_i = \beta_1 x_{1i} + \beta_2 x_{2i} + \beta_3 x_{3i} + \beta_4 x_{4i} + \beta_5 x_{5i} + \beta_6 x_{6i} + \beta_7 x_{7i} + \beta_8 x_{8i} + \mu_i \tag{5-1}$$

调节效应回归模型构建如下：

$$Y_i = x_{1i} \times (\beta_1 x_{2i} + \beta_2 x_{3i} + \beta_3 x_{4i} + \beta_4 x_{5i} + \beta_5 x_{6i} + \beta_6 x_{7i} + \beta_7 x_{8i}) + \mu_i \tag{5-2}$$

$$Y_i = x_{2i} \times (\beta_1 x_{1i} + \beta_2 x_{3i} + \beta_3 x_{4i} + \beta_4 x_{5i} + \beta_5 x_{6i} + \beta_6 x_{7i} + \beta_7 x_{8i}) + \mu_i \tag{5-3}$$

其中，Y 分别为 crste 综合效率值、vrste 纯技术效率值、scale 规模效率值。x_1 为公司属性；x_2 为企业生命周期所处阶段；x_3 为总资产取对数；x_4 为营业利润占营业总收入的比重；x_5 为净资产负债率；x_6 为流动资产周转率；x_7 为净利润的同比增长率；x_8 为非流动资产占总资产的比重。i 表示年份。

本书选取 2007～2017 年沪深两市的软件和信息技术服务业上市公司作为研究样本，删除了相关财务指标缺失的公司，共得到 1410 个样本观察值。

二、实证检验与结果分析

数据全部来源于 WIND 数据库，被解释变量是前面所计算出的软件和信息技术服务业上市公司的融资效率值，由于被解释变量的数值全部介于 0～1 之间，为了提高回归分析的准确度，运用 EViews 软件中 Tobit 模型对所选取的影响因素进行验证分析。

（一）影响因素的描述性统计

8 个自变量的描述性统计分析如表 5－28 所示。其中，企业性质和企业所处生命周期阶段是分类变量。本研究中企业性质依据 WIND 数据库的取值规范，取值是 1 代表国有企业，2 代表非国有企业。企业所处生命周期阶段的取值为 1 表示成长期，2 表示成熟期，3 表示衰退期。代表企业规模的总资产取对数的数值相差不大，数值较为集中。而企业的盈利能力则相差甚远，最小为负数说明存在部分企业的营业利润为负，盈利状况很差。偿债能力的均值为 0.8081，整个行业的偿债能力为正，行业中所有企业均具有一定的债务偿还能力。营运能力的均值为 0.9458，整体运营状况良好，标准差为 0.4765，即企业间差距较小。成长能力同盈利能力的状况相似，成长能力的标准差为八个指标中标准差的最大值，说明企业的流动资产周转率差距巨大，成长能力良莠不齐，有部分企业亟须改善企业的发展状况，只有提升自身的成长能力，企业的发展才能走得长远。资产结构是非流动资产占总资产的比重，均值为25.1592，意味着行业的平均非流动资产占比大约为1/4，同时从最大值和最小值来看，企业资产结构不合理的现象存在。

表5-28　解释变量的描述性统计

变量	均值	中位数	最大值	最小值	标准差	偏度	峰度
X_1	1.8894	2.0000	2.0000	1.0000	0.3138	-2.4850	4.1820
X_2	2.0369	2.0000	3.0000	1.0000	0.8315	-0.0690	-1.5500
X_3	20.3642	20.6155	24.5514	9.2456	2.1556	-3.1290	12.2580
X_4	13.7534	13.4746	75.4835	-138.4298	15.1104	-2.1980	18.9840
X_5	0.8081	0.4453	236.7253	0.0180	6.4068	35.6220	1308.1060
X_6	0.9458	0.8491	4.7418	0.0268	0.4765	1.4620	5.0740
X_7	48.8799	17.7674	13737.7000	-3412.9530	592.8873	17.0480	351.5620
X_8	25.1592	21.1756	89.2929	0.8519	16.7526	0.8190	0.2380

各变量的相关性检验结果如表5-29所示。

表5-29　变量的相关性检验结果

变量	crste	X_1	X_2	X_3	X_4	X_5	X_6	X_7	X_8
crste	1.000								
X_1	-0.331***	1.000							
X_2	0.122***	-0.085***	1.000						
X_3	0.227***	-0.097***	-0.031	1.000					
X_4	-0.217***	0.222***	-0.081***	-0.098***	1.000				
X_5	0.023	-0.006	-0.033	-0.005	-0.119***	1.000			
X_6	0.360***	-0.061**	0.130***	-0.247***	-0.040	0.035	1.000		
X_7	-0.020	0.017	-0.071***	0.018	0.148***	-0.027	0.019	1.000	
X_8	0.189***	0.026	-0.202***	0.189***	-0.192***	0.050*	0.042	0.078***	1.000

注：**、***分别表示在5%、1%置信水平上显著。

从表 5－29 中可见，各变量间的相关系数绝对值均未超过 0.5，可以认定变量间不存在严重的多重共线性问题。除了变量 X_5、X_7外，其余变量均与综合效率值呈显著关联，基本验证了模型设定与指标选取的合理性。

（二）Tobit 模型的回归结果和分析

软件和信息技术服务业上市公司的融资效率影响因素实证验证结果如表 5－30所示。

企业性质对于三个效率值的回归系数均为负，且均在 1% 置信水平上显著，反映出国企相对公众企业拥有更多可利用的资产和资源，更易从金融机构获取技术项目融资并发挥资金的规模效应，进而提升综合效率。

表 5－30　Tobit 模型的回归结果

变量	crste	vrste	scale
常数项	－1.328019*** （－14.49）	1.536109*** （32.97）	－1.640604*** （－18.27）
X_1	－0.054150*** （－4.18）	－0.019354*** （－3.09）	－0.047574*** （－3.74）
X_2	0.012928*** （2.60）	0.002213 （0.93）	0.009408* （1.94）
X_3	0.155059*** （30.26）	－0.051644*** （－18.74）	0.183500*** （36.51）
X_4	－0.000153 （－0.57）	－0.000693*** （－4.99）	0.000281 （1.07）
X_5	0.000087 （0.15）	0.030345*** （7.07）	0.000100 （0.18）
X_6	0.241232*** （25.42）	0.052288*** （10.30）	0.242583*** （26.03）
X_7	－0.000015** （－2.35）	－0.000010*** （－3.35）	－0.000014** （－2.24）
X_8	－0.001600*** （－5.88）	－0.000402*** （－2.91）	－0.001458*** （－5.47）

续表

变量	crste	vrste	scale
年度效应	已控制	已控制	已控制
个体效应	已控制	已控制	已控制
观测值	1410	1410	1410
Log likelihood	762.8526	1581.3803	800.0610

注：crste、vrste、scale 分别表示综合效率值、纯技术效率值、规模效率值；*、**、*** 分别表示在 10%、5%、1% 置信水平上显著；括号内为 t 值。

企业所处的生命周期阶段对于综合效率值和规模效率值的影响分别在 1% 和 10% 水平上显著，对纯技术效率值的影响则不显著。三个系数全部为正，但三个系数却均小于 0.1，较为接近 0，意味着当其他变量保持不变时，随着企业所处生命周期阶段的加深，三个效率值增长幅度较为微小，但不能否认企业处于不同的生命周期阶段时融资效率值会有所不同。

企业规模对于三个效率值的影响均是显著通过检验，只对其中的纯技术效率值具有负向的影响，即企业规模越大，企业的纯技术效率值越低。当企业规模不断增大，企业容易出现重心偏移或机构冗余等不利于企业发展的现象，尤其对于软件和信息技术服务业这类高技术企业，当企业的中心偏离技术研究与开发时，很容易造成企业的技术停滞甚至退步。企业规模的扩张是企业自身实力的一种体现，但更应当注意在发展规模的同时，不断提升企业自身的技术水平，尤其对于技术型企业而言，更是如此。

偿债能力对于综合效率值和规模效率值的回归系数为正，但均不显著。对于纯技术效率值存在显著正向影响，即偿债能力越强，企业的纯技术效率值越高。企业的偿债能力强，在一定程度上能为企业带来良好的信誉，银行等其他金融机构更倾向于融资给偿债能力强、信誉好的企业，企业的融资效率将得以提升，融资顺畅后企业有更多的资产投入企业的发展，如此形成一个良性循环。

营运能力对于三个效率值的影响均是显著的通过检验，且三个系数均为正数。企业的营运能力越强，说明企业的资金利用率越高，融资效率自然越高。软件和信息技术服务业上市公司的流动资产周转率均值为 0.9458，整体偏低，行业的营运能力有提高空间。

资产结构对于三个效率值的影响均是显著通过检验，但三个系数均为负值。这可能是由于软件和信息技术服务业上市公司无形资产比重较高，资产变现与结构调整的灵活度较低，容易引发因现金流困局导致的流动性枯竭和资金链断裂，进而对融资效率产生负面影响。

成长能力和盈利能力较为特殊。成长能力对三个效率值的回归虽然均通过了显著性检验，但三个系数均为负值，与正常的推断结果相反。这种情况可能是软件和信息技术服务业上市公司的特有现象，或是还有其他影响因素未纳入模型而造成统计学上的计算错误。盈利能力亦是如此，虽然盈利能力只通过了对纯技术效率值回归的显著性检验，但系数也同样为负。

由于各自变量对综合效率值、纯技术效率值及规模效率值的影响都可能具有滞后性，将原模型中的各自变量采用滞后一期值代入回归，有助于减少模型可能存在的内生性问题，结果如表 5 - 31 所示。

表 5 - 31　　Tobit 模型滞后一期的回归结果

变量	crste	vrste	scale
常数项	-2.216933*** (-15.72)	1.644949*** (22.47)	-2.673172*** (-18.84)
X_1	-0.055666*** (-3.53)	-0.019538** (-2.56)	-0.050121*** (-3.16)
X_2	-0.001110 (-0.18)	0.006278** (2.18)	-0.007165 (-1.19)
X_3	0.121733*** (21.29)	-0.034636*** (-11.41)	0.145192*** (25.24)
X_4	0.000403 (1.21)	-0.001369*** (-7.89)	0.001043*** (3.10)
X_5	-0.000351 (-0.54)	0.009661*** (3.19)	-0.000462 (-0.70)

续表

变量	crste	vrste	scale
X_6	0.210345*** (18.85)	0.037362*** (6.47)	0.217515*** (19.33)
X_7	-0.000016** (-2.19)	-5.50e-06 (-1.59)	-0.000019*** (-2.63)
X_8	-0.002027*** (-6.02)	-0.000758*** (-4.67)	-0.001842*** (-5.44)
年度效应	已控制	已控制	已控制
个体效应	已控制	已控制	已控制
观测值	1237	1237	1237
Log likelihood	515.8443	1258.8402	515.7442

注：crste、vrste、scale 分别表示综合效率值、纯技术效率值、规模效率值；**、*** 分别表示在5%、1%置信水平上显著；括号内为 t 值。

从表 5-31 中可以看出，对综合效率值而言，除了企业生命周期阶段、盈利能力、偿债能力的回归系数方向与原来结果相反外，其余变量对综合效率值的影响基本与前面一致。对纯技术效率值而言，除了企业生命周期阶段的影响转为显著，成长能力的影响不再显著外，其余变量对纯技术效率值的影响基本验证了原结果。对规模效率值而言，除了企业生命周期阶段与偿债能力的回归系数方向发生改变，盈利能力转为显著正向影响外，其余变量对规模效率值的影响与前面基本一致。

（三）调节效应的回归结果和分析

调节效应模型的回归结果如下所示。生命周期调节效应的回归结果如表 5-32 至表 5-35 所示，当企业处于生命周期的不同阶段，回归结果的显著性和系数均有变化，生命周期对各因素与融资效率的影响存在调节效应。企业性质调节效应的回归结果如表 5-36 至表 5-39 所示，当企业的性质不同时，回归结果的显著性和系数也均产生变动，企业性质的调节作用同样存在。两个变量的调节效应得以验证。

表 5－32　　生命周期对综合效率值调节效应模型的回归结果

变量	$X_2=1$	$X_2=2$	$X_2=3$
常数项	−1.791246*** (−9.19)	−0.563737*** (−3.15)	−2.155834*** (−16.33)
X_1	−0.012878 (−0.47)	−0.332935*** (−11.10)	−0.033901* (−1.96)
X_3	0.194872*** (15.25)	0.073629*** (10.79)	0.205426*** (21.79)
X_4	−0.000338 (−0.66)	−0.001130*** (−3.41)	0.003429*** (−5.00)
X_5	0.000666 (0.96)	−0.002048 (−0.17)	0.075427*** (4.65)
X_6	0.235519*** (11.03)	0.177539*** (12.84)	0.242584*** (16.75)
X_7	−0.000023*** (−2.97)	0.000023 (0.93)	−0.000020 (0.64)
X_8	−0.001659*** (−3.52)	−0.000957** (−2.40)	−0.001210** (−2.44)
年度效应	已控制	已控制	已控制
个体效应	已控制	已控制	已控制
观测值	462	434	514
Log likelihood	315.2749	467.2670	332.8585

注：*、**、*** 分别表示在10%、5%、1%置信水平上显著。

生命周期对综合效率值调节效应模型的回归结果如表5－32所示。企业规模和营运能力的显著性在三次回归结果中没有发生改变，两个指标均在1%的水平上显著且系数的正负保持不变。企业属性在企业处于生命周期成长期时未通过显著性检验，另外两个时期通过显著性检验且系数为负。盈利能力在企业处于生命周期成熟期和衰退期时通过显著性检验，但成熟期系数为负，衰退期系数为正。偿债能力只在企业处于生命周期衰退期时通过显著性检验且系数为正。成长能力仅在企业处于生命周期成长期时通过显著性检验且系数为负。

生命周期对综合效率值调节效应模型滞后一期的回归结果如表 5－33 所示。

表 5－33　生命周期对综合效率值调节效应模型滞后一期的回归结果

变量	$X_2=1$	$X_2=2$	$X_2=3$
常数项	－3.701705*** (－10.87)	－1.734445*** (－7.11)	－1.702843*** (－8.20)
X_1	－0.014008 (－0.46)	－0.278534*** (－8.71)	－0.026699 (－1.07)
X_3	0.191726*** (13.57)	0.121509*** (12.69)	0.088882*** (9.30)
X_4	0.001060* (1.68)	－0.001374*** (－3.73)	0.003084*** (3.07)
X_5	－0.000202 (－0.33)	－0.015357 (－1.09)	0.133705*** (6.13)
X_6	0.162329*** (7.14)	0.170019*** (11.64)	0.224149*** (11.74)
X_7	－0.00002** (－2.53)	9.23e－06 (0.35)	－1.29e－06 (－0.03)
X_8	－0.001919*** (－3.71)	－0.001618*** (－3.78)	－0.000926 (－1.26)
年度效应	已控制	已控制	已控制
个体效应	已控制	已控制	已控制
观测值	1237	1237	1237
Log likelihood	515.8443	1258.8402	515.7442

注：*、**、*** 分别表示在 10%、5%、1% 置信水平上显著。

从表 5－33 中可以看出，对于成长期企业，除了盈利能力与偿债能力对综合效率值的回归系数方向发生改变外，其余变量对综合效率值的影响与原模型结果基本一致。对于成熟期企业，所有变量对综合效率值的回归系数方向与显著性水平均与原模型结果一致。对于衰退期企业，除了企业性质与资产结构对综合效率值的影响不再显著外，其余变量的回归结果均能够验证原模型结果。

表 5-34　　生命周期对纯技术效率值调节效应模型的回归结果

变量	$X_2=1$	$X_2=2$	$X_2=3$
常数项	1.503154*** (14.39)	2.554836*** (25.08)	1.273934*** (21.02)
X_1	-0.009182 (-0.68)	-0.053862*** (-3.71)	-0.014002* (-1.73)
X_3	-0.050787*** (-7.24)	-0.074988*** (-18.95)	-0.037091*** (-8.48)
X_4	-0.001318*** (-4.72)	-0.000753*** (-4.71)	0.001305*** (4.13)
X_5	0.037876*** (3.89)	0.020485*** (3.68)	0.052012*** (6.95)
X_6	0.067125*** (5.81)	0.021731*** (3.45)	0.072078*** (9.36)
X_7	-0.000015*** (-3.34)	1.84E-06 (0.18)	-0.000017 (-1.18)
X_8	-0.000362 (-1.47)	-0.000479*** (-2.68)	-0.000300 (-1.30)
年度效应	已控制	已控制	已控制
个体效应	已控制	已控制	已控制
观测值	462	434	514
Log likelihood	560.1597	773.1080	630.3684

注：*、*** 分别表示在 10%、1% 置信水平上显著。

生命周期对纯技术效率值调节效应模型的回归结果如表 5-34 所示。企业规模、偿债能力和营运能力均在 1% 的水平上显著，其中企业规模的系数为负值，即企业规模的增加不利于企业纯技术效率值的提升。企业属性在企业处于生命周期成长期时未通过显著性检验，另外两个时期通过显著性检验且系数为负。盈利能力在企业处于生命周期成长期和成熟期时对企业纯技术效率存在显著负向影响，在企业处于生命周期衰退期时对企业纯技术效率具有显著正向影响。成长能力仅在企业处于生命周期成长期时通过显著性检验且系数为负。资产结构仅在企业处于生命周期成熟期时通过显著性检验且系数为负。

表 5-35　　生命周期对规模效率值调节效应模型的回归结果

变量	$X_2=1$	$X_2=2$	$X_2=3$
常数项	-2.158373*** (-11.31)	-1.046497*** (-5.07)	-2.380016*** (-19.56)
X_1	-0.002540 (-0.10)	-0.347544*** (-9.95)	-0.035996** (-2.27)
X_3	0.229498*** (18.28)	0.101449*** (12.84)	0.229531*** (26.41)
X_4	0.000412 (0.83)	-0.000948** (-2.47)	0.003026*** (4.80)
X_5	0.000701 (1.04)	-0.011600 (-0.82)	0.057846*** (3.88)
X_6	0.234864*** (11.12)	0.195906*** (12.25)	0.229098*** (17.33)
X_7	-0.000018** (-2.46)	0.000023 (0.82)	-0.000018 (-0.64)
X_8	-0.001881*** (-4.11)	-0.000615 (-1.33)	-0.001088** (-2.39)
年度效应	已控制	已控制	已控制
个体效应	已控制	已控制	已控制
观测值	462	434	514
Log likelihood	332.1497	406.6362	377.1389

注：**、*** 分别表示在5%、1%置信水平上显著。

生命周期对规模效率值调节效应模型的回归结果如表 5-35 所示。只有企业规模和营运能力在三次回归中全部通过显著性检验，两个指标均在1%的水平上显著且系数为正，即企业规模和营运能力有利于规模效率的提升，符合常规现象。企业属性在企业处于生命周期成长期时未通过显著性检验，另外两个时期通过显著性检验且系数为负。盈利能力在企业处于成熟期时对企业规模效率存在显著负向影响，在企业处于衰退期时对企业规模效率具有显著的积极影响。偿债能力只在企业处于衰退期时通过显著性检验且系数为正。成长能力仅在企业处于成长期时通过显著性检验且系数为负。资产结构则是在企业处于生命周期成长期和衰退期时对企业规模效率具有显著负向影响。

生命周期对纯技术效率值和规模效率值调节效应模型，采用滞后一期值控制内生性问题，结果与前面结论基本一致，由于篇幅限制，此处省略了具体回归结果分析过程。

不管是被解释的效率值变量发生变化，还是企业的生命周期阶段发生变化，模型的回归结果均有差异，一方面说明企业生命周期的调节作用存在，另一方面也说明三个效率值影响因素的不同。上市公司在提高企业融资效率时，不仅要考虑企业所处生命周期的阶段，结合企业发展的阶段特点，还要均衡三个效率值各自的影响因素，特别是其中两个效率值影响因素的影响方向发生冲突时，更要综合考虑，不能厚此薄彼，要统筹兼顾。

表 5-36　　企业性质对综合效率值调节效应模型的回归结果

变量	$X_1=1$	$X_1=2$
常数项	-1.115298*** (-4.68)	-1.558824*** (-16.46)
X_2	-0.027793 (-1.45)	0.010202** (-2.14)
X_3	0.127638*** (7.80)	0.158410*** (29.33)
X_4	0.001163 (0.91)	-0.000338 (-1.35)
X_5	0.187149*** (4.01)	0.000217 (0.42)
X_6	0.327672*** (7.14)	0.196766*** (21.43)
X_7	-0.000060 (-0.87)	-0.000015*** (-2.64)
X_8	-0.000320 (-0.21)	-0.001041*** (-4.13)
年度效应	已控制	已控制
个体效应	已控制	已控制
观测值	156	1254
Log likelihood	49.2354	888.3642

注：**、***分别表示在5%、1%置信水平上显著。

企业性质对综合效率值调节效应模型的回归结果如表 5－36 所示。将企业性质分为两类的两个模型中，只有企业规模和营运能力全部通过显著性检验，两个指标均在 1% 的水平上显著且系数为正，即不管对于任何性质的企业，企业规模的增加、营运能力的提升均有利于企业综合效率的提高。两个模型中盈利能力都没有通过显著性检验，不管是何种性质的企业，盈利能力的影响均不显著。企业生命周期阶段对国有企业综合效率值的影响不显著，对非国有企业综合效率值具有显著正向影响。对于两种不同类型的上市公司，偿债能力对企业综合效率值的影响也各不相同，偿债能力对国有企业的综合效率值有显著的积极促进作用，对于非国有企业的影响则不显著。成长能力和资产结构均对非国有企业的综合效率值有显著的负向影响，对于国有企业的影响则不显著。

企业性质对综合效率值调节效应模型滞后一期的回归结果如表 5－37 所示。

表 5－37　企业性质对综合效率值调节效应模型滞后一期的回归结果

变量	$X_1=1$	$X_1=2$
常数项	−1.635677*** (−4.33)	−2.215566*** (−15.73)
X_2	−0.037741* (−1.73)	−0.003970 (−0.67)
X_3	0.085033*** (5.51)	0.118962*** (19.24)
X_4	0.002274 (1.65)	−0.000216 (−0.66)
X_5	0.195097*** (3.46)	−0.000606 (−1.04)
X_6	0.308582*** (5.58)	0.162987*** (14.55)
X_7	−0.000043 (−0.59)	−0.000014** (−2.04)
X_8	−0.000465 (−0.26)	−0.001210*** (−3.79)
年度效应	已控制	已控制

续表

变量	$X_1=1$	$X_1=2$
个体效应	已控制	已控制
观测值	136	1101
Log likelihood	38.5112	616.9826

注：*、**、*** 分别表示在10%、5%、1%置信水平上显著。

从表5-37中可以看出，对于国有企业，除了企业生命周期阶段的影响转为负向显著外，其余变量对综合效率值的影响基本与原模型一致。对于非国有企业，企业生命周期阶段与偿债能力的影响方向发生改变但不显著，但其余变量对综合效率值的影响仍然与原模型基本一致。

表5-38　企业性质对纯技术效率值调节效应模型的回归结果

变量	$X_1=1$	$X_1=2$
常数项	-1.115298*** (-4.68)	1.640610*** (35.09)
X_2	0.001828 (0.22)	0.002939 (1.25)
X_3	0.001885 (0.25)	-0.062882*** (-22.64)
X_4	-0.000959* (-1.75)	-0.000725*** (-5.44)
X_5	0.073009*** (3.50)	0.026715*** (6.41)
X_6	0.077211*** (2.90)	0.038544*** (7.83)
X_7	-0.000038 (-1.40)	-0.000010*** (-3.68)
X_8	0.000070 (0.11)	-0.000294** (-2.26)
年度效应	已控制	已控制
个体效应	已控制	已控制
观测值	156	1254
Log likelihood	140.6807	1596.4045

注：*、**、*** 分别表示在10%、5%、1%置信水平上显著。

企业性质对纯技术效率值调节效应模型的回归结果如表5-38所示。企业所处生命周期阶段未通过显著性检验，对所有类型企业的影响皆不显著。企业规模对国有企业的纯技术效率影响不显著，对非国有企业有显著负向影响，即意味着技术效率并不是一定随着企业规模的增加而增加，对于非国有企业反而有抑制作用，盲目扩大企业规模并不能改变现有的技术水平。盈利能力对所有企业均有显著负向影响。偿债能力对所有企业纯技术效率值的提升有显著促进作用，随着净资产负债率的提高，企业的技术效率值也随之提高。营运能力对所有企业纯技术效率值的提升都有显著的促进作用。成长能力和资产结构只对非国有企业的纯技术效率有显著的负向影响。净利润的同比增长率和非流动资产的增加并不能促进软件和信息技术服务业上市公司纯技术效率值的提升。表中有很多指标对企业纯技术效率的影响是显著负向的，可能是由于影响因素指标的选择不是特别合理，一方面，所选指标与技术不是直接相关；另一方面，忽略了研发投入、专利数等直接和技术挂钩的指标。

表5-39　企业性质对规模效率值调节效应模型的回归结果

变量	$X_1=1$	$X_1=2$
常数项	-1.086036*** (-4.83)	-1.965879*** (-21.20)
X_2	-0.031033* (-1.70)	0.006087 (1.30)
X_3	0.134367*** (8.65)	0.195493*** (36.88)
X_4	0.001276 (1.06)	0.000121 (0.49)
X_5	0.157764*** (3.57)	0.000257 (0.51)
X_6	0.335865*** (7.71)	0.203664*** (22.57)
X_7	-0.000053 (-0.82)	-0.000013** (-2.37)

续表

变量	$X_1=1$	$X_1=2$
X_8	−0.000737 (−0.50)	−0.000961*** (−3.90)
年度效应	已控制	已控制
个体效应	已控制	已控制
观测值	156	1254
Log likelihood	58.7883	921.5647

注：*、**、*** 分别表示在10%、5%、1%置信水平上显著。

企业性质对规模效率值调节效应模型的回归结果如表5－36所示。两个模型中全部通过显著性检验的只有企业规模和营运能力，且这两个影响因素的系数为正，该结果与企业性质对综合效率值的回归结果相同。

企业性质对纯技术效率值和规模效率值调节效应模型，采用滞后一期值控制内生性问题，结果与前面结论基本一致，由于篇幅限制，此处省略了具体回归结果分析过程。

不管是对三个效率值的描述性分析，还是影响因素的回归结果抑或是调节效应的回归结果，规模效率的各项结论与综合效率值的结论均是相似的，纯技术效率值的结论则与前两者大不相同。生命周期阶段对国有企业的规模效率值影响显著为负。盈利能力对所有类型企业的规模效率值均有正向影响但不显著。偿债能力对国有企业规模效率值的提升有显著促进作用。成长能力和资产结构只对非国有企业的规模效率值有显著的负向影响。总而言之，对于不同类型的企业，相同的指标对同一个被解释变量也有不同的影响路径与影响程度，更何况在被解释变量互不相同的情况下。因此，提升软件和信息技术服务业上市公司的融资效率时要多方考虑、统筹兼顾。

第四节

软件和信息技术服务业上市公司融资效率的提升对策建议

从目前实际来看，我国软件和信息技术服务业发展之路，仍存在资金来源渠道不畅、资金运用效率低等问题。本章以软件和信息技术服务业发展现状为研究基石，行业的融资特性为研究导向，生命周期理论为研究视角，分析了我国现阶段软件和信息技术服务业的融资模式，并以该行业的上市公司为研究对象，对行业的融资效率进行评价和影响因素进行验证分析，并在此基础上针对提高该行业融资效率提出了相关对策建议。

一、研究结论

通过本章的研究，得到以下结论：

（1）软件和信息技术服务业的成长需要经历不同阶段，每个阶段的融资模式也不同。公司处于成长期时会偏向选择融资成本低的股权融资方式以筹集更多的长期资金以供扩张规模；处于成熟期的公司则尽量减少负债融资，因为公司规模已成型不需要大肆扩张且利润可观资金相对充沛；处于衰退期时则会为了避免支付长期借款需要支付的利息费用，更偏向于选择短期负债。

（2）软件和信息技术服务业的融资偏好顺序随着上市板块的不同而不同。深交所上市公司和创业板上市公司的融资顺序相同为：资本公积、留存收益、股本，同时也是最主要的融资方式；沪交所上市公司的融资顺序是：留存收益（21.87%）、股本（21.29%）、资本公积金（19.47%）、应付账款（16.65%），存在明显差异。

（3）软件和信息技术服务业上市公司最终效率值整体偏低。对三阶段 DEA 方法和传统 BCC 模型测算出的融资效率值进行对比分析发现：上市公司的融资效率存在被高估的现象，融资效率值普遍较低，其中处于低效率状态的公司数目在某些年份达到半数以上。统计对比各生命周期阶段公司的三阶段融资效率值发现：衰退期企业取得综合效率均值最大值，其次是成长期企业；衰退期企业同时取得纯技术效率均值的最大值，成熟期企业次之；规模效率均值依旧是衰退期企业取得最大值，成长期企业排名第二。总体来说，衰退期企业的融资效率最高。

（4）软件和信息技术服务业上市公司融资效率与所选影响因素之间关系显著。企业性质、企业所处的生命周期阶段、企业规模、营运能力对三个融资效率值的回归结果均是通过显著性检验。生命周期和企业性质对各因素与融资效率的影响存在调节效应。

二、对策建议

依据研究过程与所得结论，对软件和信息技术服务业上市公司提出如下对策建议。

第一，定位好企业所处生命周期阶段，结合阶段特点与需求，制定合适的融资结构。不同的融资方式具有不同大小的融资风险和不同数量的融资成本，合理的融资方式比例可以提高企业的融资效率。对行业融资现状分析发现，公司处于成长期时会偏向选择融资成本低的股权融资方式；处于成熟期时则尽量减少负债融资；处于衰退期时则会为了避免支付长期借款需要支付的利息费用，更偏向于选择短期负债。最终实证结果证明衰退期的融资效率更高，即衰退期企业的资产结构可能更为合理。

第二，适度扩大企业规模。在分析融资影响因素时发现，企业规模与综合效率值显著正相关，但与纯技术效率值却是显著负相关，两者相互矛盾，必须在两者之间取得平衡，不然很容易造成顾此失彼的现象。此外，绝大多数企业的规模效率值是处于低效率区间，达到效率有效的很少，是造成行业融资效率低下的主要原因。

第三，制定合理的资产结构。一方面，资产结构对纯技术效率存在显著的正向影响；另一方面，资产结构却对规模效率有显著的负向影响。资产结构对两个效率值的影响方向截然相反，盲目的调整很容易造成此消彼长的现象发生。因此，调整资产结构至合理比例对于软件和信息技术服务业上市公司而言是至关重要的。

第四，增强企业偿债能力和营运能力。偿债能力的变化只对纯技术效率有显著的积极影响，软件和信息技术服务业作为高技术型企业，提升自身的技术效率是最为关键的，技术是一切发展的基础。提升偿债能力不仅有利于提升融资效率，更能促进效率的进步。营运能力对企业的融资效率也有显著的正向影响，增强营运能力对企业发展来说是百利而无一害。

第六章

我国高技术服务业发展的政策分析、环境评价与对策建议

第一节

我国高技术服务业发展的政策分析①

为了促进高技术服务业的快速健康发展，我国政府相关部门陆续颁布了一系列的政策措施。本节基于内容分析法，对我国 2003 ~ 2016 年颁布的高技术服务业政策分别从政策颁布部门、政策颁布时间、政策效力维度、政策工具维度、政策内容类别维度等方面进行量化分析，为相关政策建议的优化提供依据。

一、引言

后金融危机时代，我国寻求能够在日益激烈的贸易战、生态环境恶化以及失业率升高等问题下持续发展，要求加快战略性新兴产业发展，更具有创造性和前瞻性的高技术服务业顺势而生。2005 年科技部颁布的《科技型中小企业技术创新基金若干重点项目指南》第一次规定高技术服务业支持的行业：信息技术、资源、环境保护技术服务业等。2007 年国家发改委发布的《高技术产业发展“十一五”规划》中，已将高技术服务业明确列入 8 大高技术产业之中，其已成为新经济的增长点。随后关于促进高技术服务业发展的政策相继出台，既有针对某一具体行业，也有包含整个行业；既有政府直接财政投入，也有税收、金融等间接政策支持。本研究采

① 姚正海，姚苗苗．基于内容分析法的高技术服务业政策研究［J］．科技与经济，2018（1）：6 – 10.

用内容分析法对高技术服务业政策进行分析研究，为相关政策的设计提供借鉴。

二、我国高技术服务业发展政策文献综述

我国关于高技术服务业发展政策的相关研究主要集中在以下几个方面。

（一）关于区域高技术服务业发展政策的研究

相关文献以区域为研究对象，研究区域高技术服务业的发展现状和所处的政策环境，分析评价区域政策对高技术服务业发展的促进作用与促进路径。基于 SWOT 理论，王仰东等（2010）通过分析珠三角地区高技术服务业的优势、劣势、机遇和挑战，在此基础上提出了促进高技术服务业发展、实现经济转型的政策优化措施①。李勇坚和夏杰长（2011）也在论述高技术服务业发展理论的前提下，从国家和地方两个层面提出了促进高技术服务业集聚发展的政策建议②。夏海力和贾海成（2012）则先分析政策如何影响高技术服务业的发展，然后在对苏州工业园区 29 家高技术服务业企业实证研究的基础上，认为目前苏州高技术服务业从扶持资金、人才引进、税收政策等方面得到政府支持，主要通过政府专项资金、启动经费、科技三项经费等方面得到政府资金支持，进而提出了相关政策环境优化建议③。李晖（2015）提出了集群辐射的重要作用，以湖南区域作为实证研究的样本，在剖析国内外高技术服务业发展模式的基础上，指出了湖南可供选择的发展模式和政策建议，并且认为区域高技术服务业的发展要充分发挥集群辐射的作用④。

（二）关于高技术服务业具体行业政策的研究

该类文献基于高技术服务业的具体产业，分析网络技术服务、通信技术服

---

① 王仰东，安琴，祖立新，等．珠三角高技术服务业 SWOT 分析与发展对策研究［J］．中国科技论坛，2010（10）：75－80.

② 李勇坚，夏杰长．中国高技术服务业集聚发展现状及政策建议［J］．经济与管理，2011（6）：5－10.

③ 夏海力，贾海成．苏州市促进高技术服务业发展的政策环境研究［J］．中国科技论坛，2012（7）：115－119.

④ 李晖．高技术服务业发展的经验借鉴与模式选择［J］．求索，2015（10）：105－109.

务、知识生产与技术服务等产业的政策措施，评价现行政策的实施效果，并针对现行政策提出相应改进建议。陈丽佳（2004）通过总结现阶段国内外高技术服务业的发展经验，发现高技术服务业的规范、健康和快速发展需要完善、有效的政策引导和扶持[①]。基于政策对信息服务业的重要性，田萌（2012）论述了财政政策和税收政策对信息服务业发展的作用机理，提出针对信息服务业发展的财税政策建议[②]。以软件业为分析对象，李德升（2012）分析了我国近年来软件业税收政策的具体效果，研究发现相关财税政策的不断丰富刺激了软件产业持续快速的增长，并从统一财税政策、完善优惠方式、调整优惠政策条件等方面提出政策建议[③]。基于我国区域间经济发展状况参差不齐的特点，钱明辉和黎炜祎（2015）通过整理分析政策文本，结合我国区域间经济发展状况参差不齐的特点，为以后我国知识产权服务业发展政策的制定提出了相关政策建议[④]。

（三）关于内容分析法在服务业政策研究中的应用研究

近年来，部分学者尝试运用内容分析法，开展服务业文献的政策研究，为提供改进措施奠定基础。黄萃等（2011）以1987～2008年高新技术产业的相关税收优惠政策为基础，运用内容分析法分别从政策的分布时间、优惠税种、优惠对象和优惠措施等方面进行量化分析，指出这些税收优惠政策的若干特征[⑤]。司晓悦和王园园（2013）针对2011年颁布的《关于加快发展高技术服务业的指导意见》政策，借鉴Rothwell和Walter Zegveld的三类型政策工具理论和高技术服务业的产业过程特点，采用内容分析法对该政策文本进行具体分析，研究认为需要加强政策工具的协同和完善政策体系，以及从产业规模、产业市场化和产业集群等多个维度提出改进意见[⑥]。李力等（2016）采用内容分析法从产业组织、结

---

① 陈丽佳．国内外科技中介服务机构政策环境建设探析［J］．广东科技，2004（6）：31－33.

② 田萌．促进我国信息服务业发展的财税政策研究［D］．北京：首都经济贸易大学，2012.

③ 李德升．我国软件产业税收政策效果分析及完善思路［J］．财会月刊，2012（11）：31－34.

④ 钱明辉，黎炜祎．我国知识产权服务业发展政策浅析［J］．中国发明与专利，2015（5）：15－18.

⑤ 黄萃，苏竣，施丽萍，等．中国高新技术产业税收优惠政策文本量化研究［J］．科研管理，2011（10）：46－54，96.

⑥ 司晓悦，王园园．我国高技术服务业政策研究——政策工具理论视角下《关于加快发展高技术服务业的指导意见》内容分析［J］．科学管理研究，2013（6）：25－36.

构、布局和技术等方面政策进行分析，对我国健康服务业政策开展了较为全面的研究，结合其产业基础提出了政策改进建议①。

目前相关文献关于高技术服务业政策方面的研究取得了一定的成果，对政策如何影响和作用高技术服务业的健康快速发展有了初步的探讨，但政策刺激高技术服务业高质量发展的影响机理并未系统论述，相关研究仍然主要停留在定性描述、经验总结阶段，缺少较为系统的定量分析方法应用，政策对高技术服务业发展作用路径和具体程度仍需要进一步分析与验证，需要强化此类研究方法，为相关政策的完善提供更具说服力的证据。

三、研究方法与研究设计

（一）研究方法

科学研究方法包括定性研究和定量研究，定性研究往往对不同事物或同类事物的不同个体进行质的区分，达到认识事物本质、探求发展规律的目的；定量研究主要是搜集有关数据资料，进行客观、具体的量化分析，利用数据解释内在变化。内容分析法是定性研究和定量研究的有机结合，最近运用到新闻传播学、政治学、图书管理学、社会学等学科领域，找到有异于传统的研究思路与效果，对文献的内容进行区分，再进行数据量化，便于趋势分析。

（二）样本选取

以2003～2016年我国高技术服务业政策为研究样本，所选取的政策文献来自国务院、国务院办公厅、国家税务总局、国家发改委、海关总署等官方网站，为保证资料的正确性和完整性，本书按照以下原则对样本进行整理和筛选：①发文单位为国务院和国务院直属机构；②政策内容与高技术服务业高度相关；③政策类型主要选取办法、公告、规定、规划、决定、条例、意见、通知等体现政府效力的文件，最终获得65份有效样本。

① 李力，郑英，王清波，等．基于内容分析法的部分地区健康服务业政策比较研究［J］．中国卫生政策研究，2016（3）：11－15.

（三）文本编码

本书对搜集整理的65份政策文本按时间顺序进行升序排列，再对每一份文献进行仔细阅读，找到其中明显对高技术服务业支持的内容，按照“政策编号——序列号”编码，尽可能详细。

四、基于内容分析法的高技术服务业政策分析

（一）政策颁布部门分析

研究样本发现，65份样本文献共有13个行政机构参与制定与颁布，联合颁布有18项，占总样本的27.69%，说明我国高技术服务业政策制定过程中协调发文的效率较低，急需不同部门相互之间的密切合作，统计结果如表6－1所示。从政策颁布部门分析结果来看，国家税务总局、国务院和财政部在高技术服务业政策制定过程中发挥重要作用，国家税务总局共参与23项政策制定，占35.38%，其中有7项单独颁布，但69.57%是与其他部门联合颁布。国务院颁布的19项政策全为单独颁布，与之相反，财政部颁布的18项政策均为联合颁布，其中作为第一发文单位有15项。国家税务总局和财政部作为政策制定的主体，体现国家越来越多地采用税收、财政和金融等市场手段对高技术服务业发展态势进行调控，不再侧重于政府的直接干涉，同时，参与政策制订部门范围更加广泛，不仅表明高技术服务业涉及范围十分广泛，也体现各个部门对高技术服务业发展的注重与支持。

表6－1　　政策颁布部门分布一览

颁布部门	颁布总数	单独颁布	联合颁布	联合颁布所占百分比（%）
国家税务总局	23	7	16	69.57
国务院	19	19	0	0.00
财政部	18	0	18	100.00
科技部	10	4	6	60.00
发改委	8	4	4	50.00
国务院办公厅	7	7	0	0.00
工业和信息化部	3	2	1	33.33

续表

颁布部门	颁布总数	单独颁布	联合颁布	联合颁布所占百分比（%）
商务部	3	0	3	100.00
海关总署	2	1	1	50.00
信息产业部	1	1	0	0.00
统计局	1	1	0	0.00
工商总局	1	0	1	100.00
文化部	1	1	0	0.00
均值	7.46	3.62	3.85	43.30

资料来源：笔者整理。

（二）政策颁布时间分析

本书将2003～2016年有关我国高技术服务业政策的颁布分为3个阶段，以2007年及2011年为阶段节点，统计结果如图6－1所示。2003年科技部发布《2003年度科技型中小企业技术创新基金若干重点项目指南》第一次出现高技术服务业一词；2007年国家发改委出台《高技术产业发展“十一五”规划》，将高技术服务业列为重点发展产业，进一步优化发展环境，加强基础设施建设；2011年国务院办公厅颁布《关于加快发展高技术服务业的指导意见》首次在文件名中出现“高技术服务业”一词，文中进一步强调了发展高技术服务业的重要性，重点推进研发设计服务等8大领域发展。

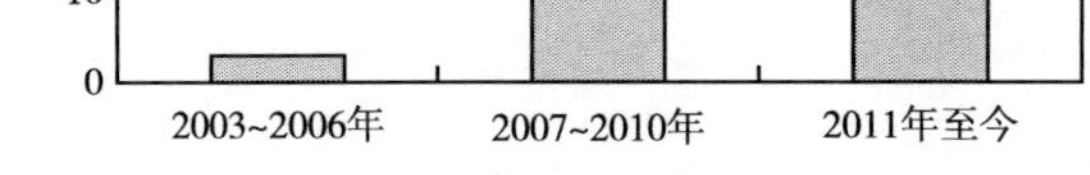

图6－1　高技术服务业政策颁布时间阶段分布

资料来源：笔者整理。

（1）起始阶段（2003～2006年）。高技术服务业政策少，包括科技部颁布的

《2003 年度科技型中小企业技术创新基金若干重点项目指南》和《科技型中小企业技术创新基金若干重点项目指南》，后者是对前者的具体描述，提出信息技术服务业、生物医药技术服务业等高技术服务业支持的方向，为以后区分高技术服务业提供理论基础；以及信息产业部颁布《支持国家电子信息产业基地和产业园发展政策》，为建立信息服务平台提供技术、资金等支持。

（2）上升阶段（2007～2010 年）。该阶段陆续颁布了《高技术产业发展“十一五”规划》《关于当前推进高技术服务业发展有关工作的通知》和《关于实施高新技术企业所得税优惠有关问题的通知》等，政府开始注重从税收金融角度促进高技术服务业的发展。通过支持电子信息技术发展，建立信息网络平台，为高技术服务业提供技术基础，如颁布《关于嵌入式软件增值税政策的通知》。

（3）深化阶段（2011 年至今）。这一阶段政策颁布数量达到高峰，共 45 项，平均每年 7.5 项。其中涉及人才培养 16 项，占所有人才培养政策的 88.89%，国务院办公厅在《关于加快发展高技术服务业的指导意见》中提出建立科学的学科体系，加强创新型人才培养，深化文化技术交流，推动高技术服务业国际合作。税收优惠政策和金融支持政策取得突破性进展，分别为 23 项和 15 项，包含财政部等 5 部委局联合颁布的《关于完善技术先进型服务企业有关企业所得税政策问题的通知》。2016 年国务院《关于同意在天津等 12 个城市设立跨境电子商务综合试验区的批复》中涉及免征增值税，促进产品出口，加强对外合作，为高技术服务业在未来加强国际间合作开了好头。

（三）政策效力维度分析

本书通过政策类型和文件类型两个指标对文本进行效力评价，分析结果如表 6－2 所示。普遍性是指政策适用于所有高技术服务业，反之为专一性。从政策类型来看，我国高技术服务业“普遍性”政策较多，“专一性”政策占到 30.77%，约为普遍性的一半，体现政策制定普遍性较高的特点。例如，2011 年国务院办公厅发布的《关于加快发展高技术服务业的指导意见》，不仅适用于所有高技术服务业，还涉及加大财税支持、支持人才培养、创新体系建设和加强对外合作等方面。从文件类型来看，高技术服务业政策发布集中体现在通知、意见、公告3个层面，通知和意见占到总体的63.08%，而位于“其他”中的条例、规定仅各有1项，表明我国颁布的高技术服务业政策的法律效力较低，且以“通知”形式颁布的政策权威性易受质疑。

表6-2　　高技术服务业政策效力维度分析

发展阶段	政策类型		文件类型									
	普遍性	专一性	办法	公告	规划	决定	目录	批复	通知	意见	指南	其他
起始阶段	2	1	0	0	0	0	0	0	0	0	2	1
上升阶段	14	3	1	0	2	1	0	0	8	3	0	2
深化阶段	29	16	1	5	0	2	2	2	17	13	0	3
合计	45	20	2	5	2	3	2	2	25	16	2	6

资料来源：笔者整理。

（四）政策工具维度分析

本书从供给、环境和需求三个维度对高技术服务业的政策工具进行研究。供给型政策工具是指政府提供人才、技术、设施、信息等要素，支持和引导高技术服务业的发展。根据不同要素，可分为人才培养、信息网络支持、公共建设、资金投入4类基本政策工具。环境型政策工具则是通过改善影响高技术服务业的政策环境，间接促进高技术服务业发展，包含金融支持、税收优惠、法规管制等。需求型政策工具分为政府采购、外包服务、贸易管制、对外合作管理，通过政府职能减少市场不确定性，拉动高技术服务业发展。三类政策工具分类统计的结果如图6-2所示。

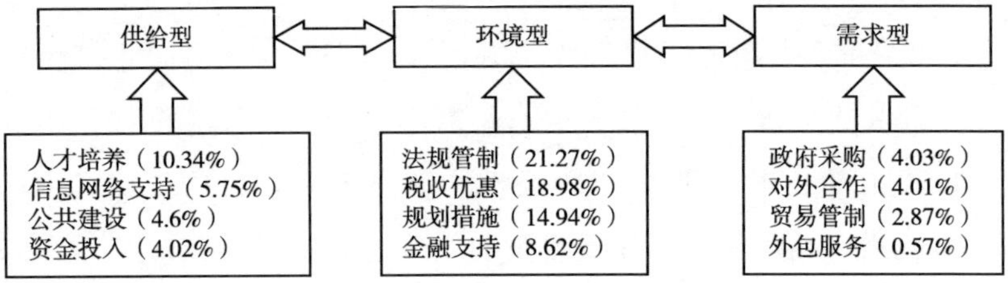

图6-2　基本政策工具维度分析

资料来源：笔者整理。

（1）供给型政策比重低于环境型政策，集中于人才培养。高素质人才是高技术服务业发展的重要支撑力量，从长远发展角度看，高素质、有专业知识的人才是高技术服务业不断发展的源泉，只有拥有充足的人才储备才能在未来发展中获得竞争优势。资金投入仅为4.02%，表明以政府主导的财政投入逐渐减少，注重将企业投资引入高技术服务业，政府更多地通过税收优惠政策、金融支持间接引导行业发展，发挥市场的主导作用。

（2）环境型政策占总体比重较高，且各要素分布不均衡。环境型政策工具使用占63.81%，超过一半，其中法规管制位居第一，占21.27%，而同属于环境型政策的金融支持仅为8.62%。现行环境型政策工具的效力偏低，本书样本中多以“通知”（38.46%）、“意见”（24.62%）形式出现，法律效力高的“条例”仅有1项，占1.54%。表明我国侧重于高技术服务业相关的一系列法律法规的建立，一方面使问题的处理有法可循，企业的生产经营活动有法保护，例如，2009年国家税务总局颁布的《关于实施高新技术企业所得税优惠有关问题的通知》为高技术服务业企业所得税的减征、免征提供法律依据；另一方面，过多的法律，特别是不适用于目前状况的法律，对创新性强的高技术服务业会形成束缚。金融支持政策偏少，说明关于贷款、担保、补贴等力度不够，需要开拓更多的融资平台，找到合法、高效的融资渠道。

（3）需求型政策文件最少，与供给型、环境型相比较为缺失。政府采购在需求型政策中比重最大（4.03%），外包服务几乎不存在，由此可见，需求型的“拉动”作用没有被充分认识，因此，增加需求型政策工具是高技术服务业政策制定值得关注的方面。只有供给、环境、需求三者共同驱动，才能保证政策的高效运行。

（五）政策内容类别维度分析

目前高技术服务业政策已形成一个复杂的系统，为了方便分析政策特点，按政策数量和措施数量的统计结果绘制成表6－3和图6－3。

表 6-3　各部门颁布的政策数量及措施数量

政策	政策数量	措施数量
税收优惠政策	15	67
信息网络支持政策	14	59
法规管制政策	11	33
规划措施政策	7	16
需求支持政策	5	25
金融支持政策	5	18
公共建设政策	4	9
资金投入政策	3	15
人才培养政策	1	2
合计	65	244

资料来源：笔者整理。

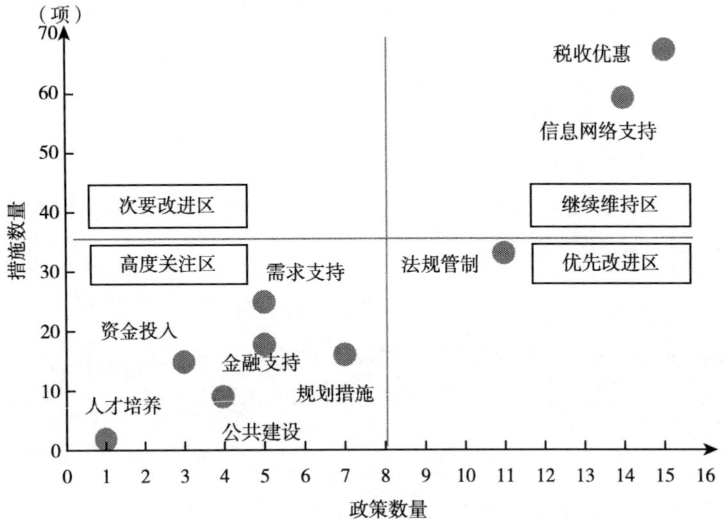

图 6-3　政策数量与措施数量分布

资料来源：笔者整理。

通过表 6-3 和图 6-3 可以看出，我国现行高技术服务业政策措施呈现以下特点：(1) 政策措施分布不均衡。位于第一象限的“继续维持区”，是政策措施数量都较多的区域，各部门颁布的政策主要集中在税收优惠和信息网络支持方面，政策主要通过减免企业所得税、增值税等，以及促进信息平台发展，推出新型设备与管理系统服务，促进高技术服务业的发展。（2）人才培养和公共设施建设等方面的政策措施急需加强。位于第三象限的“高度关注区”，是政策措施都较少的区域，是需要将来重点强化的区域。专门针对高技术服务业发展要求的人才支持政策比较缺乏，应加大财政支持，建立人才继续教育基地，建立产学研相结合的人才培养平台，同时建立知识产权保护体系，为高技术服务业发展提供强有力的法律保护。（3）供给侧的政策着力点存在偏差。高技术服务业是技术与人才密集型行业，政策应针对这两个方面提供相应支持，而研究表明现行政策制定与传统服务业几乎无异，仍是通过建立专项基金、推进产业园区建设、加强产业引导等一系列政策，高技术人才相关措施稀少。（4）制度环境政策多而杂，主要通过法规管制体现。我国目前处于经济发展的转型期，多种制度层出不穷，主要涉及未来规划、加快发展意见、认定管理办法等，具体的行业标准化、统计制度、金融政策以及知识产权保护等都不健全，各部门颁布的政策缺乏统一性和权威性。

第二节

我国高技术服务业发展环境的评价①

世界经济正在从以制造业为代表的工业经济时代向服务经济时代转变，产业分工日益呈现出专业化的倾向。加速发展高技术服务业是加快转变经济发展方式的必然要求，其形成与发展既遵循一般产业发展规律，又具有自身特有的发展规律，在此过程中，会受到发展环境的影响和制约。产业发展环境是一个多主体、多层次、始终处于动态变化过程中的多维结构系统。高技术服务业发展环境是其快速健康发展的重要前提，一个国家或区域高技术服务业的发展，受诸多环境因素的影响。

① 姚正海，张海燕. 高技术服务业发展环境评价指标体系的构建［J］. 财经科学，2013（12）：112－120.

一、高技术服务业发展环境文献综述

1. 关于高技术服务业发展环境影响因素研究

国外学者对高技术服务业发展环境的研究，主要在于强调政府、企业和市场之间的共同作用。王仰东等（2011）在《服务创新与高技术服务业》一书中指出，美国高技术服务业增长快、总量高，居世界领先地位，其发展得益于政府良好的政策支持、政府创造的良好市场环境以及政府高度重视人才培养、重视版权保护等相关立法工作；同样日本东京高技术服务业的发展也主要得益于政府“市中心膨胀化发展和外围地区多点截留双元战略的城市化发展模式”、政策支持、专业人才以及发达的物流业①。

国内学者专门针对高技术服务业发展环境影响因素的文献并不多见，但是从某种意义上来讲，还是从不同角度为高技术服务业发展环境研究奠定了理论基础。蒋瑛（2003）从政策环境方面探讨了如何促进高新技术产业政策体系的完善，即认为应完善财税政策、建立新型的投融资体制和建立有利于高科技产业发展的法制环境②；赵弘和谢倩（2008）研究发现，北京丰富的科技资源、雄厚的高技术基础、优良的创新创业环境都使高技术服务业发展具备良好的比较优势，高技术服务业的发展快慢与该区域的科技创新资源、创新水平、创新环境等因素的水平高低呈正相关趋势③。此外，财税政策也是推动该领域的重要引擎之一，严舒（2016）论证了财税政策不仅直接影响高技术服务业的发展，还可以通过促进产业集群发展，推动专业化分工和产业关联性，促进创新型人才的发展，间接促进高技术服务业的发展④。

2. 关于构建高技术服务业发展环境指标体系研究

相关学者构建了多种形式的评价指标体系来评价高技术服务业的发展环境。

---

① 王仰东，谢明林，安琴，等. 服务创新与高技术服务业［M］. 北京：科学出版社，2011.

② 蒋瑛. 构建我国高科技产业发展的政策环境［J］. 经济体制改革，2003（2）：27－29.

③ 赵弘，谢倩. 北京高技术服务业发展环境与比较优势分析［J］. 中国科技论坛. 2008（4）：52－55，59.

④ 严舒. 财税政策对高技术服务业发展的影响研究［D］. 苏州：苏州大学，2016.

李志刚和汤书昆（2004）从发展环境、主体实力、发展潜力、体系结构和服务绩效5个方面构建了“科技中介服务业建设水平评价指标体系”①；单晓娅和张冬梅（2005）选择了现代服务业发展环境的区位条件、资源和基础设施条件、经济条件、市场条件、要素条件和社会服务条件6类因素，构建了现代服务业发展环境的评价指标体系②；刘长平和叶春明（2011）从政策法规环境、经济环境、社会文化环境、技术环境等方面分析了上海发展知识产权服务业的环境和前景③。

3. 关于高技术服务业发展环境模型研究

在基于发展环境评价指标体系的基础上，学者们还采取了不同的模型对不同地区的发展环境进行综合评价，进而提出促进高技术服务业发展的相关政策建议。梁小红等（2012）借助SWOT模型，从优势、劣势、机遇和威胁4个方面对福建省科技服务业环境进行了分析，进而提出了相关建设策略④；韩鲁南等（2013）通过政治（Politics）、经济（Economics）、社会（Society）和技术（Technology）4个维度（简称PEST分析法）对北京市科技服务业所处的宏观环境进行了分析评价⑤；邢学杰（2015）运用仿生学的原理，分析了影响服务业的国际和国内两大生态发展环境，在此基础上，从国际、国内环境多个角度提出了加速服务业稳定、健康发展的对策建议⑥；赵冬梅等（2016）以江苏省科技服务业为研究对象，在剖析发展现状和存在的问题前提下，专门研究了双创环境下江苏省发展科技服务业助推经济转型升级的具体路径⑦；黄明凤和吴艳霞（2017）通过构建钻石结构模型，采用熵权和变异系数组合赋权法综合评价新疆生产建设

① 李志刚，汤书昆. 科技中介服务业建设水平评价指标体系研究［J］. 科学学与科学技术管理，2004（8）：88－91.

② 单晓娅，张冬梅. 现代服务业发展环境条件指标体系的建立及评价——以贵阳市为例［J］. 贵州财经学院学报，2005（1）：66－70.

③ 刘长平，叶春明. 上海知识产权服务业发展环境研究与战略选择［J］. 科技管理研究，2011（4）：142－144，148.

④ 梁小红，许智云，黄克安. 福建省科技服务业发展环境及对策探析［J］. 莆田学院学报，2012（6）：46－52.

⑤ 韩鲁南，关峻，白玉，等. 北京市科技服务业发展环境分析与对策研究［J］. 科技进步与对策，2013（6）：25－29.

⑥ 邢学杰. 我国服务业面临的产业生态环境因素影响研究［J］. 改革与战略，2015（3）：125－129.

⑦ 赵冬梅，陈前前，吴士健. 双创环境下发展科技服务业助推经济转型升级问题研究——以江苏科技服务业为例［J］. 科技进步与对策，2016（14）：41－46.

兵团高技术服务业的发展环境，在对发展环境客观评价的基础上，认为必须走借力发展、融合发展之路，以创新的思维和开阔的视野加速新疆生产建设兵团高技术服务业的发展[①]；张寒旭和邓媚（2018）运用宏观环境分析模型（PEST）与态势分析模型（SWOT）相结合的方法，客观评价了广东省科技服务业的发展环境与前景，进而提出了加速广东科技服务业发展的战略对策建议[②]。这些研究成果分别采取不同模型对不同区域高技术服务业的发展环境进行探讨，并提出相关有效建议，这为相关领域的研究提供了一定的参考价值。

4. 现有文献评价

通过现有文献的梳理可以发现，现有研究多是针对某一特定地区的经济发展环境要素进行综合分析，并且将促进高技术服务业发展的主体责任局限于政府，针对市场力量和完善的区域环境对高技术服务业发展推动作用的研究较少。同时，现有文献针对高技术服务业这一特定产业发展所需的环境要素研究甚少，尤其缺少定量分析方面的研究。本书试图构建高技术服务业发展环境评价指标体系，并运用《中国统计年鉴（2019）》的数据进行定量评价，为其发展环境的度量提供一个可行的参考框架。

二、高技术服务业发展环境评价指标体系的构建

（一）高技术服务业发展环境影响因素钻石结构模型

通过对美国、日本所代表的发达国家和我国香港和台湾所代表的地区的高技术服务业发展环境驱动因素的分析，以及对相对较落后的大陆高技术服务业发展环境制约因素的分析，尽管这些影响因素在表述上略有差异，但本质上均涵盖了基础设施和社会服务环境、经济发展环境、政策法律环境（或制度环境）、人口文化素质环境、科技创新环境、国际化环境 6 大类。在梳理国内外相关文献的基础上，参考并借鉴我国学者方远平和闫小培（2008）的“服务业区位因素钻石

① 黄明凤，吴艳霞．新疆兵团高技术服务业发展环境的评价——基于熵权与变异系数组合赋权法的综合评价模型［J］．新疆财经，2017（6）：46－52．

② 张寒旭，邓媚．广东省科技服务业发展环境分析与战略研究［J］．科技管理研究，2018（3）：134－141．

结构”①，提出“高技术服务业发展环境影响因素钻石结构”平面图，如图6-4所示。

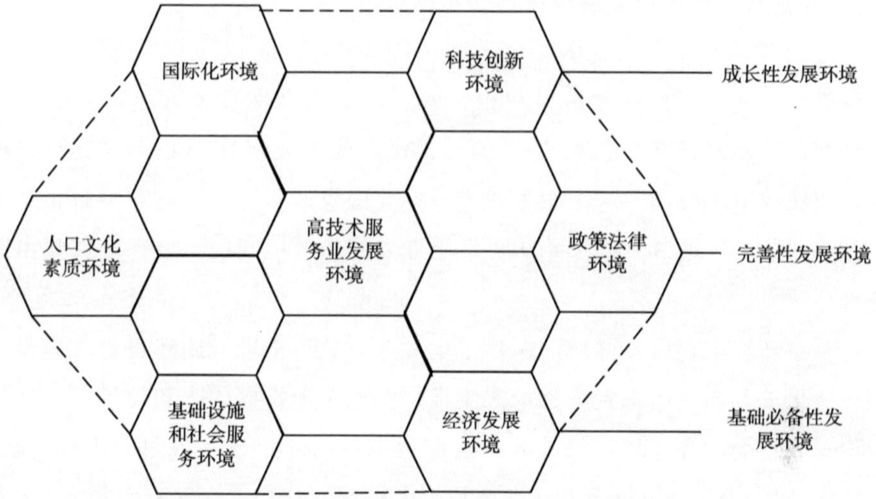

图6-4　高技术服务业发展环境影响因素钻石结构平面图

图6-4显示，第一，6大类子环境犹如高技术服务业发展环境这颗钻石的6个不可分割的组成部分，同时，这6大类子环境又构成了高技术服务业发展环境外围的6个面。第二，6大类子环境对国家或区域高技术服务业发展所起的作用是不同的：钻石结构平面图的最底部分是基础必备性发展环境，包含基础设施和社会服务环境、经济发展环境，表明基础设施和社会服务环境是高技术服务业发展的必备前提和存在的基础平台，经济发展环境是高技术服务业发展的基础，是其产生和发展的源动力；第二层次称为高技术服务业完善性发展环境，包括人口文化素质环境和政策法律环境，表明高技术服务业的发展离不开一定文化素质的人口规模，它的更好发展需要有源源不断的人才供给，同样，高技术服务业发展需要政府给予政策、法律、法规的支持，这两个子环境是对高技术服务业产生之后继续发展的完善性发展环境；第三层次称为高技术服务业成长性发展环境，到了这一层次，高技术服务业的发展就到了提升速度和效益的层次，一个国家或区域的高技术服务业发展的速

① 方远平，闫小培．大都市服务业区位理论与实证研究［M］．北京：商务印书馆，2008.

度、规模、效益如何，需要综合比较其科技创新环境和国际化环境。

（二）高技术服务业发展环境评价指标选取

1. 基础设施和社会服务环境

在促进高技术服务业发展进程中，各国政府均高度重视营造良好的发展环境。日本在“新经济成长战略”中提出，建立服务业研究中心，政府协助拓展服务业领域和国际市场，扩大服务业需求。英国曼彻斯特市政府着力解决土地供应、住房和公共运输等直接影响服务业企业发展的环境问题，以保障高技术服务业的可持续发展。

这一子环境主要涉及区域的医疗卫生服务、城市基础设施建设运转效果、市政服务效果等方面，考虑到数据可采集性，选取7个指标代表和评价一个区域的基础设施和社会服务环境：每千人口医疗卫生机构床位数（或每万人拥有医院、卫生院床位数）（张）、每千人口卫生技术人员数（或每万人拥有医师数）（人）、客运量（万吨）、货运量（万吨）、生活垃圾清运量（万吨）、城市用水普及率（%）、城市燃气普及率（%）。

2. 经济发展环境

一般认为，区域经济发展水平与现代服务业的发展相互依存。当经济发展环境较为优越时，高技术服务企业可以获取更多的技术创新资源，同时政府可以加大技术开发财政转移支付力度，从而便于企业技术创新环境的改善。

经济发展环境决定了区域高技术服务业的产生与发展，是其发展的动力源。根据经济史学家麦迪森按购买力平价口径衡量的各国长期经济增长数据，成功跨入高收入行列的国家或地区，在其人均GDP达到11000美元后，工业增加值比重上升的速度开始放缓甚至逐步下降，而服务业加快发展。此外，相关研究表明高技术服务业的发展与城市化及城市发展密切相关，大都市成为引领高技术服务业发展的龙头。因此，高技术服务业发展与区域的经济发展水平、城市化程度密切相关。选取服务业增加值占GDP比重（%）、固定资产投资额比上年增长率（%）、人均GDP（元）、城市化率（%）4个指标来衡量和评价高技术服务业发展环境的经济发展环境。

3. 人口文化素质环境

高技术服务业是人力资本密集型产业，对劳动者的素质要求很高。世界发达国家都根据自身实际制定了人才提升计划，为高技术服务业的快速发展奠定智力保障。高技术服务业发展最为根本的动力源是获利，而高技术服务业发展是否能够获利则取决于高技术服务业的需求规模。人口文化素质环境中人口规模、人口密度和经济发展环境中的人均 GDP 决定了高技术服务业的市场潜力和范围。人口文化素质环境中还涉及文盲率、拥有大专及以上受教育程度比重、国家财政性教育经费，这些在一定程度上决定了区域高技术服务业专业人才供给。因此，选取了人口规模（万人）、城市人口密度（人/平方公里）、文盲率（%）、每十万人拥有大专及以上受教育程度（%）、国家财政性教育经费（万元）5 个指标来衡量和评价人口文化素质环境。

4. 政策法律环境

法律政策环境是指国家和地区经济技术发展的方针政策和法律法规。2007 年国家发改委发布的《高技术产业发展“十一五”规划》中，高技术服务业已被明确列入 8 大高技术产业中，已成为新经济的增长点；国家第十二个五年规划纲要提出“培育壮大高技术服务业”的要求；2010 年 5 月 12 日和 2011 年 12 月 12 日，国家发改委办公厅和国务院办公厅分别下发了《关于当前推进高技术服务业发展有关工作的通知》和《关于加快发展高技术服务业的指导意见》；党的十八大报告明确指出，要推动经济持续健康发展，确保转变经济发展方式取得重大进展。

良好的政策法律环境有利于促进高技术服务业的发展，一个国家或区域高技术服务业的发展离不开政府的政策支持、离不开良好的法律环境。由于政策法律环境本身难以定量化，再考虑到数据的可得性，选取中央财政中有关科学技术支出（亿元）、商业服务业等支出（亿元）、金融监管支出（亿元）、资源勘探信息等支出（亿元）来衡量高技术服务业的政策法律环境。

5. 科技创新环境

随着科学技术的不断进步和国际分工的日益深化，服务业尤其是高技术服务业的发展更多地依靠创新要素的投入。因此，区域的科技创新环境的优劣在一定程度上决定了高技术服务业发展的速度和效益。选取了高等学校数量（所）、R&D 支出（万元）、开发新产品经费（万元）、专利申请数（件）、技术市场成交额（万元）来反映和衡量区域科技创新环境。

6. 国际化环境

随着经济全球化趋势的日益明显，世界各国经济的融合程度进一步加深，国际分工协作从传统的制造环节日益向服务业等高端环节延伸，与制造业相关的服务业的国际转移越来越占据重要地位。作为促进高技术服务业发展的环境层面，可以采用经济开放度来衡量，同样考虑到数据的可采集性，选取了外商投资总额（亿美元）、外商投资企业数（个）、外商投资企业货物进出口总额（亿美元）来衡量和评价国际化环境。

（三）高技术服务业发展环境评价模型与评价指标体系

根据上述高技术服务业发展环境影响因素钻石结构模型和高技术服务业发展环境评价指标，构建高技术服务业发展环境评价模型，如图 6－5 所示。该评价模型包含基础设施和社会服务环境、经济发展环境、人口文化素质环境、政策法律环境、科技创新环境和国际化环境六个子环境，每个子环境包括一系列三级评价指标共计 28 个。

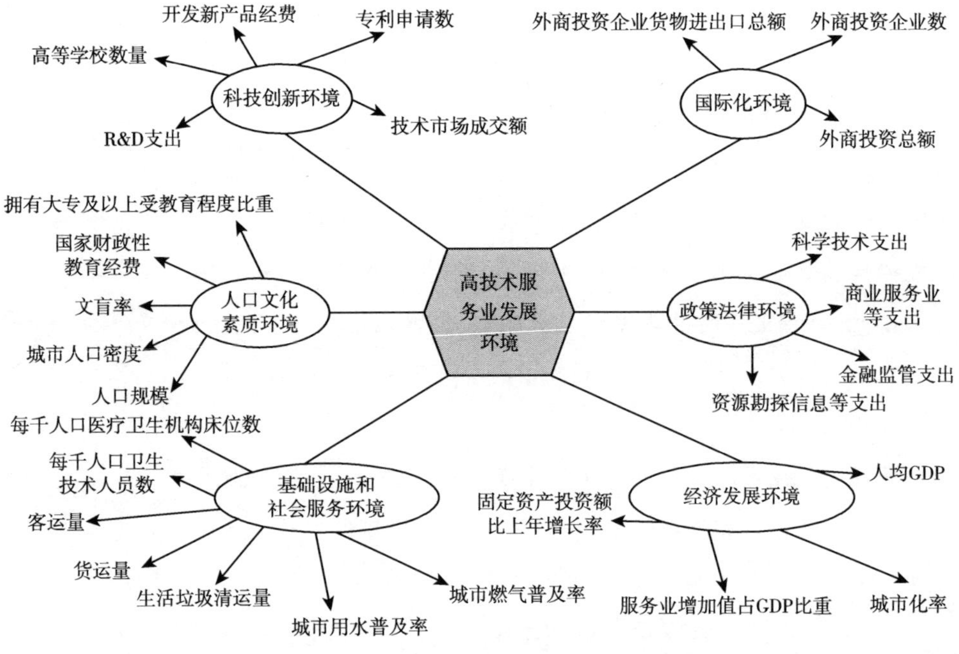

图 6－5　高技术服务业发展环境评价模型

依据高技术服务业发展环境评价模型，表 6 - 4 给出了高技术服务业发展环境评价的具体评价指标及其变量名。

表 6 - 4　　高技术服务业发展环境评价指标体系

二级子环境	变量名	三级评价指标	二级子环境	变量名	三级评价指标
基础设施与社会服务环境	X_1	每千人口医疗卫生机构床位数（张）	人口文化素质环境	X_{15}	拥有大专及以上受教育程度比重（%）
	X_2	每千人口卫生技术人员数（人）		X_{16}	国家财政性教育经费（万元）
	X_3	客运量（万人）	政策法律环境	X_{17}	科学技术支出（亿元）
	X_4	货运量（万吨）		X_{18}	商业服务业等支出（亿元）
	X_5	生活垃圾清运量（万吨）		X_{19}	金融监管支出（亿元）
经济发展环境	X_6	城市用水普及率（%）		X_{20}	资源勘探信息等支出（亿元）
	X_7	城市燃气普及率（%）	科技创新环境	X_{21}	高等学校数量（所）
	X_8	服务业增加值占 GDP 比重（%）		X_{22}	R&D 经费（万元）
	X_9	固定资产投资额比上年增长率（%）		X_{23}	开发新产品经费（万元）
	X_{10}	人均 GDP（元）		X_{24}	专利申请数（件）
	X_{11}	城市化率（%）		X_{25}	技术市场成交额（万元）
人口文化素质环境	X_{12}	人口规模（万人）	国际化环境	X_{26}	外商投资总额（亿美元）
	X_{13}	城市人口密度（人/平方公里）		X_{27}	外商投资企业数（户）
	X_{14}	文盲率（%）		X_{28}	外商投资企业货物进出口总额（万美元）

三、高技术服务业发展环境评价方法的选择

高技术服务业发展环境的评价是针对多指标、多层次的指标体系进行的，采用的测度方法可归纳为主观赋值法和客观赋值法两大类。前者如层次分析法，此法采取定性的方法，由专家小组讨论的方式获得指标权数，然后再对指标体系进行综合测度；后者包括主成分分析法、因子分析法等测度方法，此类方法是研究数据之间的相关关系进行测度。

高技术服务业发展环境评价采用主成分分析法，一方面可以减少原始预选指

标的个数；另一方面基于各个主成分不相关的特性，能够减少指标信息的交叉冗余，有利于提高测度结果的准确性。另外，选择的高技术服务业发展环境评价指标反映的信息在一定程度上会存在重叠，对评价结论的影响程度也难于确定，主成分分析法依据对指标数据进行分析得到的指标内在结构关系进行测度的，可以较好地解决这些难点，该方法是依据数据本身特征而不是主观判断，因此更加客观。

主成分分析法是应用比较多且较成熟的多元统计方法，既可用于简化指标又可以用于对样本进行评价。高技术服务业发展环境评价正是对多个样本进行分析和评价的问题，适合运用主成分分析法进行测度。本书在结合相关文献的基础上，采用主成分分析法来评价我国高技术服务业发展环境。

主成分分析法的基本原理如下：

主成分分析是借助原始指标的线性组合，将多个原始指标简化为具有代表意义的少量指标的一种多元统计方法。对于多层次的综合评价指标体系，各原始指标之间往往不是相互独立的，而是不同程度地存在着某种相关关系，这种情况在实际问题中一般是不可避免的。这些相关性会造成原始指标信息重叠，对以后的计算产生误差，同时繁多的指标会增大计算量。为克服此困难，很自然就想到降维的方法，将原始变量线性组合为少数几个综合指标，这些综合指标不仅保留了原始变量的主要信息，彼此之间又不相关，又比原始变量具有某些更优越的性质，使我们在研究复杂问题时容易抓住主要矛盾。因此，主成分分析方法不仅可以消除指标之间的相关关系，而且可以减少计算工作量①。

对于一个样本资料，观测 p 个变量 X_1，X_2，…，X_p，n 个样品的数据资料矩阵为：

$$X=\begin{bmatrix} x_{11} & x_{12} & \cdots & x_{1p} \\ x_{21} & x_{22} & \cdots & x_{2p} \\ \vdots & \vdots & & \vdots \\ x_{n1} & x_{n2} & \cdots & x_{np} \end{bmatrix}=(x_1,x_2,\cdots,x_p) \tag{6-1}$$

① 陈伟达．现代服务业区域协调发展研究［M］．北京：科学出版社，2013.

其中：

$$x_j = \begin{bmatrix} x_{1j} \\ x_{2j} \\ \vdots \\ x_{nj} \end{bmatrix}, j = 1, 2, \cdots, p。$$

主成分分析法就是将 p 个观测变量综合成 p 个新的变量（综合变量），即：

$$\begin{cases} F_1 = a_{11}x_1 + a_{12}x_2 + \cdots + a_{1p}x_p \\ F_2 = a_{21}x_1 + a_{22}x_2 + \cdots + a_{2p}x_p \\ \cdots\cdots \\ F_p = a_{p1}x_1 + a_{p2}x_2 + \cdots + a_{pp}x_p \end{cases} \tag{6-2}$$

简写为：

$$F_j = a_{j1}x_1 + a_{j2}x_2 + \cdots + a_{jp}x_p, j = 1, 2, \cdots, p \tag{6-3}$$

要求模型满足以下条件：

（Ⅰ）F_i，F_j互不相关（$i \neq j$，i，j = 1，2，…，p）；

（Ⅱ）F_1的方差大于F_2的方差大于F_3的方差，依次类推；

（Ⅲ）$a_{k1}{}^2 + a_{k2}{}^2 + \cdots + a_{kp}{}^2 = 1$，k = 1，2，…，p。

F_1 为第一主成分，F_2 为第二主成分，依次类推，有 p 个主成分，a_{ij}为主成分系数。

样本观测数据矩阵为：

$$X = \begin{bmatrix} x_{11} & x_{12} & \cdots & x_{1p} \\ x_{21} & x_{22} & \cdots & x_{2p} \\ \vdots & \vdots & & \vdots \\ x_{n1} & x_{n2} & \cdots & x_{np} \end{bmatrix} \tag{6-4}$$

主成分分析法的计算步骤如下：

第一，将原始数据进行标准化处理。

标准化处理的计算公式为：

$$x_{ij}^{*}=\frac{x_{ij}-\bar{x}_j}{s_j},i=1,2,\cdots,n,j=1,2,\cdots,p \tag{6-5}$$

其中：

$$\bar{x}_j=\frac{1}{n}\sum_{i=1}^{n}x_{ij},s_j=\sqrt{\frac{1}{n-1}\sum_{i=1}^{n}(x_{ij}-\bar{x}_j)^2},j=1,2,\cdots,p。$$

第二，KMO 值与 Bartlett 球形检验。

运用 SPSS 对标准化数据进行检验，当 KMO 值越接近于 1，数据之间越具有强相关性，就越适合运用主成分分析法。Bartlett 球形检验用于检验相关矩阵中各变量间的相关性，判断如果相关矩阵是单位阵，则各变量独立，主成分分析法无效，也就是无法从多维变量中提取公因子，Bartlett 球性检验原假设是变量之间相互独立。

第三，求 R 的特征值（λ_1，λ_2，…，λ_p）和相应的特征向量 a_i = （a_{i1}，a_{i2}，…，a_{ip}），i = 1，2，…，p。

第四，选择重要的主成分，构建主成分表达式。

主成分分析法可以得到 p 个主成分，由于各个主成分的方差递减，信息量也递减，因此，在实际分析过程中，依据主成分累计贡献率（贡献率指某个主成分的方差占全部方差的比重）的大小选取前 k 个主成分，一般要求达到 85% 以上。即：

$$贡献率=\frac{\lambda_i}{\sum_{i=1}^{p}\lambda_i} \tag{6-6}$$

在选择好主成分的基础上，构建主成分表达式。

Charles Spearman（1904）提出因子分析法，这种方法是主成分分析法的一种自然延伸，是在主成分分析结果的基础上，将多个变量提炼为少数几个因子，从而再现原始变量以及因子之间的相关关系，同样属于多元统计分析中处理降维的一种统计方法。

主成分分析法和因子分析法的最大优势在于评价模型生成过程中同时也生

成了信息量权数，这是其他评价方法所不具备的。虽然因子分析法的优势在于因子的性质比主成分分析法更容易解释，但是由于总因子得分均是估计值，在综合评价精确性方面不如主成分分析方法，因此本书选择了主成分分析法。

四、高技术服务业发展环境的实证分析与评价

（一）高技术服务业发展环境的主成分分析

1. 指标数据收集与标准化处理

在上述构建高技术服务业发展环境评价指标体系的基础上，收集相关评价指标2018年数据，使用主成分分析法，对全国31个省区市进行比较分析。从《中国统计年鉴（2019）》中搜集上述28个评价指标对应数据，并对数据进行标准化处理。

2. KMO值与Bartlett球形检验

在主成分分析前，都需要将指标进行相关性检验，判断是否适用于主成分分析，结果如表6－5所示，KMO值为0.671，结果大于0.6，表明指标之间的相关性强；同时，显著性为 $0<0.05$，说明各指标之间不具有独立性，具有相关性，所以该组数据适于主成分分析法。

表6－5　　KMO和巴特利特球形检验表

KMO取样适切性量数		0.671
巴特利特球形度检验	近似卡方	1364.303
	自由度	378
	显著性	0.000

3. 计算主成分贡献率与累计贡献率

图6－6为全国31个省份高技术服务业发展环境数据（2018年）进行主成分分析所获得的主成分碎石图。

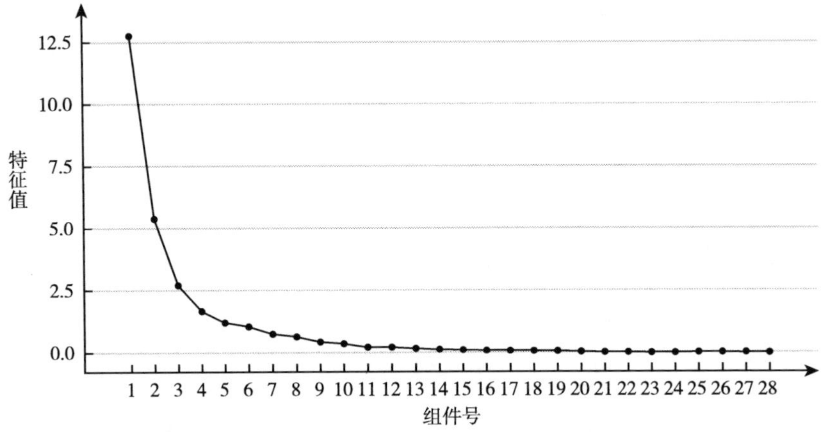

图 6-6　高技术服务业发展环境主成分碎石图

表 6-6 中给出的是具体的特征根值。依据特征根值大于 1 的原则，结合碎石图，并考虑前 6 个主成分累计贡献率达到 88.551%，大于 85%，因此，可以用 6 个主成分来代替原来 28 个评价指标进行分析和评价 2018 年全国 31 个省份高技术服务业发展环境。

表 6-6　高技术服务业发展环境评价指标主成分特征值及方差贡献率

成分	特征值	贡献率（%）	累计贡献率（%）
1	12.755	35.292	35.292
2	5.380	17.500	52.792
3	2.724	11.710	64.502
4	1.648	11.234	75.736
5	1.224	7.787	83.523
6	1.063	5.028	88.551
⋮	⋮	⋮	⋮

注：表中数据系根据主成分分析结果计算、整理所得。

4. 主成分分析过程

表 6-7 中的数据为高技术服务业发展环境 6 个主成分的初始因子载荷矩阵，用该表中的数据除以主成分相对应的特征根值开平方根，便得到高技术服务业发展环境 6 个主成分中每个指标所对应的系数，如表 6-8 所示。

表 6－7　　高技术服务业发展环境主成分分析之初始因子载荷矩阵

变量	1	2	3	4	5	6
x_1	-0.173	-0.062	0.432	0.581	0.055	0.386
x_2	0.305	0.744	0.002	0.469	-0.112	0.004
x_3	0.690	-0.448	0.208	0.369	0.134	-0.150
x_4	0.632	-0.532	0.310	0.012	-0.154	0.046
x_5	0.937	-0.232	-0.031	0.102	-0.102	-0.056
x_6	0.392	0.356	0.688	-0.249	-0.166	-0.018
x_7	0.464	0.304	0.734	-0.187	-0.159	0.002
x_8	0.324	0.800	-0.183	0.105	0.152	-0.110
x_9	0.256	-0.501	-0.074	0.158	0.583	-0.147
x_{10}	0.649	0.649	-0.131	-0.050	0.097	0.034
x_{11}	0.608	0.704	0.181	-0.187	0.051	-0.034
x_{12}	0.691	-0.583	0.268	0.160	0.065	-0.031
x_{13}	0.046	-0.150	0.246	-0.519	0.643	-0.158
x_{14}	-0.386	-0.305	-0.768	0.183	0.044	0.109
x_{15}	0.259	0.921	-0.009	0.132	0.099	-0.130
x_{16}	0.874	-0.383	0.074	0.156	0.006	-0.024
x_{17}	0.931	-0.009	-0.218	-0.013	-0.053	-0.168
x_{18}	0.714	0.200	-0.022	-0.028	0.230	0.559
x_{19}	0.723	0.015	-0.127	-0.009	-0.032	0.403
x_{20}	0.749	0.283	-0.089	-0.082	0.317	0.364
x_{21}	0.741	-0.381	0.383	0.229	0.153	-0.114
x_{22}	0.912	-0.253	-0.093	-0.012	-0.154	0.046
x_{23}	0.920	-0.238	-0.180	-0.071	-0.164	-0.051
x_{24}	0.886	-0.269	-0.197	-0.094	-0.205	-0.102
x_{25}	0.492	0.587	-0.082	0.480	0.127	-0.341
x_{26}	0.909	0.050	-0.285	-0.139	-0.082	-0.097
x_{27}	0.883	0.018	-0.311	-0.202	-0.047	-0.028
x_{28}	0.876	0.019	-0.293	-0.197	-0.014	0.056

注：表中数据系计算、整理所得，括号内数值为负。

表 6-8　高技术服务业发展环境 6 个主成分中每个指标对应的系数

变量	成分					
	1	2	3	4	5	6
x_1	-0.048	-0.027	0.262	0.453	0.050	0.374
x_2	0.085	0.321	0.001	0.365	-0.101	0.004
x_3	0.193	-0.193	0.126	0.287	0.121	-0.145
x_4	0.177	-0.229	0.188	0.009	-0.139	0.045
x_5	0.262	-0.100	-0.019	0.079	-0.092	-0.054
x_6	0.110	0.153	0.417	-0.194	-0.150	-0.017
x_7	0.130	0.131	0.445	-0.146	-0.144	0.002
x_8	0.091	0.345	-0.111	0.082	0.137	-0.107
x_9	0.072	-0.216	-0.045	0.123	0.527	-0.143
x_{10}	0.182	0.280	-0.079	-0.039	0.088	0.033
x_{11}	0.170	0.304	0.110	-0.146	0.046	-0.033
x_{12}	0.193	-0.251	0.162	0.125	0.059	-0.030
x_{13}	0.013	-0.065	0.149	-0.404	0.581	-0.153
x_{14}	-0.108	-0.131	-0.465	0.143	0.040	0.106
x_{15}	0.073	0.397	-0.005	0.103	0.089	-0.126
x_{16}	0.245	-0.165	0.045	0.122	0.005	-0.023
x_{17}	0.261	-0.004	-0.132	-0.010	-0.048	-0.163
x_{18}	0.200	0.086	-0.013	-0.022	0.208	0.542
x_{19}	0.202	0.006	-0.077	-0.007	-0.029	0.391
x_{20}	0.210	0.122	-0.054	-0.064	0.287	0.353
x_{21}	0.207	-0.164	0.232	0.178	0.138	-0.111
x_{22}	0.255	-0.109	-0.056	-0.009	-0.139	0.045
x_{23}	0.258	-0.103	-0.109	-0.055	-0.148	-0.049
x_{24}	0.248	-0.116	-0.119	-0.073	-0.185	-0.099
x_{25}	0.138	0.253	-0.050	0.374	0.115	-0.331
x_{26}	0.255	0.022	-0.173	-0.108	-0.074	-0.094
x_{27}	0.247	0.008	-0.188	-0.157	-0.042	-0.027
X_{28}	0.245	0.008	-0.178	-0.153	-0.013	0.054

注：表中数据系根据主成分分析结果计算、整理所得。

用 F_1、F_2、F_3、F_4、F_5和 F_6来表示高技术服务业发展环境的 6 个主成分，依据表 6－8 中的数据，可以得到：

$$F_1 = -0.048x_1 + 0.085x_2 + 0.193x_3 + 0.177x_4 + 0.262x_5 + 0.110x_6 + 0.130x_7 + 0.091x_8 + 0.072x_9 + 0.182x_{10} + 0.170x_{11} + 0.193x_{12} + 0.013x_{13} - 0.108x_{14} + 0.073x_{15} + 0.245x_{16} + 0.261x_{17} + 0.200x_{18} + 0.202x_{19} + 0.210x_{20} + 0.207x_{21} + 0.255x_{22} + 0.258x_{23} + 0.248x_{24} + 0.138x_{25} + 0.255x_{26} + 0.247x_{27} + 0.245x_{28}$$

F_2、F_3、F_4、F_5和 F_6的表达式按照上述 F_1表达式表示。

以高技术服务业发展环境 6 个主成分所对应的解释贡献率占所有 6 个主成分的总的解释贡献率之和的比例，作为 6 个主成分在计算高技术服务业发展环境综合得分（即 F）中的权重。最终，获得高技术服务业发展环境综合得分计量模型：

$$F = 0.514F_1 + 0.217F_2 + 0.110F_3 + 0.066F_4 + 0.049F_5 + 0.043F_6$$

根据高技术服务业发展环境综合得分计量模型，即可计算全国 31 个省份的高技术服务业发展环境综合得分，并对它们按照高技术服务业发展环境综合得分进行排序，即可对我国高技术服务业发展环境进行比较分析，结果如表 6－9 所示。

表 6－9　　全国 31 个省份高技术服务业发展环境综合得分及排序情况

地区	高技术服务业发展环境综合得分	排序	地区	高技术服务业发展环境综合得分	排序
广东	4.392	1	辽宁	0.203	11
上海	3.666	2	福建	－0.008	12
北京	3.375	3	河南	－0.015	13
江苏	3.119	4	陕西	－0.099	14
浙江	2.403	5	安徽	－0.244	15
山东	1.874	6	河北	－0.308	16
湖南	0.555	7	重庆	－0.317	17
天津	0.385	8	内蒙古	－0.582	18
四川	0.385	9	黑龙江	－0.678	19
湖北	0.362	10	山西	－0.689	20

续表

地区	高技术服务业发展环境综合得分	排序	地区	高技术服务业发展环境综合得分	排序
江西	-0.703	21	甘肃	-1.581	27
新疆	-1.002	22	云南	-1.626	28
广西	-1.174	23	宁夏	-1.688	29
吉林	-1.194	24	青海	-1.787	30
贵州	-1.378	25	西藏	-4.149	31
海南	-1.507	26			

注：表中数据系计算、整理所得，高技术服务业发展环境综合得分值只为排序使用，正负值没有实际含义。

5. 结果分析

表6-9中数据显示，从2018年全国31个省份高技术服务业发展环境整体情况来看，我国高技术服务业发展环境各个区域之间存在差异，具体体现在：广东位居我国高技术服务业发展水平领头羊位置（排序第一），2018年其高技术服务业发展环境综合得分为4.392分，远高于排序第二的上海（综合得分3.666），原因在于广东地理位置优越，毗邻香港、澳门，香港和澳门将许多投资机会投向了广东。并且不远处便是东南亚，拥有优质且众多的海港，进出口贸易便利，因此外商投资环境良好。2019年粤港澳大湾区的建设带动了珠江—西江经济带的创新协调发展，推动广东经济巨大飞跃。此外，随着广东人才政策的进一步优化，如放宽高端领军人才创新创业条件的限制、试行“预认定”来促进优秀人才及项目认定等，加速了高技术服务业优质人才的流入。北京、江苏、浙江、山东高技术服务业发展环境排序依次为第三、第四、第五、第六，它们的高技术服务业发展环境综合得分依次为3.375、3.119、2.403和1.874。其中，“十二五”时期，北京高技术服务业规模结构持续优化，攻坚国家战略关键点、积极参与国际竞争合作。作为我国首都，北京人均GDP、城市化率、医疗卫生等指标极高，凭借着良好的经济发展环境、基础设施与社会服务环境，高技术服务业得到了快速发展。江苏采取一系列措施推进高技术服务业发展环境，在强化培育企业方面，加大培育资金的投入，降低科技型小微企业创业门槛和科技型中小企业研发成本，以及促进企业的集聚发展；在高技术服务企业创新能力的提升方面，鼓励

企业建设高水平研发机构，支持企业开展关键核心技术攻关和科技成果转化；同时加快企业创新产品的应用推广，全面落实高新技术企业股权激励政策，以及激励知识产权创造来优化高技术服务企业发展环境。此外，截至 2020 年上半年，江苏高等学校数量最多有 167 所，全国排名第一，专利申请数为 600306 件仅次于广东。这些都为江苏高技术服务业发展环境提供了良好的科技创新环境。2018 年浙江实现了高技术产业从业人员、科研队伍、研发投入的快速增加；山东发布了一系列关于加快发展高技术服务业的相关文件，重点发展高技术的延伸服务和相关科技支撑服务，积极培育发展面向新能源、新医药、新材料、新一代信息技术和海洋开发等战略性新兴产业的高技术服务业。湖南、天津、四川和湖北 2018 年高技术服务业发展环境综合环境得分排序为第七、第八、第九、第十。上述省市由于高技术服务业缺乏创新性人才、政策法律环境建设较落后等，综合得分在各省市处于中等的地位，但是也从积极开拓市场需求、引导高技术服务业集聚发展、建立多元化投融资体系、加强创新人才开发与引进、政府加大财税支持等方面，加快了高技术服务业调整的步伐；云南、宁夏、青海和西藏由于经济发展实力较差，基础和社会服务设施不完善、人口文化素质相对偏低等原因，尚未形成高技术服务业良好的科技创新环境。因此，2018 年高技术服务业发展环境综合得分在全国 31 个省份中排名靠后，依次为第 28、第 29、第 30 和第 31。

（二）基于高技术服务业发展环境综合得分的聚类分析

为了更客观、清晰地反映出 2018 年全国 31 个省份所处的地位和层次，利用 SPSS 层次聚类的 Q 型聚类对 2018 年 31 个省份高技术服务业发展环境综合得分进行分类分析。生成的聚类分析树形图如图 6－7 所示。

由图 6－7 可知，浙江和山东 2018 年高技术服务业发展环境的相似性较高，较早聚成一类；天津、四川、湖北、辽宁、湖南、河北、重庆、安徽、福建、河南和陕西 2018 年高技术服务业发展环境的相似性较高，较早聚成了一类；贵州、海南、甘肃、云南、宁夏、青海、黑龙江、山西、江西、内蒙古、广西、吉林和新疆 2018 年高技术服务业发展环境的相似性较高，较早聚成了一类；广东、上

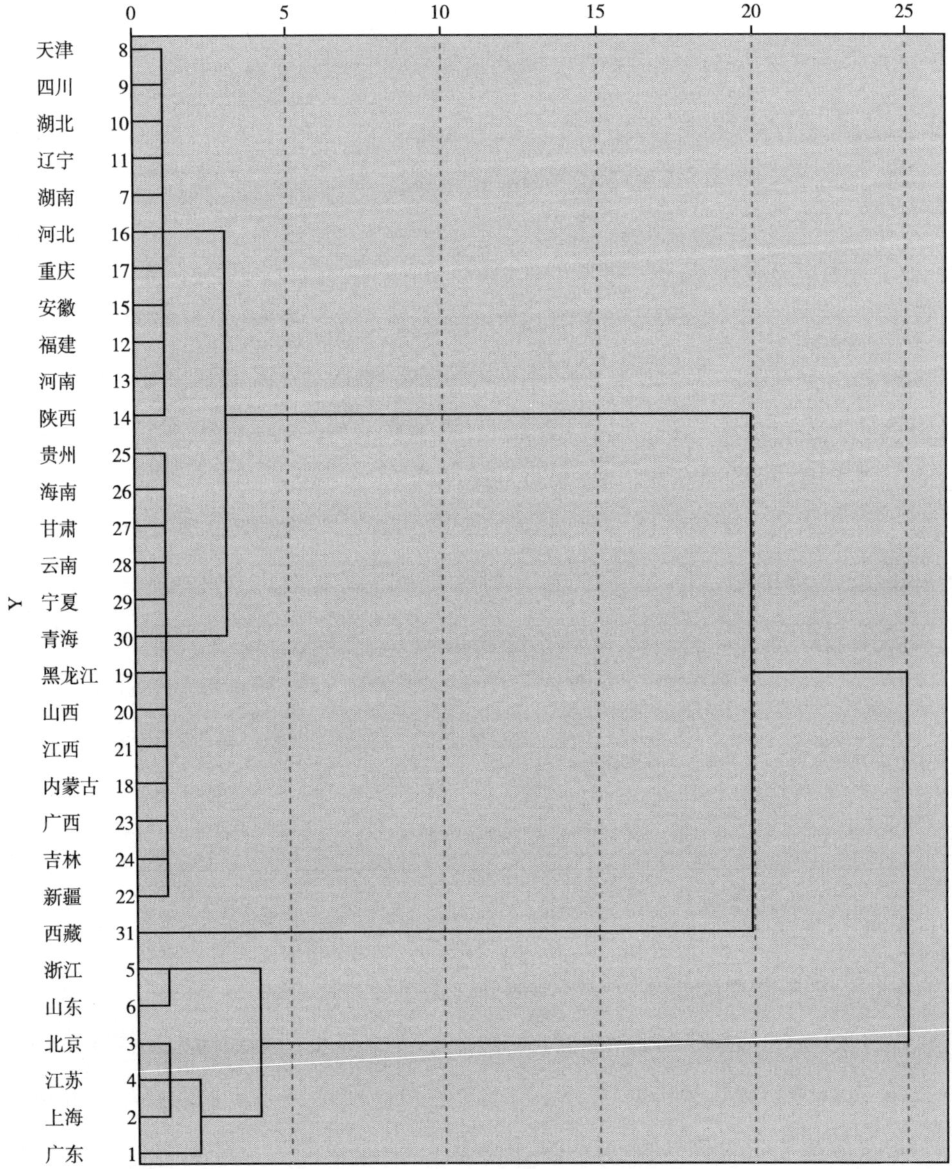

图 6－7　31 个省区市高技术服务业发展环境综合得分层次聚类分析结果

海、江苏和北京 2018 年高技术服务业发展环境遥遥领先，聚成一类；西藏 2018 年高技术服务业发展环境则远远落后于其他省份而自成一类。

根据图 6－7 的分析结果表明，我国 31 个省份的高技术服务业发展环境层次差异明显，可分为五大层次。

第一层次，即遥遥领先于其他27个省份且位居我国高技术服务业发展水平领头羊的广东、上海、江苏和北京，是我国2018年高技术服务业发展环境相对最优、层次相对最高地区，这也是城市自身的地缘优势和吸引力所导致的，同时也与产业规模、创新能力、产业结构、发展潜力等方面是密不可分的。

第二层次，浙江和山东，这些区域高技术服务业发展环境相对较好、层次较高，在第二层次内部，又略有二级层次差异，结合上述31个省份2018年高技术服务业发展环境综合得分，山东在第二个层次中，综合得分为1.874，较浙江落后。

第三层次，天津、四川、湖北、辽宁、湖南、河北、重庆、安徽、福建、河南和陕西，它们2018年高技术服务业发展环境一般。这些省份在资源条件、经济条件、城市化条件等各个方面仍然还有很大的优化空间和进步条件。

第四层次，贵州、海南、甘肃、云南、宁夏、青海、黑龙江、山西、江西、内蒙古、广西、吉林和新疆，这些区域2018年高技术服务业发展环境相对不理想，一方面与所处的地理位置有关，另一方面与良好的基础设施与社会服务环境、经济发展环境等方面水平欠佳所导致。所以应向综合得分较高的地区汲取经验，制订一个适合自身高技术服务业的发展计划。

第五个层次，即西藏，2018年高技术服务业发展环境远远落后于其他区域，亟须改善和提高。

上述五大层次及具体区域，总结如表6－10所示。

表6－10　　31个省份高技术服务业发展环境层次类型（2018年）

层次类型	区　域
第一层次	广东、上海、江苏、北京
第二层次	浙江和山东
第三层次	天津、四川、湖北、辽宁、湖南、河北、重庆、安徽、福建、河南、陕西
第四层次	贵州、海南、甘肃、云南、宁夏、青海、黑龙江、山西、江西、内蒙古、广西、吉林、新疆
第五层次	西藏

五、高技术服务业发展环境优化对策

高技术服务业的发展水平体现了技术与社会、经济的结合程度、科研成果的转化程度以及经济转型升级目标的实现程度。高技术服务业发展环境体系是政府、高技术服务企业、大学、科研院所和中介机构等诸多推动高技术服务业发展与创新的资源要素为实现一系列共同的社会和经济目标而相互作用的融合体系。高技术服务业发展环境体系，从内容上讲包含基础设施和社会服务环境、经济发展环境、人口文化素质环境、政策法律环境、科技创新环境和国际化环境6大子环境体系。这6大子环境体系的推动与发展，需要上述主体的共同努力，具体来讲，政府主要是政策法律环境、基础设施和社会服务环境建设和优化的主体，高技术服务业企业是经济发展环境、科技创新环境、国际化环境建设和优化的主体，大学、科研院所等是人口文化素质环境建设和优化的主体。高技术服务业发展环境的优化对策如下。

1. 促进区域协调发展，完善基础设施建设

表6-9充分显示出，我国高技术服务业发展环境水平参差不齐、区域间层次差异显著，而一个区域高技术服务业的发展水平，体现了技术与社会、经济的结合程度、科研成果的转化程度以及经济转型升级目标的实现程度。因此，对于高技术服务业发展环境较为落后的中西部地区，政府应围绕国民经济和社会发展规划的要求，制订高技术服务业的规划工作，加强与东中部较为发达省市间的合作，以先进带动后进，促进优势互补；同时，要积极引导欠发达地区经济结构调整，并从多种途径增加高技术服务业基础设施建设的投入和社会服务体系的完善，为其快速健康发展奠定良好的基础条件。

2. 建立健全相关法律法规体系，创新商业模式

各级政府应主要通过经济与法律的手段，而不能简单地以限制进入的方式进行绝对管控，积极完善以知识产权保护的相关法律规范。高技术服务业涉及科技的研发、研究成果的转化以及市场推广多个环节，不仅需要高科技研发人才，而且需要高级技术型人才、管理人才、销售人才等，形成产业发展的智力支撑。高

技术服务业的供给必须适应人们消费结构的变化，通过商业模式的创新刺激高技术服务业的需求，大力推进人才公共服务体系建设，完善创新型人才公共信息服务平台。

3. 优化科技创新环境，提升国际化程度

高技术服务业的产生与发展既是市场自发演进的结果，又需要政府的扶持和引导。因此，优化高技术服务业的发展环境，不仅需要政府引导和完善市场机制，而且需要在支持产学研用技术联盟、发展科技中介服务等方面实现政策创新，创造良好的科技创新环境。在积极落实国务院办公厅《关于加快发展高技术服务业的指导意见》等方针政策的同时，切实打破垄断、消除市场壁垒、提高高技术服务业的市场化程度，包括国际化市场的开拓以及国外先进技术的引进和创新。

第三节 主要发达国家促进高技术服务业发展的经验借鉴

世界经济已经进入服务经济时代，各国都十分重视高技术服务业的快速发展，科学借鉴发达国家促进高技术服务业发展的政策措施，对比总结其发展经验，对于我国加速高技术服务业的发展，从而实现国民经济的快速健康发展具有重要的现实意义。

一、美国

20 世纪 90 年代开始，美国服务业逐步取代汽车、钢铁等传统产业，成为美国经济的新支柱力量。目前，美国现代服务业居于世界领先地位，其中信息服务业、金融服务业、教育培训业、专业服务业、商务支持产业的总量已超过 4 万亿美元，占美国经济总量的 32%，接近服务业总体规模的 50%[①]。美国现代服务业增长快、总量高，发展过程中积累了丰富的经验，美国政府为促进高技术服务业

① 王卉．国内外高技术服务业的发展现状及比较［J］．现代经济信息，2013（11）：322－323.

发展所采取的措施主要如下。

一是拟订服务业法律法规，强化信息基础设施建设。高技术服务业是随着信息技术革命而产生的新兴产业，在信息技术上，自 1992 年起，美国政府相继推出“高性能计算与通信计划”“国家信息基础结构行动计划”“全球信息基础设施行动计划”“新一代互联网计划”“21 世纪的信息技术计划”等。在金融领域上，1994 年美国国会要求财政部综合考虑 21 世纪金融市场和金融技术革命的变化，提出未来美国金融服务业方面的发展战略①。

二是形成良性循环、高效整合的区域产业链，完善产业发展环境。美国芝加哥已完成航空产业链一体化、汽车产业链一体化，形成以芝加哥为中心城市的区域经济构建图，这为信息传输和创意服务业等高技术服务业集中发展厚植了土壤。此外，纽约服装产业、好莱坞电影业、硅谷电子产业都在区域内形成了良好的产业链结构，科技研发、生产制造、销售、物流和售后服务等各个环节和衍生产品形成一体化运作，从而保障了产业稳定发展，营造出良好的产业发展环境②。

三是积极培育专业化的高技术服务人才。高技术服务业发展需要高素质人才，美国政府通过多种渠道提高劳动者素质，其中以教育和培训两种方式最为典型。在基础教育和高等教育上，美国政府通过向学校、社区、各州提供资金，给予部分大学学费税收抵免等措施来提高教学水平。此外，美国政府将教育和就业相联系，鼓励地方教育机构、雇主等与社区组织、家长、学生间合作联系，在一定程度上也为服务业培育了优质劳动力。在劳动者培训上，美国政府十分注重培养业务精通的信息经纪人和信息管理者，并且对于大企业进行在职工人和技术人员培训做了特殊规定③。

二、德国

德国是著名的科技强国，高技术产业相当发达。近年来，德国注重以高新技

---

① 原毅军，陈艳莹. 中国高端服务业发展研究［M］. 北京：科学出版社，2011.

② 田跃，赵琪. 中外高技术服务业发展比较研究［J］. 时代经贸，2015（17）：89-91.

③ 原毅军，陈艳莹. 中国高端服务业发展研究［M］. 北京：科学出版社，2011.

术为核心、以技术进步为基础的双导向来促进高端服务业发展[①]，其主要政策如下。

一是将服务业创新纳入国家创新体系。德国政府确定将“服务业创新计划”纳入“高科技创新计划”框架中，目的是加快以企业为主体的服务业创新。政府部门专门设置了“研究与创新”基金，促进创新产品与服务的成果化和市场化[②]。

二是聚力发展科技中介服务机构。德国政府高度重视发展科技中介服务机构。目前，德国科技中介服务机构涉猎广泛，体系完善，在信息、咨询、职业教育等方面具有明显优势，极大推动着德国高技术服务业发展以及国家技术创新进程。一方面，德国政府通过特别政策扶持中小企业发展，鼓励中小企业科技创新成果转化；另一方面，德国建立了广泛的技术转让中心，专门从事咨询、开发与科研成果传播，促进科技中介服务机构的发展。此外，德国政府主动搭建工作平台向符合科技创新条件的企业提供专项奖励基金，促进企业与科技中介服务机构的互利合作[③]。

三是多层次、针对性的人才培养与引进政策。人力资本是服务业创新的基础，高技术服务业急需高素质、高技能的专业型人才。一方面，德国建立了多层次人才培育体系，在基础教育、职业教育、高等教育等层面均投入强有力的教育支出保障；另一方面，德国注重从世界各国引进高技术服务领域的专业人才，促进人才流动。例如，德国在2000年8月开始实施绿卡制度，从国外招募信息技术人才。

三、英国

在信息服务行业方面，英国首都伦敦的信息服务业市场增长速度以每年平均

---

① 陈旭芳，傅培华，李胜定，等．德国现代服务业与先进制造业融合发展启示［J］．浙江经济，2019（24）：54－55.

② 原毅军，陈艳莹．中国高端服务业发展研究［M］．北京：科学出版社，2011.

③ http：//www.sic.gov.cn/News/456/5073.htm

增长率超7%稳居全欧洲首位①。同时伦敦以各方面优越的条件吸引着信息服务商来此聚集，Accenture、CSC、IBM、Fujitsu 等公司总部均驻于伦敦，这些世界性大公司每年给英国信息服务带来的贡献高达250亿欧元。英国信息服务业茁壮发展主要得益于政府的大力支持，政府促进高技术服务业发展的政策措施主要体现在以下几个方面。

首先，政府主导重视高技术服务业，使整个社会有着较强的信息意识。从英国高技术服务中比较具有代表性的创意产业来说，自20世纪90年代起英国贸易及产业局便对文化创意产业提供服务，1997年，在布莱尔上任英国首相的第一年便创立了创意工作小组，其后历任首相都相当重视创意产业的发展，逐步形成了较完整的体系；另外政府倡导在知识产权保护中鼓励降低知识价格水平，以此来提高信息的流动量，同时促进高技术服务与实际应用相结合；英国政府强调高技术服务的特色行业、创意产业，要始终面向大众。这为文化消费市场培养了潜在的消费群体，并鼓励大众尤其是青年群体参与到高附加值产业中去。

其次，将公益性无偿服务与经营性有偿服务相结合，保障在教育系统中文化艺术的存在并同时获得教育体系的协同支持。政府和教育系统在培养青年一代的创新思维与艺术素养的重要性上达成共识。他们一致认为创新离不开思维，而新的产业发展离不开发明创造。

最后，充分发挥专家高等技术人员的作用，切实负责实践项目。例如，专利商标事务所与法律事务所合作共同进行创意产业的知识产权保护工作。早在2004年英国就出现了在同一品牌下跨界合作的专利商标事务服务与一般法律事务的结合。英政府曾在2006年任命7位专家组成团队专门辅导创意产业框架结构优化，提高生产率，引领公众投资企业成为创意先锋。

四、日本

日本的高技术服务业的代表是信息技术服务业，该行业有着软件服务的支持

① 王仰东，谢明林，安琴，等. 服务创新与高技术服务业［M］. 北京：科学出版社，2011.

和战略性法律法规建设的保障，已成为推动国家经济发展与保持国际竞争力的战略性产业。在这其中，软件业是信息技术服务行业的重头，日本承接的软件开发的销售收入占产业销售总额的46.3%。日本高技术服务业的稳定发展具有以下特征。

一是政府政策的支持。日本在2000年提出了《IT基本法》的政策，并在其后颁布了“e－Japan战略”“e－Japan战略Ⅱ”和“u－Japan战略”，积极推进IT立国战略。“e－Japan战略”以宽带化为突破口大力开展信息基础建设；“e－Japan战略Ⅱ”以促进信息技术的应用为主旨；“u－Japan战略”前瞻性地抓住信息、通信技术发展的制高点，力图通过实现“无处不在”的网络社会，在更深的程度上更广的范围内拓展信息技术应用①。在政府的大力支持下信息服务在制造业、金融与保险业、政府机关这三个行业的销售额占到产业总额的50%左右，并形成了产业链。

二是得益于政府的宏观指导与早期规划。东京采用了市中心区膨胀化发展和外围地区多点截流双元战略，让现代服务业呈现多样化、多层次网络化的结构特征。政府政策支持建设商贸中心和基础设施布局，推动城市的商务功能发展，为金融、银行、保险、物流、知识密集型制造业发展提供便利。在这其中尤其是物流行业，早在1965年政府便开始规划物流基地建设，并通过物流园区保障了成本与经营规模效益，同时也为高技术服务行业发展提供了便利。

三是鼓励因势利导将高速发展的现代高技术服务业与制造业融合发展。与东京相比，大阪的高技术服务行业发展特色明显。大阪制造业的发展有效促进了服务业向高端与现代化前进，其已经成为日本经济新的增长点。制造业衍生出的相关高技术服务需求中，航运服务便是最大特色之一，“大阪港综合流通中心”与“南港航空货物航站（NACT）”的先进设施为大阪的雄厚生产能力打下坚实的基础。并且在大阪从制造业中心逐步转型的过程中，高技术服务业也吸纳了大量的就业。

---

① 吴畏．日本高技术服务业的发展［J］．华东科技，2011（4）：54－55.

第四节

促进我国高技术服务业发展的对策建议

高技术服务业的快速发展，必须改变过去长期依赖行政手段转让科技成果与推广先进技术的做法。当前是我国依靠科技创新和自主创新来建设创新型国家的关键时期，促进高技术服务业的发展，成为推进、保证上述进程的有力助推器。

我国高技术服务业发展的战略定位如下：以科学发展观为指导，紧紧围绕富民强国的总目标，以市场为导向，以企业为主体，以人才为根本，以创新为支撑，坚持“需求引导、统筹规划、扬长避短、讲求实效”的发展方针，依据我国自身条件和比较优势，加强政府引导，促进产业集聚，壮大产业规模，创新服务模式，加快建立健全高技术服务业体系，为高技术产业发展和产业结构调整提供有力支撑，进而推进创新型国家的进程。

我国高技术服务业培育与发展的总体思路为：“政府引导、依托优势、科技创新、集群发展。”[①]

“政府引导”：不仅要充分发挥企业的主体作用以及市场配置资源的基础性作用，而且要强化政府的主导作用，实现政府主导力、企业主体力和市场基础力“三力合一”。政府要积极推进观念创新、体制创新、方法创新和管理创新，努力构建科学建设、促进、推动高技术服务业发展的宏观调控机制、优惠倾斜机制、法律法规机制和良好环境机制。

“依托优势”：依托我国区域特色和资源优势，积极吸纳更多资源，尤其是海外高技术服务业的人才和资金。实现各地区高技术服务业的协调发展，由于不同区域条件存在差异，经济发展不平衡，高技术服务业发展要结合资源禀赋优势，各有侧重。

“科技创新”：注重发挥科研院所、研究机构的研究骨干和引领作用，以及院校的基础教育、基础研究的生力军作用，并着力提高它们的研究开发能力、综

① 姚正海．江苏高技术服务业发展现状与对策研究［J］．广州广播电视大学学报，2013（6）：93－97，112.

合中介服务能力、创新成果转化和产业化能力。我国高技术服务业的快速发展，要突破体制障碍，有效组合创新主体，建立公共服务平台，共享科技创新资源，促进建成我国特色的“产学研”循环体系。

“集群发展”：建立和扩大高技术服务业集聚区，引导高技术服务业向产业带、产业园区转移，促进高技术服务业企业在空间上的集聚，形成信息共享、优势互补的共同发展局面。重点围绕物联网、生物技术服务、文化创意、知识产权服务等领域，建设一批产业集聚度高、专业特色鲜明的园区，形成一批引领未来高技术服务业发展的新增长点。

促进我国高技术服务业发展应遵循的基本原则如下。

(1) 坚持自主创新。

发展高技术服务业必须将创新作为核心，从多个方面进行创新，包括理念、技术、知识、制度、管理等，进而化解产业发展中的各种矛盾。深入开展基础性、前沿性技术和共性技术研究，大力推进原始创新、集成创新和引进消化吸收再创新。

(2) 政府引导和市场机制相结合。

既要充分发挥企业的主体作用以及市场配置资源的基础性作用，又要强化政府的主导作用，充分发挥“政府主导力、企业主体力、市场配置力”这三个主体的共同作用，建立长效机制，鼓励多个主体参与其中，从多个层面加强监管，从而共同促进高技术服务业的发展，应当转变政府在其中发挥的作用，进一步减少政府对于该行业的直接干预，政府应当充分发挥引导作用，对该产业的发展进行宏观规划，通过优惠政策鼓励企业的发展，对市场环境进行严格监管，为该行业的发展提供良好的市场竞争环境，更好地发挥政府职能。

(3) 突出重点和分类推进相结合。

高技术服务业在发展过程中存在的主要问题是，产业规模相对较小，发展层次相对较低，为了更好地促进该产业的发展，既要确保产业规模持续扩大，也要提升产业发展的质量。该产业发展的主要目标是，巩固支柱行业的发展水平，鼓励新兴产业的进一步发展，加强潜力行业的突破，为高技术服务业发展提供良好的基础设施支持，依赖重点项目的规划和实施，对核心企业进行支持和培育，促进该行业产业门类的完善和推进，促使整个行业的进一步发展。

（4）集群发展和区域均衡相结合。

产业集群的发展不仅仅依赖于政府的政策支持，更重要的是提升发展机制，促进该行业整体竞争力的提升。我国高技术服务业的发展可借鉴国外先进经验，学习其他国家的企业创新机制，积极引进人才，建立完善的人才培养机制，政府为企业创造良好的竞争环境，企业之间既是竞争关系，也应当适当地开展交流合作，取长补短，借鉴经验。相关部门应当对高技术服务行业的发展进行统筹和布局，在产业集聚区划分为不同的门类和功能区，对于重点产业，应当根据产业发展需求进行有针对性的扶持，形成完整的产业链，充分发挥产业的规模效应和优势，形成协调发展的格局。在规划的过程中，充分考虑重点行业和重点区域，形成该行业的良性发展机制。

（5）树立品牌和开放合作相结合。

高技术服务业在发展的过程中，应当结合我国的实际国情，坚持自主创新，鼓励企业进行研发，形成企业发展的核心技术，提升企业在国际竞争市场中的发展优势。鼓励企业创建特色品牌，研发具有创新性的产品，重点培育具有品牌影响力的龙头企业。与此同时，应当注重与其他国家企业进行合作交流，学习国外知名公司的管理经验，采取措施引进更多的专业人才，扩大对产业的资金投入，尽可能在短时间内形成一定的产业规模，充分提升我国高技术服务业的竞争力水平。

在借鉴国外发达国家先进经验的基础上，结合我国实际状况，提出如下促进我国高技术服务业发展的对策建议。

一、深化高技术服务业机制体制改革，完善配套制度建设

积极引导高技术服务业机制体制创新，并推进高技术服务业领域内的改革，同时，建立完善高技术服务业的技术标准体系，定期对该行业的发展进行科学合理的评价，引导行业向规范化的方向发展。政府应大力探索高技术服务业统计标准体系的建立以及未来的应用推广，以传统的统计制度为基础，创新统计制度体

系建立。健全高技术服务业全方位发展要素的保障机制，政府积极引导和鼓励高技术服务企业内部研发设计、营销设计、通信技术服务等机构的改革，逐步面向市场提供专业化服务。

（一）有序开放高技术服务业市场，构建公平竞争的市场环境

政府应积极出台相关支持高技术服务业的政策制度，打破长期以来高技术服务业存在的垄断，尤其是严重制约高技术服务业发展的体制性障碍。政府应逐步放宽高技术服务行业市场准入条件，通过建立公平、规范、透明的市场准入制度，营造促进高技术服务业发展的市场环境。同时，借鉴发达国家高技术服务业市场管理制度的先进经验，积极探索适合我国高技术服务业发展特点的市场管理办法。结合我国市场经济发展的特点，大力发展经济类型多样化的高技术服务业，进一步鼓励民间资本以独资、参股、许可经营、特许经营、合资等方式，进入电子商务、网络、信息和通信、科研等产业领域，实现高技术服务业投资主体的多元化。通过推进实施高新园区国家服务业综合改革试点工作，重点支持国家鼓励发展的高技术服务业，指导高技术服务业的品牌和全球市场网络建设，培育大中型高技术服务业企业的国际竞争优势。

完善发展体制，为高技术服务业提供良好的制度环境，我国市场化水平的不断提升，促进了服务业的持续发展，从本质上而言，两者存在密切关系[①]。目前我国该行业正处于初步发展阶段，与国际平均水平相比存在一定的差距，落后于我国经济总体发展速度，存在这一问题的主要原因是体制不健全。进一步放松市场准入条件，引进竞争机制，加快高技术服务业的资源配置机制，由以政府为主向以市场为主转变，改革投资与融资体制，以突破地区壁垒、市场壁垒，营造要素的合理流动的环境。通过平等竞争，提高服务质量、降低服务价格，从而促进高技术服务业加快发展，不断提高竞争力。

（二）建立科学的高技术服务业统计制度和考核评价体系

为适应经济发展趋势和产业结构变化，2002 年在《国民经济行业分类》

① 周振华．现代服务业发展研究［M］．上海：上海社会科学院出版社，2005.

中完善了高技术服务业的分类，2004 年开展的经济普查为高技术服务业提供了全面、系统的数据。为适应行业发展形势，为准确完整地统计好高新技术行业的有关数据，政府需要建设相应的制度。要制定完整的高技术服务业统计调查制度，合理设立相关统计指标体系，反映我国高技术服务业发展的变化趋势。抓紧建立一套实用合理的符合我国高技术服务业发展特征的统计指标体系和工作体系，规范全国各地的细分高技术服务业行业的统计口径，形成科学合理、统一、标准的统计调查制度，提高高技术服务业统计服务水平和统计数据质量。

将高技术服务业的发展水平作为一项衡量地区发展的评价指标，将其纳入各级政府工作绩效考核评价体系，建立各级政府高技术服务业工作绩效评估制度。既有利于高技术服务业的又好又快发展，又可以避免高技术服务业在发展改革过程中可能出现的一系列问题。建立科学合理的评价机制，根据系统性、可比性、可量化原则设计具有指导性和可操作性的评价指标体系。政府应实时检查监督高技术服务业相关发展政策的贯彻落实情况，明确高技术服务业发展政策方针的执行主体，监督主体的责任分工。在政府综合考核评价中注重公开性和透明性原则。在综合考核指标设计上，重视高技术服务业的可持续发展，突出环境保护、生态经济、技术创新、品牌建设等。有关部门应积极完善高技术服务业统计指标分类，实行政府统计、行业统计和企业统计互为补充的统计监测制度。

（三）完善高技术服务业制度建设，促进高技术服务业体制创新

积极开展高技术服务业管理体制改革试点工作，主要针对高技术服务业组织机构、市场监管与行政执法、市场准入与行政管理等方面进行突破和改革。按照高技术服务业发展改革的总部署，不断优化高技术服务业产业布局，有重点、有步骤、分层次推进高技术服务业优势产业发展。积极探索与高技术服务业相关的服务政策措施和信用服务，加快完善与高技术服务业相关的安全认证、技术标准规范。大力鼓励采用高新技术对传统服务业进行升级，同时对于服务业的技术改造升级给予与制造业同等地位的政策优惠。鼓励高技术服务业发展多式联运、电

子商务、“互联网+”等方式。为了促进该行业的进一步发展，相关部门应当根据该行业的特点和实际需求制定鼓励政策，引导企业建立创新品牌，对具有品牌影响力的企业进行资金和政策两个方面的支持，鼓励高技术服务企业与生产制造企业合作，从而实现高技术服务品牌提升与产品品牌推广的良性互动。

（四）建立健全高技术服务业的标准与认证体系

标准与认证体系作为影响行业发展的重要因素，高技术服务业也不例外。相较于国外高技术服务业标准化进程，我国高技术服务标准化工作起步较晚，目前尚未形成系统的高技术服务标准体系，主要存在高技术服务标准化工作缺乏统筹规划，在制定与执行中具有一定的随意性和盲目性，一些行业、企业急需标准尚未制定出台，部分已制定出台标准在实施过程中存在不协调等问题。相关部门应根据国家对高技术服务业的总体发展需求，加快推进高技术服务业标准体系建设工作。高技术服务业不仅包括信息技术服务、数字内容服务、电子商务服务、生物技术服务，还涉及了研发设计服务、知识产权服务、检验检测服务、科技成果转化服务等多个领域，各个不同领域的标准化进程水平差距较大。总体来说，信息技术服务领域标准化进程较快，然而科技成果转化服务、数字内容服务、生物技术服务等领域制定实施的标准内容较少，因此，建立高技术服务标准认证体系是一项长期的系统工程。在高技术服务标准认证体系构建过程中，需要不断联系实际，积极探索和完善适合我国高技术服务业发展的标准认证体系。重点是标准化工作组织领导机构、标准宣传与贯彻、标准试点工作、标准动态维护、标准实施评价等机制的不断创新完善，通过将其过程规范化和有序化，最终形成合理有效的标准化体制。在整个过程中，国家应加大对高技术服务标准化整体性工作的指导，积极开展高技术服务标准认证体系的顶层设计工作，全面推进高技术服务标准认证体系工作。

在标准制定方面，可参考国际上 ISO、CEN 发布的相关指南，关注贯穿服务生命周期中各个环节的标准与质量控制，包括服务供给、与消费者的沟通、服务外部性等多方面，并针对高技术服务业的自身特点，融合对于技术硬件的质量标准认定，构建具有产业特色的质量标准。

二、加强政府扶持力度，优化高技术服务业发展政策

进一步发挥政府关于高技术服务业的政策导向作用，充分发挥政府职能，为高技术服务业发展提供有力支持，引导高技术服务业制订整体规划。同时，还应重视高技术服务业之间存在的行业差异问题，确保政府实施的优惠政策能惠及所有类型的高技术服务企业。尤其在高技术服务业吸引资金方面，加快制订高技术服务业引进资本的扶持政策，促使更多社会资本流向高技术服务业。

（一）充分发挥政府职能，引导高技术服务业制订规划

我国高技术服务业发展还处于起步阶段，需要政府发挥好引导者的作用。目前，为了促进高技术服务业的发展，我国从多个层面进行了政策支持，从多个维度提出了解决方案，包括市场资本、人才等领域。例如，在资金这一方面，相关地区或机构可以设立专项资金，为该产业的发展提供资金支持。在政策支持这一方面，我国针对该行业的政策体系尚未健全，应当对该行业的发展制订长期总体规划，并从多个领域进行扶持，确保扶持政策能够满足企业的实际需求，切实促进该行业的长期发展。

首先，为了促进高技术服务业的发展，政府应积极借鉴国外有效的产业组织政策。一方面通过提高高技术服务业的进入门槛，淘汰一些服务低端、规模小、缺乏竞争力的高技术服务企业退出市场；另一方面，为大中型高技术服务企业发展营造良好的环境，主要提供技术、人才、资金和服务等方面的支持，推动高技术服务业的又快又好发展。其次，为了促进高技术服务业升级，政府可实行有效的产业政策，通过土地、税收和人才政策调整高技术服务业产业规模，实现其产业结构调整。再次，政府可将高技术服务业发展专项资金列入财政预算中，对那些发展前景好、成长空间大、产业链条长的领域，特别是即将爆发式成长的高技术服务业领域进行重点扶持。最后，政府应积极引导和鼓励金融机构对国家扶持发展的高技术服务企业予以信贷支持，鼓励各类创业风险投资机构和信用担保机构为满足条件的高技术服务企业提供业务支持，尤其是具有较强的发展潜力、能

够为当地贡献更多的就业岗位、具有核心技术的企业。

日本的高技术服务借助于技术孵化器促进产业的发展，并建立广泛的民间高技术机构来推动高技术服务向好发展。首先，对其进行财政支持、国家直接投入、优惠贷款、税收激励等方式支持技术创新，为了推动中小型企业创新服务，成立了专门机构，由从事高技术服务的非营利政府法人负责。并且，还成立了高技术服务监管机构，其中包括外国直接投资公司、银行系统和大型咨询服务。其次，日本政府把重点放在工业和教育技能的发展上。在增加教育发展投资的同时，日本政府还在改革教学内容和教学方法，以培养满足新经济发展要求的工业人才。再次，强调政府宏观指导的作用。充分发挥监管协调作用，建立“政府—企业”技术创新体系，同时还进行整体战略计划的制定，并直接参与科学、技术和创新进程。最后，通过在政府和地方两级建立的公共实验研究机构和中小企业信息中心，在公共研究机构建立技术信息室，帮助进行创新技术的开发与研究。

（二）缩小行业差异性，促进高技术服务业协调发展

首先，在引进资本和进行技术投资时，高技术服务业要尤其重视行业内投入要素的生产效率。我国政府在制订有关高技术服务业的优惠政策时，要确保所有企业均能享受到这些政策带来的好处，特别是那些规模较小的高技术服务企业。其次，高技术服务业本身具有技术含量高、创新性强、辐射带动作用突出等优势，因此，政府在促进高技术服务业发展的同时，可以在专业尖端人才培养、先进技术支持、技术共享等方面采取合理的措施，在保证高技术服务业快速发展的前提下，最大化发挥高技术服务业的辐射带动作用，促进相关行业的协调发展。最后，高技术服务业应该充分发挥品牌企业的带头作用，鼓励品牌企业与其他企业共同研发创新、知识产权共享、先进技术共享甚至联合营销，从而实现行业间的优势互补。

（三）加强相关政策研究，充分发挥政策的拉动力

需要进一步强化对供给侧结构性改革政策的深入研究。分析现阶段我国高技术服务业的发展情况与行业特征，明确着重发展方向和供给模式。通过调查分析

报告可知，现行供给型政策存在着力点偏差，多半政策的侧重点与我国传统服务业的相似，并没有了解高技术服务业这个新兴产业与传统服务业的本质区别，没有满足其内在本质需求。如果只考虑其需求，还不能解决高技术服务业供给不足的与供给质量不高的问题，在合理满足需求的同时，也应该深化供给侧结构性政策改革，将行业供给与需求相结合，利用网络与科技，引导企业创新改革。

德国是世界上科学和技术最先进的国家之一，高度重视政府政策对高技术服务业的推动作用。究其原因发现有以下几点：首先，德国政府一直积极促进高技术的中介服务。通过奖励基金向各机构提供足够的科学研究资金，供有资格从事高技术创新的机构使用。其次，德国政府设立了 Stabelly 基金会技术转让中心，以鼓励发展高技术服务中介机构，其还建立一个负责转让高技术和促进高技术的监管机构。最后，德国政府在高技术服务部门实施了专门的中小企业资助政策，以促进中小企业科技成果以及创新成果的转化速度。

科学合理制订需求型政策，充分发挥政策的效能。高技术服务业的发展不仅需要高素质人才、精尖端技术设备、各种税收优惠政策、金融资金支持等资源，更期待稳定的、有需求的市场环境。我国现阶段的政策只重视技术投资，没有考虑市场需求的作用，因此，需要科学合理制订需求型政策，充分发挥政策的效能。首先，政府要将资金多投入低碳环保、污染性较小类的高技术服务业，同时加强知识产权的保护，多支持国内取得专利的产品，促进本国高技术服务业的发展，为其降低市场不确定性风险；其次，对贸易进行合理的管制，鼓励和引导高技术服务业出口业务，严格管控进口的业务，避免境外高污染、技术低的产品流入；最后，为了促进我国高技术服务企业走向国际市场，应当鼓励企业发展外包服务，促进与其他企业的交流合作。

三、完善知识产权保护管理制度，构建高技术服务业科学评价体系

完善知识产权方面的法律法规，一方面，加大对关键领域的行政处罚力度，大幅度提高知识侵权的赔偿上限，保持对知识技术侵权的高压严打态势，加强对企业的司法保护，有效保护企业的商业机密；另一方面，强化社会监督实现共同

治理，扩大对知识产权案件执法处理的公开透明度，加强社会与舆论的监督，培养人民群众的知识产权意识，实行全民共治模式。

加强对知识产权保护的资源投入，强化专业的技术支撑，加大相关科技研发，采用实时监控，追根溯源等高科技手段打击侵权行为，提高打击侵权的效率和精准度。同时，构建知识产权与服务业相结合的服务体系，使各类高技术服务主体能够以较低成本获得相关基础信息与资源。结合国内外知识产权服务模式的创新，大力发展咨询、检索、数据分析与加工等基础信息服务，培育风险评估、交易、转移、转化、托管、投融资等增值服务，拓展高技术服务业的业务范围。通过打造具有国际影响力的高技术服务企业和品牌，提升高技术服务机构对外事务处理能力。

（一）完善知识产权价值评估与管理制度

第一，应当完善知识产权服务体系，尤其是知识产权代理和咨询这两个领域，相关部门应当针对这些领域制订支持政策，明确这两个领域的服务范围、从业人员的资质等，促进这两个领域的平衡发展，并对这两个行业的发展实施完善的监督和评价，促进知识产权代理服务和咨询服务的两者分离。第二，促进知识产权管理体制的创新，在这一方面我国可借鉴发达国家的先进经验，对知识产权进行统一评估和管理，积极采取措施，提升管理和服务的效率，促进制度的创新。第三，为高技术服务业的发展创造良好的市场环境，对知识产权服务市场进行规范，产业的发展离不开公平的竞争环境，相关部门应该在这一过程中充分发挥引导作用，通过采取经济手段对该行业的供求关系进行调整，促进市场发展的平衡。第四，促进专利领域的发展，我国相关部门应当建立专利运营机构，专门负责对专利的相关业务进行管理，包括专利引进、开发、转移等环节，对于核心领域，应当对该领域的专利技术进行专门储备，通过对专利的不断完善和优化，在此基础上开展质押融资、对外许可等业务，鼓励高技术服务业建立专利联盟，解决专利纠纷问题，更好地促进该行业的创新发展，形成核心技术，提升产业的竞争力水平。

对于专利进行分层分类培育，重点加强发明专利的扶持，加强实用新型专利的应用，对于边际贡献较小的仿制专利数量予以控制，以促进优质创新生态建设，进一步提高高技术服务业专利的质量。

根据区域特征，围绕重点产业加大专利布局，加强对于中小微高技术服务企业的开发专利、保护专利以及专利成果保护等方面的帮扶指导，推动高技术服务企业核心竞争力的培育。

（二）加快建设高技术服务业科学评价体系

首先，应当进一步完善对高技术产业的评价标准，建立更加科学合理的评价体系，促进高技术服务机构的服务水平，鼓励该行业加强创新能力，建立具有影响力的特色品牌，促进该行业的规模持续扩大，形成规模优势，通过建立海外代理机构，促进该行业提升国际化水平。其次，建立信息服务平台，提升高技术服务业的信息传播效率，进一步扩大平台服务的范围和业务种类，例如，信息服务平台应当进一步加强对企业的高附加值服务，包括对专利战略进行分析，对技术预警进行分析等方面。再次，通过建立知识产权咨询服务中心为该行业的主体提供多方面的服务，解决企业在发展过程中面临的诸多问题，通过建立服务热线或微信公众号等方式，为相关主体提供更加快捷方便的服务。最后，促进知识产权商用化服务平台的建设，对发达国家在这一方面的经验进行学习，促进平台的业务发展，为企业提供多功能和更大范围的服务，包括项目咨询、洽谈、许可经营等多方面，建立综合服务平台，为知识产权服务业商用化提供有力的支持，进而为促进高技术服务业商用化提供依据。

四、建立产业联盟，促进高技术服务业集聚化发展

通过建立产业集聚区，能够进一步促进高技术服务业的发展，这是由于通过产业集聚，能够形成一定的规模效应，降低产业发展的成本，促进企业之间的交流合作。为高技术服务业的发展获取更加方便快捷的支持，促进高技术服务业的创新能力，提升产业的核心竞争力，更好地在国际市场中立足。

（一）加快推进高技术服务业形成产业联盟

为了促进高技术服务企业的信息交流，减少信息不对称，应当建立覆盖整个行业的数据库系统，通过并购、收购、上市等多种方式，培育打造综合型高技术服务企业。扶持大型以及中型企业成为行业发展的中流砥柱，鼓励小微企业扩大经营规模，形成和谐发展的产业集群，积极探索中外高技术服务企业合作联盟模式，形成我国高技术服务业产业联盟。高技术服务业在发展的过程中，不断地在融合和分化两者之间进行循环，推进高技术服务业融合发展是适应产业发展规律的客观要求。集成与融合这两个特征对于高技术服务业发展而言是必不可少的，加快融合基础上的集群互动是促进该行业发展的主要措施，集群化发展能够促进整个行业的前进，一方面能够通过集聚形成规模优势，降低企业经营的成本；另一方面能够更好地促进企业之间的交流合作，促进要素在企业之间的高效流动，各企业能够分享基础设施。因此集群化是高技术服务业发展的必然趋势，能够在空间这一层面实现制造业企业与服务企业的相互协调发展。

一是培育一批以现代科技服务为重点的服务机构。通过构建高技术服务产业体系的导向作用，能够提升企业的专业化水平，促进企业扩大经营规模。围绕软件和服务外包业、科学研究、科技中介服务、现代物流服务业等领域，培养为该行业提供服务的相关产业，为企业提供风险投资、技术产权交易等服务。促进该产业的高效发展。同时要积极建立高技术中介服务机构的信誉评价体系，促进高技术中介服务机构的良性发展。二是引导高技术服务机构进入高新区，形成产业集聚，促进相关产业以及支持产业的联动性发展。应当根据高新区所处的地域特点，以及区域内企业的发展需求，鼓励该行业的服务机构进入高新区发展，形成产业集群，促进整个园区的企业发展，鼓励企业加大对研发的投入，形成核心技术，与高等院校、科研机构等进行合作，在产业园区建立新的研发中心，开展新产品以及生产技术的研发活动。三是对服务企业和制造企业进行分离，将企业内非核心竞争业务外包，推进制造企业服务外包业务发展。鼓励有条件、有能力的制造企业把内部属于服务业范畴的业务进行分离，建立专门开展服务业务的企业，既能够为原公司提供技术相关服务，也能够为园区内其他企业提供多方面的服务，以信息技术化为支撑，发展形成新型的具有产业特色的专业服务业。

（二）促进高技术服务业产业集聚化发展

依托现有的国家高新区、各类软件园、创意产业园和文化产业基地，着力培育一批创新能力强、创业环境好、产业特色突出的高技术服务业集聚区。制订一系列创新创业的政策，实施创新创业发展战略，引导创新资源向高技术服务业优势区域汇聚。支持建设高技术服务产业基地，引导和支持高技术服务企业与制造企业良性互动发展，依托优势产业集群，完善相关配套服务体系。

进一步完善产业集聚区的基础设施建设，为产业发展提供全方位的支持，包括企业在发展过程中需要的通讯设施、开发平台等，这些基础设施能够提升企业生产经营的效率，降低企业成本。同时努力为高技术服务业的快速发展提供良好的软环境。政府应在税收优惠、财政补贴等方面提供更多的优惠政策，鼓励高技术服务企业向着集聚化的方向发展，建立完善的政策体系，对该行业的发展进行总体规划，重点培养具有核心技术的中大型企业，并以这些企业作为产业园区的核心，充分发挥龙头企业在园区中的模范作用，将龙头企业成熟的发展机制向更大范围内进行推广和应用。对于高技术服务企业而言，创新能力决定了企业未来的发展前景，应当鼓励中小企业与具有核心技术的企业进行交流合作，提升研发和创新能力，促进整个行业的技术进步，通过促进产业集聚，能够引领整个行业朝着更加专业和规范的方向发展，促进产业集聚区内企业的高效协同发展。

研究发现，经济带城市化水平对高技术服务业集聚发挥着重要的推动作用。鉴于各经济带城市化水平存在差异，故应结合各经济带自身的特点。东部经济区还是需要不断改进城市功能，优化以移动通信和互联网为代表的城市地区的通信基础设施和移动网络。中部经济区应侧重于交通和能源等传统领域的基础设施的建设。同时，应当作出科学规划，在高技术服务行业和高技术行业（制造业）之间建立一个新的产业集群，并通过建立双重集群产业园区，使这些服务和行业一体化；高技术产业（制造业）带动了对高技术服务集聚发展的需求；高技术服务所产生的知识溢出效应也推动了高技术产业（制造业）的增长。

五、加大研发创新投入力度，提升高技术服务业创新效率水平

依据高校与科研院所围绕高技术服务业特点开展基础研究和应用实践研究，鼓励高技术服务业进行新产品、新技术服务的自主研发。通过高技术服务业、高校和科研院所等机构建设的协同发展平台，为该行业的发展提供多方面的支持，能够促进企业研发能力的提升，为该行业的发展提供更多的专业人才。提升专项资金的使用效率，进一步调整资金使用结构，加大对高技术服务业的研发投入力度，尤其是知识产权与共性技术的研发。为了促进高科技服务业的进一步发展，应当鼓励知识产权体系的完善和建设，为该行业的技术发展和突破提供支持，保护企业的核心技术。

（一）加快高技术服务业科技创新平台建设

高标准建设国家高技术基地和国家高技术服务产业基地，加快推进创新资源集聚，建设服务型综合科技创新园区。

首先，在以技术与资源共享为核心的基础之上，加快高技术服务业公共服务平台建设。其主要包括研发设计、数据库资源、企业无力购买或无须单独使用的大型机器设备等公共技术服务平台，咨询、评估、交易、转化、许可经营、托管、投融资等知识产权应用服务平台，专家数据资料库和区域共享资源数据库等公共咨询服务平台，集交易、货物流通、移动支付等于一体的综合电子商务服务平台。其次，建立创新平台，鼓励企业开展研发活动，提升创新能力，通过建设研究中心实验室等平台，为企业创新提供支持。最后，鼓励科研研发机构、高等学校向社会开放研究资源成果。大力支持有条件的高等院校、科研机构整合社会资源，构建以现代信息技术、商业模式创新、云计算、大数据等研发设计为主的研究平台，促进高科技专业人才和信息资源的共享。加强区块链技术的应用，将区块链技术应用于信息加密与资源共享过程中，提高信息安全性，为平台安全、平稳运营保驾护航。

（二）鼓励产学研协同合作，促进高技术服务业技术创新

加快高技术服务业模式的创新力度，推动高技术服务业与其他相关业务的融合发展，探索适合创新型服务业态发展的市场管理模式。支持企业建立创新联盟，充分发挥各个企业的优势和特色，完善以企业为主体、市场为主导、产学研相互融合的创新体系。完善成果转化中试的制度，加强关键共性技术和支撑工具研发，提高和改善现有公共服务平台质量，鼓励高技术服务企业在国内外获取专利权和注册商标的积极性，实施高技术服务业标准化战略，构建高技术服务业专利联盟。

一是鼓励科技研发机构向“整体解决方案”式企业转化，充分发挥企业在市场中的主体作用，突出产品和服务的市场需求的先导地位，大力推动当前的研发机构向“产品+服务”型企业、“整体解决方案”式企业转化，增强市场需求的解决能力、新产品设计和新工艺制造能力，提高对国际标准的反应能力；二是推动高技术服务产业创新链有机整合，在创新链的高层次上构造“科技信息资源共享平台”，在创新链的中高层次构造“科技成果中介服务平台”，在中层次下建造“科技产业化公共服务平台”，力求经过转化后的科研成果能够实现规模生产；三是培育以市场导向、科技研发服务为一体的高端科技服务机构，使企业真正成为科技创新体系中的重要组成部分；四是引导高技术服务企业加强与高等院校、科研院所、高新技术企业的研发创新机构等合作，建立完善产学研深度结合的引导机制，提升原始创新、集成创新和再创新能力。为了进一步提升企业的创新水平，应当积极推进示范工程的实施和开展，在物流、通信科技等方面为企业提供支持。

（三）注重提升高技术服务业创新效率水平

姚正海等（2016）运用数据包络分析（DEA）方法中的BCC模型和Malmquist指数模型，对我国高技术服务业及6个细分行业进行了创新效率的静态、动态评价以及三大区域内10个省份的评价，得出如下结论：我国高技术服务业创新效率虽未达到DEA有效，但是总体创新能力较强；我国高技术服务业

各细分行业的创新效率存在差异；我国高技术服务业综合创新效率总体呈增长趋势，但发展不均衡，各行业之间和各年份之间也存在不稳定的状况；我国三大区域之间、三大区域内各省份之间的高技术服务业创新效率呈现出参差不齐的现象[①]。

为了优化高技术服务业的创新效率，首先，在高技术服务业企业在开展创新时，应科学合理规划创新投入资本，使投入产出要素的比例合理化，增加创新产出。市场需求决定行业的发展前景，高技术服务业的发展要与时俱进，考虑市场现在的需求与预测未来需求来研发新技术，将研发的新技术投入到市场中[②]。其次，政府应大力支持高技术服务业创新，一方面制订政策鼓励行业充分发挥现有优势；另一方面加大对短板行业的扶持，推广专业技术服务业和优化应用服务业等行业的创新效率。再次，政府应重视扩大高技术服务业的发展规模，并加大对创新技术的资金投入，着重提升规模效率变化指数与纯技术变化指数从而提升技术效率指数，使高技术服务业的创新效率持续全面增长。最后，高技术服务业聚集区域在增强自主创新的同时，也要建设具有行业特色的创新联盟和专利联盟，加快共性技术的研发，整合和优化现有的信息服务平台，积极推动区域之间与区域内部各省份之间的合作交流，共享创新技术与经验。

六、拓展高技术服务业分工的深度和广度，促进产业协同发展

服务业是基于高度发达的工业化发展起来的，服务业既来源于工业化，又服务于工业化。高技术服务业通过高技术服务产业化和服务业高技术化，深化了高技术服务业专业化分工，国际分工在广度和深度上也发生了改变。随着高技术服务业的产业结构的不断优化升级、产业价值链的不停延伸使行业分工细化，推动产业价值链分解出新的服务业态。围绕重点区域发展实施战略和产业转型升级需要，积极创新高技术服务模式，促进经济协调快速发展。

---

① 姚正海，刘肖，路婷．我国高技术服务业创新效率评价研究［J］．经济问题，2016（9）：82－86.

② 温丽琴，卢进勇，马锦忠．FDI对中国高技术产业技术创新能力的影响研究——基于行业面板数据的实证研究［J］．经济问题，2018（8）：33－36.

高技术服务业能够为制造业的发展提供技术支持，促进我国的产业升级，制造业的发展能够反作用于高技术服务业，制造业规模的不断扩大能够增加对高技术服务业的需求，为该产业的发展提供动力，通过两者的相互促进共同形成良性循环发展模式，从而实现产业协同发展。面对传统制造业的转型压力以及高技术服务业在发展的过程中缺乏动力这一问题，可以从价值链这一层面提出解决方案，通过高技术服务业的发展促进制造业的需求提升，应当重点发展具有一定创新能力，能够提供高价值服务的企业，支持这类企业在价值链上的分工向“微笑曲线”的两端环节延伸，从而促进高技术服务业的需求扩大。

通过产品创新、设计创新、品牌建设、管理创新等实现高技术服务业“价值链”的提升，促使高技术服务业向技术与知识、信息与管理密集的价值环节提升。在全球市场中布局高技术服务业供应链和销售网络，引导高技术服务企业逐步将主要业务向“微笑曲线”两端发展，提高市场营销、联合设计、品牌培育等高端环节的收入比重，提升高技术服务业的附加值。整合现有的高技术服务业资源，通过高技术服务业战略嵌入其他相关产业和支持产业实现产业链延伸，扩大和培育高技术服务业需求新的增长点。由于不同区域要素禀赋的差异性，使资源的供求和配置表现出非均衡性，不同区域应突破行政区域和地理区域划分的限制，不断扩大高技术服务业的服务半径，实现大城市与中小城市在高技术服务业这一行业共同发展。

七、完善财税金融优惠政策，优化高技术服务业成长环境

高技术服务业作为新兴产业，具有高投入、高风险的特点，融资渠道窄并且难度较大。因此，应采取适当的财税金融支持措施推动其发展。一方面，为了能够给高技术服务业的发展提供足够的资金支持，相关部门应当对该领域设置专项资金，对该行业的发展提供一定的税收优惠，从而促进高技术服务企业的迅速发展；另一方面，应当从金融层面对相关制度进行完善，完善金融监管和融资体系，鼓励社会资本向高技术服务产业进行投资，为该行业的发展提供更多的资金支持。同时，拓展融资渠道，利用创业投资基金、技术创新基金等信托公司对高

技术服务提供资金支持，大力支持满足条件的企业在科创板和创新板上市，改善证券交易市场的环境，规范证券市场范围，为服务业的发展提供良好的外部融资环境，放宽民间投资范围，引导民间资本投入高技术服务业。

（一）加大对高技术服务业的融资力度支持

高技术服务业在我国发展的时间相对较短，属于战略新兴产业，目前我国在信贷管理制度这一方面尚未完善，导致企业在融资过程中面临诸多困难，在发展过程中缺乏资金的支持。为了改变这一现状，就需要在创新金融工具、金融技术、健全企业信用体系等方面完善现有的信贷制度。

应当进一步促进风险投资和担保机构的发展，这些机构能够为高技术服务业的发展提供一定的资金支持，政府部门应当在这个过程中充分发挥引导作用，鼓励更多的社会资本投入高技术服务业，对资金进入以及退出的渠道进一步完善。该产业的发展离不开担保基金的支持，企业在向银行贷款的过程中需要担保，相关部门应当采取措施鼓励担保基金，对该行业提供业务支持，适当地放宽银行的贷款条件。鼓励高技术服务企业在资本市场中获取资金，包括发放股票、发行债券等方式，高技术服务企业在获取资金的过程中往往需要进行融资担保，应当采取政策鼓励融资担保机构针对该行业制定出新的业务产品，为这些企业的融资提供担保支持。对于政府资金的支持，对于满足标准的企业提供较低利率的贷款，各类企业都能够向资金管理委员会进行贷款申请，并在资金到期后按时归还资金，政府可将资金循环发放给其他企业，使该政策能够惠及更多的企业，传统方式下，政府往往将资金主要投放在大中型企业中，不利于其他企业的发展，通过这种方式能够转变传统模式的弊端。对于银行发放贷款而言，银行应当对企业的信用状况进行深入调研，充分了解企业的还款能力和未来的发展潜力，根据企业的实际情况，建立不同等级的评价体系，通过这种方式能够在一定程度上减少银行承担的风险，促进了高技术服务企业获取资金的效率。

高技术企业的发展离不开资金投入，银行贷款是企业获得资金的主要方式，此外也离不开政府部门采取的财政补贴政策。只有政府的大力扶持，高技术服务业融资难的问题才能更好地解决。政府可以设立高技术服务业专项使用基金，专门用于该行业的项目投资，鼓励银行为该行业的发展放宽贷款条件，降低融资门槛，开发针对高技术服务企业的融资产品。促进利率市场化，积极发展民间风投，拓宽民间投资的领域和范围，引导高技术服务企业向民间融资。社会资本的投入能够在一定程度上促进高技术服务产业的规模扩大，相关部门应当采取措施，鼓励社会资本向该领域进行投资，鼓励高技术服务企业通过上市扩大融资渠道，目前我国资本市场发展不成熟，不利于企业展开直接投资，通过完善资本市场，能够帮助企业更好地获取资金，吸收更多的社会资本。

（二）加大对高技术服务业的财税支持力度

国家应当深刻认识到高技术服务业所具有的科技含量高、智力水平高、增值能力强等特点，在高技术服务业的发展过程中给予适当的税收扶持。各级政府应设立专项引导资金，对影响强度大、带动范围广、具有示范效应的高技术服务业重点工程项目实行贴息或补助，可考虑由政府和企业这两个主体合作建立基金，专门用于高技术服务产业的发展，对于满足条件的项目进行资金补贴，或者降低企业从银行贷款的利率，为该行业的发展提供更多的资金支持，为了降低企业在发展过程中面临的风险，建立创业保险基金和创业失败保险基金，为企业的研发和发展提供一定的保障，激励研发人员的积极性。

通过“营改增”试点工作，将税收优惠政策落到实处，减轻高技术服务业的税费负担。鼓励信息服务、创意设计、科技服务等高技术服务企业与研发机构联合开展科技研发创新活动，对于技术成果转化项目经相关部门认定符合条件的，按照规定对于企业予以相关的税收优惠。加强服务业高新技术企业的认证管理，对无形资产和服务价值达到一定标准、应用高新技术的服务业或为该行业提供中介服务的相关产业，提供一定的优惠政策支持，对从事相关业务的企业进行税收优惠。在人才这一方面，应当采取措施引进更加专业的人才在该领域发展，对于从事科研的员工，给予一定的税收优惠。

美国借助于诸如公司所得税、个人所得税和销售税等税收激励措施来促进区域产业集群的发展。例如，好莱坞电影工业，在这一工业中，它设计和制造了从生产到生产后到电影院的一系列外围产品，并发展了整个系列的产业产品。在美国硅谷，先进的电子工业与风险投资、软件开发和研发设计密切相关，构成了一个完整而又庞大的产业链。与此同时，高技术服务的开发也要借助公司之间的技术交流和相互学习，同时保持合理的竞争，同时，产业集群能够为高技术项目的开发提供良好的物质环境。

八、重视培养高技术服务业的人才队伍，构建人才高地

人才的创新活动是促进行业发展的根本动力，能够促进产业在发展过程中不断升级，为了更好地鼓励人才开展创新活动，应当完善高技术服务业的人才培养制度，增加该行业的人才供应数量和质量。高素质人才作为稀缺资源，是促进高技术服务业发展的关键因素，因此要大力培养高技术服务人才。现阶段高技术服务业的复合型人才十分紧缺，应注重发展人才培养机制和优化人才培养环境等方面。充分依托现有高等院校人才培养优势，使其成为高技术服务业人才培养的中坚力量。政府应当采取一定的措施，形成科学合理的人才培养机制，鼓励更多的主体参与，人才培养过程，包括行业协会、中介机构、企业、高等院校等主体，企业应当为人才提供更多的培训，对人才多方面能力进行培养，针对这些企业的需求培养适合企业发展的人才。企业可以学习其他国家的培训方式，建立完善的人才培训体系，尽可能涉及多方面的主体，为企业提供多层次的培训。为了促进高技术服务业的发展，应当积极采取人才措施，引进国内外专业人才，为该行业的发展奠定基础。

（一）提升高技术服务业从业人员的素质

高技术服务业从业人员的基本素质、专业知识、能力和水平，决定了提供服务的质量高低和有效性水平。一是按照分级、分类、分层培训、建设高素质人才队伍的原则，以岗前培训和职中培训为主要形式，对企业目前的员工进行全面的培训。进一步完善职业资格证书制度，鼓励员工积极提升自身的技术水平，设立高技术服务业职业资格标准体系。加快推进科技咨询师、科技项目管理师、信用管理师、质量认证师、技术经纪人、文化经纪人等职业资格认定工作。全职高技

术服务人员须具备相应的条件标准方可上岗，从而提升高技术服务业从业人员的整体素质。二是积极引进该领域发展的专业人才，完善对高质量人才的福利待遇，包括股票期权技术入股等方式，充分激发劳动力的积极性，促进创新型高技术服务企业的发展。有效利用高校的优质教学资源培养优秀的高技术服务专业人才，鼓励高技术服务企业与高校、科研院所之间联合建立产学研合作的平台，为高技术服务业的持续高速健康发展提供坚实的人才基础，同时科研机构和企业也应该为大学生提供相关的实习机会，通过产业、研究机构和学校三者的有机结合以优化高技术服务业人才培养机制，使人才不仅仅局限于理论知识学习，还能参与创新实践，使两者有机结合。

（二）引进和培养高端人才，建立高技术服务业人才配套体系

现阶段高技术服务业的综合性人才十分紧缺，应注重发展人才培养机制和优化人才培养环境等方面，设立内部培养供给与外部积极引进的政策。对于高技术服务业人才的供给方面，一是要重视培养与引进的质量。为实现高技术服务业的跨越式发展，一方面应注重培养和引进智力型、复合型、创造型、专家型人才，加快形成一批具有自主创新能力、适应高技术服务优势产业发展和大型项目建设需要的高层次领军人才；另一方面优化升级高技术服务业人才计划，面向国内外引进高层次人才，如国家“千人计划”层次的尖端人才、创业领军人才等。切实建好科技园、高新技术园、创业工业园、研发机构和企业院士专家工作站、博士后科研工作站等招才引智载体。二是制订有关高技术服务业人才创业创新的优惠政策，为高技术服务业人才的培养创造良好的外部环境。引导企业采取股权奖励、赠股基金、股份期权、同股同权等长期有效激励措施，避免企业高层次人才的流失，形成有利于促进高技术服务人才成长的环境。用人单位在引进高技术服务业高级人才时，确保住房货币补贴、安家费、科研启动经费等费用到位，对于海外优秀人才的住房问题、医疗保险、配偶安置就业、未成年子女教育等问题优先予以妥善解决。加大力度支持对高技术服务业员工的培训，建立专门针对该领域人才的培训基地，对这类人才进行科学合理的分配，建立完善的人才激励政策，激励人才更好的发展，为企业的创新和研发提供支持。

高质量人才是任何一个行业发展的核心资源，只有大力培养高技术人才，才能在技术上取得突破发展，从而吸引外资的注入，解决企业的融资问题。因此，为了保证高技术服务业的持续发展动力，企业应制订完善高端高技术服务人才培养规划和行业领军人才激励体系，建立高技术服务人才储备库。同时应加大高端服务人才和高技能人才培养和引进的力度。可以利用区位优势，加强与高等院校、社会培训机构的合作来开展高端服务培训和技能提升教育。一方面通过引进境外的培训机构和高资吸引跨国公司的技术人员向国内提供该方面的人才；另一方面可以将有能力、有发展前景的在职高技术服务人员送到国外进行培训，提高他们的服务水平和职业能力。

积极完善人才引进和人才国际化管理机制，构建开放、流动、竞争、择优的国际人才管理机制。探索构建“人才特区”管理模式，针对特定的领域、特定的区域可以采取特别的政策，逐步形成国际人才集聚特区。

九、深化高技术服务业的对外合作，扩大开放力度

一个国家的服务输出能力是其综合实力的重要体现，积极扩大服务输出，将会有效促进高技术服务业的发展。在主动适应经济新常态的基础上，进一步扩大高技术服务业对外开放程度，做到以开放倒逼改革，以改革促进发展，加快构建适应高技术服务业发展要求的开放型经济新体制，促进我国经济转型升级，实现经济可持续健康发展。

（一）提升高技术服务业的对外开放度积极拓展国际市场

积极引导高技术服务企业通过“引进来”和“走出去”的方式提高高技术服务业的对外开放水平。

1. 采取多种措施加快高技术服务业“引进来”的步伐

部分国家在高技术服务行业的发展较为成熟，我国应当扩大该行业的对外合作水平，在这个过程中充分学习其他国家的先进经验，为境外服务业提供外包服务，或者和国外先进服务业积极承接，鼓励外商对我国该领域进行资金投入。

抢抓有利时机，加快国际资本向高技术服务业领域转移，鼓励外商资本投资于知识产权服务、研发设计服务、大数据技术服务和生物医药技术服务等高技术服务业的核心领域，吸引跨国公司地区总部和研发中心、采购中心、生产中心、设计中心、营销中心等的落户。扩大服务贸易的重点转为承接国际服务外包，培育一批具备国际竞争优势的服务外包企业，使之成为外包产业基地。

2. 创新高技术服务业"走出去"的形式

鼓励该领域的企业走进国际市场，将业务扩展至更多的国家。促进企业研发能力的提升，鼓励研发机构建立境外分支机构，进一步规范我国高技术服务业务的开展，提升该行业的国际化水平。

构建海外营销网络，完善"走出去"全球商情信息共享平台和机制。扩大具有竞争优势的高技术服务行业的出口，支持和鼓励具有国际化经验的高技术服务企业，如软件、研发、设计、电子商务等，运用联合经营、特许经营、海外并购、设立子公司等方式积极开拓国际市场。支持高技术服务企业的研发机构在境外设立，除了高技术服务行业协会外，应鼓励更多的企业参与到标准的制定过程中，促进我国该行业与国际的接轨。

（二）加强高技术服务业的国际合作

目前，我国高技术服务业这一领域发展正处于初级阶段，难以与国际先进水平展开竞争，应当采取措施积极与先进国家进行交流合作，将国外研究成果引入我国，鼓励资金在这一领域进行投入，弥补我国高技术服务业资金和创新等方面的不足。经济全球化的发展，促进了世界各国的分工合作，在这个过程中，高技术服务业根据诸多企业的发展需求应运而生，与信息时代息息相关，面对知识、信息和技术的日新月异，应不断加强接受新事物的能力。因此，企业应当加强与其他国家发展较好的高技术服务企业展开合作，充分了解目前国际先进水平的研究成果，并引入我国进行发展，鼓励企业开展创新活动，提升自身的研发能力，对于高技术服务企业而言，通过承接国外先进的高技术服务业务，能够在一定程度上促进企业内部结构的优化升级。与此同时，采取政策鼓励企业走进国际市场，为世界各国的企业提供技术服务，加强与其他企业之间的技术交流与合作，学习其他国家的先进技术，在此基础上，结合我国实际提升企业的研发能力，缩小与国际先进水平之间的差距。相关部门应当对鼓励高技术服务业相关领域的政策法规进行一定的调整和完善，充分发挥政府的引导作用，形成企业发展的良好局面。

积极承接国际高技术服务业的产业转移。进一步完善和规范外商投资服务业的政策环境，引导和鼓励外资流向高技术服务业，重点吸引国际著名咨询服务机构、文化创意设计机构等落户中国。鼓励高技术服务企业在境外设立研发机构或子公司，并购境外设计咨询机构、研发机构、服务营销渠道和网络。支持我国服务外包基地的建设工作，增强高技术服务企业承接海外技术研发、专利分析、设计服务、大数据处理、模具制造、金融后台服务等国际服务外包业务的能力。

高技术服务业的国际合作，必须通过各国政府、高等教育机构、科研机构、高技术服务机构和高技术服务领域的创新组织之间的对话和合作，在高技术服务领域建立跨国战略联盟。我国要充分利用战略联盟网络中的现有资源，建立区域间（国内和海外）创新中心，将大学和科研机构的资源转化为高技术服务企业的创新研究和开发能力。

十、延伸核心产业链，创新高技术服务业新业态新模式

在经济发展新常态下，科技创新已然成为我国高技术服务业发展的战略支撑，培育重点发展方向和加强主体建设是高技术服务业发展的关键。随着数字技术的赋能和前沿科技的进步，应积极围绕高技术服务业的新兴技术、关键技术，创新发展高技术服务业的新业态和新模式，克服高技术服务业的服务针对性弱、技术效率转化低、竞争力不足等短板，努力培育新的高技术服务业增长亮点。既要积极瞄准市场需求，注重“强链补链”；又要推动高技术服务业新业态和新模式的形成与发展。同时，为了保障高技术企业的健康发展，建议采用“引导+保障”双管齐下的策略组合，通过创新驱动的引导、完善市场监管体系的保障，为高技术服务业的升级发展保驾护航。

（一）瞄准市场需求，注重“强链补链”

核心产业链的延伸重点是将一条产业的上下游企业相互关联，尽可能地向上下游延伸拓展。为促进高技术服务业新业态和新模式的合理构建，应鼓励研发创新平台瞄准市场需求，注重“强链补链”。一方面，以优势产业为中心，通过产业融合的“裂变效应”打造“强链”。以某一优势高技术服务业细分产业作为中心点，选取其他辅佐能力较强的产业进入，由此而形成一个核心产业链，此产业链为特定产品或服务而展开一系列经济活动，进而产生最大的发展效益。另一方面，围绕高技术服务业既有产业链上的短板，通过鼓励引导企业创新，内生驱动产业升级“补链”。针对高技术服务业既有产业链的关键短板，鼓励企业加强创新能力，推动创新产品与产业链对接，促进区域性的创新效率提升，推动产业链强化升级，形成具有核心竞争力的高技术服务业产业体系。

（二）推动高技术服务业新业态新模式的形成与发展

数字技术和前沿科技的持续发展为高技术服务业新业态新模式的产生和发展提供重要支撑的同时，也为高技术服务业新业态新模式的发展指明了新的方向。新业态上，应重点培育新型研发服务与转移化服务新业态，包括基础科研数据的维护、数字赋能的科技成果转化服务、新业态新模式赋能的科创服务、孵化器、众创空间、科技产业园等。新模式上，应重点加强创新要素和服务产品的线上线下结合，完善在线交易机制，促进高技术服务业的模式创新，发展科研仪器和研发创新资源的开放共享模式。同时，高技术服务业新业态新模式的形成与发展须坚持“以研促产”，加强各类新型研发机构，加快推进高技术服务业载体的规划与建设，鼓励地方政府、机构、企业以及高校共建新型研发机构，促进国家战略科技与研发机构合作共享。

（三）实施创新驱动工程，推动高技术服务业的可持续发展

创新是高技术服务业发展的生命，也是高技术服务业区别于传统行业的本质特征，要全面提升高技术服务业的综合竞争力，必须坚持不断创新，实施创新驱

动工程，增强高技术服务业的发展后劲。一是推动创新规模效应及正外部性的发挥，在资源共享充分利用的基础上，进一步升级现有高技术服务业产业集聚区，通过资源整合、优化信息、健全管理等吸收新业态新模式重大项目，龙头企业集聚，建立一个规范多样化的示范区，推广创新成功经验，促进规模效应及正外部性的发挥。二是提高创新的影响力及竞争力，积极吸收国际先进的经验，不断提高高技术服务业的公共管理水平，建立一批具有全球影响力创新主体的同时，充分发挥信息化在产业升级中的带头领先作用，不断更新经营技术、变革经营业态，持续提高高技术服务业应对市场竞争的能力。三是加大对高技术服务业的创新研发投入，高度重视技术创新对高技术服务业的重要性，强化对高技术服务业创新研发各环节、全流程的投入，大力支持原始创新、集成创新和消化吸收再创新。

（四）完善高技术服务业新业态新模式的市场监管体系

进一步完善促进高技术服务业发展的政策体系。一是对已出台的政策加大落实与实施，推动已有的优惠政策和支持性政策尽快落到实处，在密切关注高技术服务业新业态新模式的基础上，依据形势变化及时修订政策，进一步明确和细化相关政策要求，合理明确新业态新模式不同领域的行业属性并进行细分化管理。二是营造良好的法治环境，规范相关法律、法规和规章制度，建立公平、公正、公开的投资秩序和市场环境，鼓励企业多元化良性竞争，实现企业间的优势互补，共同发展。三是坚持“凡是市场能自主调节就让市场来调节，凡是企业能干的就让企业来干”的原则，充分借助多种数字现代化信息工具，保障市场化手段在资源配置过程中的作用发挥，切实降低高技术服务业企业制度性交易成本。

第七章

研究结论与展望

本书明确了高技术服务业的内涵和特征，阐述了高技术服务业产生与发展的相关理论基础、成长规律和动力机制；分析了高技术服务业在国民经济发展中的重要作用；针对我国高技术服务业的发展水平和效率评价以及影响因素进行了较全面的研究；依据实证分析的结论，提出促进我国高技术服务业快速健康发展的系统性对策建议。项目的研究成果不仅可以丰富我国现代服务业发展理论，而且为促进高技术服务业发展具有重要的现实意义，为行业主管部门制订产业发展规划和高技术服务企业提高发展水平提供了决策依据。

本书的研究结论包括以下几个方面。

（1）高技术服务业是在产业融合与产业细化的趋势下，以网络和信息技术、生物技术、现代传媒等高新技术为支撑，在高 R&D 投入和高专利申请活动的基础上，以服务为表现形态，采用现代经营管理理念和商业模式，为产品制造和生活消费提供高技术含量和高附加值服务的新兴服务业。高技术服务业具有高技术性，服务业的特性，高增值性，低能耗性，技术、知识和人力资本密集性等特征。

（2）高技术服务业发展的相关理论基础包括：产业融合理论、技术创新理论、产业生命周期理论、可持续发展理论、复杂适应系统理论。高技术服务业发展呈现出以下规律：政府的引导和推动是高技术服务业的助推剂、高技术服务业呈现集聚发展的规律、高技术服务业是服务业内部结构演化升级的必然趋势、创新是高技术服务业产生和发展的持续动力。

（3）高技术服务业是由若干相互联系和相互作用的因素构成的一种新兴服

务业复杂系统；演化阶段包括孕育、竞争与合作、成熟衰退等过程；演化的动力机制包括政府推动机制、需求拉动机制、创新驱动机制、专业化与产业融合机制、竞争与合作机制等。高技术服务业的发展需要加强多种动力机制的互动与协调，才能取得整体大于局部的效应，进而提升产业发展水平。

（4）近年来，我国高技术服务业增加值呈现不断增长的趋势，其在国内生产总值中所占比例从3.75%增加到5.15%，但总体而言比重仍然偏低。信息传输、软件和信息技术服务业，科学研究和技术服务业的增加值均在持续增长，高于服务业的平均增速。高技术服务业不仅促进了制造业和传统服务业的发展，而且有助于产业结构的调整与升级，从而有效推动了国民经济的增长。

（5）高技术服务业不断成为高新技术产业和其他产业结合的纽带，使不同产业的生产要素以新的方式紧密结合在一起，已经渗透到国民经济的各行各业中，在降低成本的同时提高效率，从而推动其他产业的升级。高技术服务业对于经济增长的直接与间接促进作用正在不断显现，1992～2018年我国高技术服务业对GDP增长的平均直接贡献率和间接拉动率分别为4.63%和0.6%，均呈现波动上升趋势。

（6）构建了“发展规模、产业结构、成长能力、创新环境、成果转化”5大维度，共计22个二级指标的高技术服务业发展水平测度指标体系，综合运用熵值法与变异系数法确定权重，测度了2012～2017年我国13个省份的高技术服务业发展水平，研究结论表明：①2012～2017年，我国高技术服务业发展总体水平明显提升，但仍具有较大发展空间。②各省份之间的高技术服务业综合发展水平、子系统发展水平与增长速度差异较大。③13个省份的高技术服务业发展过程中各有优势和短板。

（7）从区域层面的分析结果显示：2013～2016年我国多数省份高技术服务业投入产出效率不高，逐年呈现下降趋势，并且多数省份的综合技术效率指数和纯技术效率指数小于1，全要素生产率下降。信息传输、软件和信息技术服务业，科学研究和技术服务业的效率变化趋势相类似。

从行业层面的分析结果表明：2004～2016年我国高技术服务业综合技术效率、纯技术效率和规模效率每年均没有变化，投入产业效率不稳定，信息传输、软件和信息技术服务业，科学研究和技术服务业的分析结论相同。

从企业层面的研究结果说明：2007～2017年，我国高技术服务业上市公司效率值，第一阶段效率呈现时升时降、整体减少的趋势，技术对效率有着更明显的制约作用；第三阶段效率均值整体上逐年减少，企业规模相比技术对效率的制约作用更大。

高技术服务业效率影响因素的分析结论如下：行业层面，采用回归分析的实证结果表明，影响高技术服务业效率的因素排序由大到小分别为：教育水平、经济发展水平、工业化程度、对外开放度、创新投入力度和制造业水平。企业层面，采用Tobit模型的分析结果说明，影响高技术服务业上市公司效率的因素排序由大到小依次为：研发支出占比、GDP增长率、总资产周转率、每股收益、公司规模、本科及以上学历占比、现金营运指数、机构投资者持股比例、权益乘数，企业要提高效率水平，需要加大研发投入，同时注重提升经营管理能力。

（8）以专题的形式，聚焦分析软件和信息技术服务业上市公司的融资效率评价与影响因素问题，该类公司最终融资效率值整体偏低，其与企业性质、企业所处的生命周期阶段、企业规模、营运能力、资产结构、成长能力呈现显著相关。生命周期和企业性质对各因素与融资效率的影响存在调节效应。

（9）高技术服务业发展环境评价体系，从内容上应包含基础设施和社会服务环境、经济发展环境、人口文化素质环境、政策法律环境、科技创新环境和国际化环境6大子环境体系，其优化路径包括：促进区域协调发展、完善基础设施建设，建立健全相关法律法规体系、创新商业模式，优化科技创新环境、提升国际化程度。

（10）我国高技术服务业应坚持“需求引导、统筹规划、扬长避短、讲求实效”的发展方针，其总体思路为“政府引导、依托优势、科技创新、集群发展”。促进我国高技术服务业发展应遵循的基本原则如下：坚持自主创新、政府引导和市场机制相结合、突出重点和分类推进相结合、树立品牌和开放合作相结合。

促进我国高技术服务业发展的对策建议有：深化高技术服务业机制体制改革，强化配套制度建设；加强政府扶持力度，优化高技术服务业发展政策；完善知识产权保护管理制度，构建高技术服务业科学评价体系；建立产业联盟，促进高技术服务业集聚化发展；加大研发创新投入力度，提升高技术服务业创新效率水平；拓展高技术服务业分工的深度和广度，促进产业协同发展；完善财税金融优惠政策，优化高技术服务业成长环境；重视培养高技术服务业的人才队伍，构建人才高地；深化高技术服务业的对外合作，扩大开放力度；延伸核心产业链，创新高技术服务业新业态新模式。

进一步研究展望：

我国高技术服务业发展的研究是一个比较大的课题，同时高技术服务业属于新兴产业，相关研究比较欠缺，本书虽然从多个方面进行深入研究，达到了预期的研究目标，但是由于受到一些主客观条件所限，尤其是收集的数据比较有限，近期可供参考的研究文献较少，研究结论还是初步的，某些方面仍然存在一定的局限性，研究工作还有待进一步的深化和拓展。

高技术服务业发展水平的测度指标体系，虽然包含了发展规模、产业结构、成长能力、创新环境、成果转化 5 个维度比较重要的方面，但由于思考不够和指标数据可取得性的问题，可能仍存在遗漏一些指标的现象。因此，测度指标体系尚需要进一步修订和完善。

为了实现产业结构的转型升级，各个地区都在大力发展高技术服务业，也提出了相应的支持计划，但是由于各地的具体情况具有一定的差异性，所采取的对策建议也可能不同，因而需要深入不同的区域开展更详细的调查与分析，进一步深化省域之间的对比研究。同时高技术服务业的各细分行业具有自身的特殊性。因此，本书的后续研究应充分考虑区域差异以及高技术服务业各细分行业的特点，对策建议的针对性和可操作性需要进一步加强。

参考文献

[1] Agasisti, T., Johnes G. "Heterogeneity and the evaluation of efficiency: the case of Italian universities". Applied Economics, 2010, 42 (11): 1365 - 1375.

[2] Allard C. R. Van Riel, Jos Lemmink, Hans Ouwersloot. High - Technology Service Innovation Success: A Decision - Making Perspectiv [J]. ProductInnovation Management, 2004 (21): 348 - 359.

[3] Bang N, Yu X, Melewar T C, et al. Critical Brand Innovation Factors (CBIF): Understanding Iinnovation and Market Performance in the Chinese High - Tech Service Industry [J]. Journal of Business Research, 2016, 69 (7): 2471 - 2479.

[4] Barrow C J. Sustainable Development: Concept, Value and Practice [J]. Third World Planning Review, 1995, 17 (4): 369.

[5] Bathla S. Inter - Sectoral Growth Linkage in India: Implications for Policy and Liberalized Reforms [J]. 2003.

[6] Beyers W B. Producer Services [J]. Progress in Human Geography, 1993 (17): 221 - 231.

[7] Coffey W. J., Bailly A. S. Producer Services and Flexible Production: An Exploratory Analysis [J]. Growth and Change, 1991, 22 (4): 95 - 117.

[8] Daniels P. W. Economic Development and Producer Services Growth: the APEC Experience [J]. Asia Pacific Viewpoint, 1998, 39.

[9] Dunn D, Probstein S C. Marketing High Tech Services [J]. Review of Business, 2003, 24.

[10] Dutta S, Rajiv N S. Success in High - Technology Markets: Is Marketing Capability Critical? [J]. Marketing Science, 1999, 18.

[11] Emmanuel M., Andrea Z. Business Services as Actors of Knowledge Transformation: the Role of KIBS in Regional and National Innovation Systems [J]. Research Policy, 2001 (30): 1501 - 1516.

[12] Eric H. Opening the Ivory Tower to Business: University - Industry Linkages and the Development of Knowledge - Intensive Clusters in Asian Cities [J]. World Development, 2007 (6): 931 - 940.

[13] Harrington J W. Empirical Research on Producer Service Growth and Regional Development: International Comparisons [J]. The Professional Geographer, 2010, 47 (1): 66 - 74.

[14] Harrington J W, Campbell H S. The Suburbanization of Producer Service Employment [J]. Growth and Change, 2006, 28 (3): 335 - 359.

[15] Hoppe H C, Ozdenoren E. Intermediation in Innovation [J]. International Journal of Industrial Organization, 2005, 23 (5): 483 - 503.

[16] Hutton T A. Service Industries, Globalization, and Urban Restructuring within the Asia - Pacific: New Development Trajectories and Planning Responses [J]. Progress in Planning, 2003.

[17] Jensen J B. Trade in High - Tech Services [J]. Journal of Industry Competition and Trade, 2008, 8 (3 - 4): 181 - 197.

[18] J - Figueiredo, R., J. V. Neto, et al. "Knowledge Intensive Business Services (KIBS): bibliometric analysis and their different behaviors in the scientific literature: Topic 16 - Innovation and services." RAI Revista de Administração e Inovação, 2017, 14 (3): 216 - 225.

[19] Lavado R F, Lagrada L P, Gozun B C. Using DEA to Assess the Efficiency of Public Health Units in Providing Health Care Services [J]. Applications of Management Science, 2010 (14): 237 - 248.

[20] Lundvall B A, Borras S. The globalizing learning economy: Implication for

innovation policy [R]. TSER Program Report. DG XH. Commission of the European Union, 1998.

[21] Modigliani F, Miller M H. The Cost of Capital, Corporation Finance and the Theory of Investment [J]. The American Economic Review, 1958, 48 (3): 261 -297.

[22] Muller E., Zenker A. Business Services as Actors of Knowledge Transformation: The Role of KIBS in Regional and National Innovation Systems [J]. Research Policy, 2001, 30 (9): 1501 -1516.

[23] Myers S C, Majluf N S. Corporate Financing and Investment Decisions when Firms have Information that Investors do not have [J]. Journal of Financial Economics, 1984, 13 (2): 187 -221.

[24] Paolo Guerrieri, Valentina Meliciani. International Competitiveness in Producer Services [J]. Social Science Electronic Publishing, 2004 (3).

[25] Pappas, N., Sheehan, P.. The New Manufacturing: Linkages Between Production and Services Activities, Working for the Future: Technology and Employment in the Global Knowledge Economy [M]. Victoria University Press, Melnourne, 1998: 127 -155.

[26] Park S H, Chan K S. A Cross - Country Input - Output Analysis of Intersectoral Relationships between Manufacturing and Services and their Employment Implications [J]. World Development, 1989, 17 (2): 199 -212.

[27] Park S. H. Intersectoral Relationships between Manufacturing and Services [J]. Asean Economic Bullentin, 1994, 10 (3): 245 -263.

[28] Rowthorn, Ramaswamy, R. Growth, Trade and Deindustrialization [J]. IMF Staff Papers, 1999, 46: 18 -41.

[29] Shugan S M. Product Assortment in a Triopoly [J]. Management Science, 1989, 35 (3): 304 -320.

[30] Solo R A. Manufacturing Matters: The Myth of the Postindustrial Economy [J]. California Management Review, 1987, 29 (3): 9 -26.

［31］ Stacey R. D. The Science of Complexity: An Alternative Perspective for Strategic Change Processes ［J］. Strategic Management Journal, 1995 (16): 477 – 495.

［32］ Sun Y, Gong X. Platformization Mechanism and Simulation Analysis of High – Tech Service Innovation Network Based on Structural Holes Theory ［J］. International Journal of Security & Its Applications, 2015, 9 (10): 209 – 220.

［33］ Sundbo J, Gallouj F. Innovation in Services ［R］. SI4SProject Synthesis, work package3/4, 1998 (3/4): 1 – 8.

［34］ Voudouris I, Lioukas S, Iatrelli M, et al. Effectiveness of Technology Investment: Impact of Internal Technological Capability, Networking and Investment's Strategic Importance ［J］. Technovation, 2012, 32 (6): 400 – 414.

［35］ Z Matouskova, V Czesana. The Role of High – Technology Services in the Knowledge Economy ［J］. Journal of European Industrial Training, 2011, 35 (7): 702 – 720.

［36］ 艾伯特·赫希曼．经济发展战略 ［M］．曹征海，潘照东，译．北京：经济科学出版社，1991.

［37］ 白雪飞．我国经济发展方式转变阶段测度研究 ［M］．北京：科学技术文献出版社，2012.

［38］ 蔡安宁，张华，庄立，等．世界城市目标下的北京产业链演变研究 ［J］．经济地理，2015，35 (2)：100 – 106.

［39］ 曹莉萍，诸大建，易华．低碳服务业概念、分类及社会经济影响研究 ［J］．上海经济研究，2011 (8)：3 – 10.

［40］ 曹裕，陈晓红，王傅强．我国上市公司生命周期划分方法实证比较研究 ［J］．系统管理学报，2010 (3)：313 – 322.

［41］ 曾康霖．怎样看待直接融资与间接融资 ［J］．金融研究，1993 (10)：7 – 11.

［42］ 曾智泽．高技术服务业的特征与内涵 ［J］．科技与经济画报，2007 (5)：34 – 35.

［43］ 陈传松，陈春艳．浅析会计实务中融资成本分摊的方法 ［J］．中国注

册会计师，2018（8）：91－93.

［44］陈大明．高技术服务业在促进新材料科技成果产业化中的重要作用［J］．中国材料进展，2010（3）：59－61.

［45］陈佳贵．关于企业生命周期与企业蜕变的探讨［J］．中国工业经济，1995（11）：5－13.

［46］陈建芸．创新型中小企业融资效率影响因素研究——基于江苏省新三板挂牌企业的数据［J］．时代金融，2018（35）：110－111.

［47］陈丽佳．国内外科技中介服务机构政策环境建设探析［J］．广东科技，2004（6）：31－33.

［48］陈露，姚正海．我国服务业投入产出效率评价研究［J］．中国集体经济，2020（4）：19－20.

［49］陈姗．直接融资与间接融资的效率比较［J］．山东金融，1999（12）：30－31.

［50］陈仕鸿，李良胜，徐姝妤．高技术产业与高技术服务业关联性的实证分析［J］．统计与决策，2014（5）：91－93.

［51］陈守明，韩雪冰，孔德洋．知识密集制造业和高技术服务业相关性：基于上海数据的实证研究［J］．上海管理科学，2007（1）：66－69.

［52］陈伟达．现代服务业区域协调发展研究［M］．北京：科学出版社，2013.

［53］陈旭芳，傅培华，李胜定，等．德国现代服务业与先进制造业融合发展启示［J］．浙江经济，2019（24）：54－55.

［54］程惠英．安徽省高技术服务业发展的问题及路径选择［J］．安徽科技，2014（12）：14－15.

［55］程慧平．基于DEA和SFA方法的信息服务业技术效率研究［J］．科学学与科学技术管理，2013（4）：28－34.

［56］程守红，李中维，张雪梅．如何评价中小企业的融资效率［J］．财会月刊，2003（14）：21.

［57］仇冬芳，柯飞帆，李宝宝，等．基于主成分分析的江苏省高技术服务

业发展评价研究 [J]. 科技与经济, 2011 (6): 47-51.

[58] 初立苹. 我国寿险公司融资效率的测度及改进 [J]. 保险研究, 2013 (10): 19-31.

[59] 崔杰, 胡海青, 张道宏. 非上市中小企业融资效率影响因素研究——来自制造类非上市中小企业的证据 [J]. 软科学, 2014, 28 (12): 84-88.

[60] 崔玲. 基于融资效率的中小企业融资模式研究 [D]. 青岛: 青岛大学, 2017.

[61] 崔日明, 李丹. 我国现代服务业演化发展的动力机制及对策研究 [J]. 经济学动态, 2011 (12): 37-41.

[62] 单文, 韩福荣. 三维空间企业生命周期模型 [J]. 北京工业大学学报, 2002 (1): 117-120.

[63] 单晓娅, 张冬梅. 现代服务业发展环境条件指标体系的建立及评价——以贵阳市为例 [J]. 贵州财经学院学报, 2005 (1): 66-70.

[64] 单元媛. 高技术产业融合研究 [M]. 北京: 科学出版社, 2012.

[65] 邓红征, 周长信. 中小企业融资效率的模糊综合评价 [J]. 企业经济, 2003 (2): 66-68.

[66] 邓楠. 上市公司内部控制审计与融资成本的关联性分析 [J]. 统计与决策, 2017 (9): 186-188.

[67] 邓文豪, 钟朝宏, 付强. 融资效益初探 [J]. 商业研究, 2001 (6): 115-116.

[68] 丁丹丹. 基于复杂适应系统视角的产业集群演化机制研究 [D]. 湘潭: 湘潭大学, 2011.

[69] 杜丽慧, 韩士专. 港口上市公司融资效率及影响因素研究 [J]. 财会通讯, 2018 (6): 91-95.

[70] 范从来, 袁静. 成长性、成熟性和衰退性产业上市公司并购绩效的实证分析 [J]. 中国工业经济, 2002 (8): 65-72.

[71] 方芳, 曾辉. 中小企业融资方式与融资效率比较 [J]. 经济理论与经济管理, 2005 (4): 38-42.

[72] 方远平，闫小培．大都市服务业区位理论与实证研究［M］．北京：商务印书馆，2008.

[73] 冯华．新经济背景下现代服务业的演化和发展［J］．天津社会科学，2008（4）：84－87.

[74] 傅为忠，金敏，刘芳芳．工业4.0背景下我国高技术服务业与装备制造业融合发展及效应评价研究——基于AHP－信息熵耦联评价模型［J］．工业技术经济，2017（12）：90－98.

[75] 干春晖，郑若谷，余典范．中国产业结构变迁对经济增长和波动的影响［J］．经济研究，2011，46（5）：4－16，31.

[76] 高天跃．贵州省科技服务业竞争力的综合指标评价研究［J］．贵州民族研究，2014，35（12）：146－152.

[77] 高文婷，吴瑞明．基于因子分析法的上海市高技术服务业发展评价体系研究［J］．西南民族大学学报（自然科学版），2013（1）：120－125.

[78] 高先务，程惠英．八大高技术服务业发展水平评估［J］．科技进步与对策，2015，32（1）：134－140.

[79] 高智，鲁志国．产业融合对装备制造业创新效率的影响——基于装备制造业与高技术服务业融合发展的视角［J］．当代经济研究，2019（8）：71－81.

[80] 高智，鲁志国．系统耦合理论下装备制造业与高技术服务业融合发展的实证研究［J］．系统科学学报，2019（2）：63－68.

[81] 郭建平，常菁，黄海滨．产业发展视角下高新技术企业效率评价——基于DEA模型的实证研究［J］．科技管理研究，2018，38（12）：67－72.

[82] 郭韧，陈福集，于群．我国信息服务业投入产出效益评价研究［J］．现代情报，2014（8）：51－60.

[83] 韩东林，曹晓禹，周冬冬．中国高技术产业对高技术服务业拉动效应分析［J］．科技进步与对策，2013（10）：68－72.

[84] 韩东林，杜永飞，夏碧芸．基于因子分析的中国三大区域高技术服务业竞争力评价［J］．中国科技论坛，2013（10）：36－42.

[85] 韩东林，李兰芳．中国高技术服务业投入产出效率的行业差异分析

[J]. 创新, 2014 (2): 47 - 51.

[86] 韩鲁南, 关峻, 白玉, 等. 北京市科技服务业发展环境分析与对策研究 [J]. 科技进步与对策, 2013 (6): 25 - 29.

[87] 何丽娜. 我国科技创新型中小企业融资效率研究——基于创业板上市公司的 DEA 分析 [J]. 金融理论与实践, 2016 (3): 61 - 65.

[88] 何艳, 周诗情. 国外高技术服务业的发展模式及其对武汉的启示 [J]. 科技和产业, 2017 (8): 43 - 46.

[89] 何中伟, 王效宇. 高技术服务业: 经济转型升级的战略选择 [J]. 浙江经济, 2013 (3): 12 - 15.

[90] 贺灿飞. 区域产业发展演化: 路径依赖还是路径创造? [J]. 地理研究, 2018, 37 (7): 1253 - 1267.

[91] 贺祥民, 赖永剑. 产业融合对绿色创新效率的非线性影响——基于高技术服务业与制造业融合的经验证据 [J]. 技术经济与管理研究, 2020 (9): 3 - 8.

[92] 胡剑芬, 饶炬. 基于 DEA 方法的生产性服务业融资效率分析 [J]. 企业经济, 2018 (8): 160 - 166.

[93] 胡霞. 广东高技术服务业对制造业转型升级的影响探析 [J]. 岭南学刊, 2014 (4): 106 - 112.

[94] 胡旭薇, 陈宁泊, 王芸. 浙江省中小上市企业股权融资效率影响因素 [J]. 经营与管理, 2013 (9): 132 - 134.

[95] 华广敏. 高技术服务业 FDI 对中美制造业效率影响的比较分析——基于中介效应分析 [J]. 世界经济研究, 2013 (3): 80 - 86.

[96] 华广敏. 高技术服务业对中国制造业效率影响动态变迁 [J]. 科学学研究, 2019 (12): 2168 - 2175.

[97] 华广敏. 高技术服务业与制造业互动关系的实证研究——基于 OECD 跨国面板数据 [J]. 世界经济研究, 2015 (4): 113 - 120, 129.

[98] 黄萃, 苏竣, 施丽萍, 等. 中国高新技术产业税收优惠政策文本量化研究 [J]. 科研管理, 2011 (10): 46 - 54, 96.

[99] 黄凯南. 演化经济学的数学模型评析 [J]. 中国地质大学学报 (社会

科学版)，2013 (3)：83 - 90.

[100] 黄明凤，吴艳霞．新疆兵团高技术服务业发展环境的评价——基于熵权与变异系数组合赋权法的综合评价模型 [J]. 新疆财经，2017 (6)：46 - 52.

[101] 黄章树，周小梅，王蓉凤．试论海峡西岸经济区产业集群物流发展战略 [J]. 福州大学学报 (哲学社会科学版)，2008 (3)：16 - 21.

[102] 纪秋蕾，刘进，杨安东，等．我国高技术服务业融资问题的研究——以长江三角地区为例 [J]. 商业经济，2014 (4)：78 - 80.

[103] 贾博婷，赵天威，祝志川．基于熵值修正 G2 赋权的综合评价方法及实证 [J]. 统计与决策，2019，35 (8)：30 - 35.

[104] 蒋瑛．构建我国高科技产业发展的政策环境 [J]. 经济体制改革，2003 (2)：27 - 29.

[105] 金刚，沈坤荣．服务业技术效率再评价与解构：管理无效还是环境无效——以我国电信服务业为例 [J]. 产业经济研究，2018 (2)：1 - 14.

[106] 荆林波，华广敏．中国高技术服务业 FDI 影响制造业效率的实证研究——基于面板数据 [J]. 中国社会科学院研究生院学报，2014 (4)：43 - 47.

[107] 柯丽．公司治理、绩效持续性与融资成本 [J]. 会计之友，2017 (6)：23 - 27.

[108] 孔祥年．基于创新链与产业链融合的产业技术研究院运行机制及建设路径 [J]. 中国高校科技，2019 (10)：86 - 89.

[109] 李德升．我国软件产业税收政策效果分析及完善思路 [J]. 财会月刊，2012 (11)：31 - 34.

[110] 李冬梅．黑龙江省上市公司融资效率问题研究 [D]. 哈尔滨：哈尔滨工程大学，2006.

[111] 李芳，王超．创新型中小企业融资效率评价体系构建 [J]. 统计与决策，2014 (2)：172 - 175.

[112] 李光，乔亚兰．高技术服务业：湖北跨越式发展的战略支撑 [J]. 科技进步与对策，2011 (8)：22 - 26.

[113] 李晖．高技术服务业发展的经验借鉴与模式选择——以湖南区域为实

证样本［J］．求索，2015（10）：105－109.

［114］李京文，王宇纯，杨正．战略性新兴产业上市公司融资效率研究——以北京市为例［J］．经济与管理研究，2014（6）：74－82.

［115］李兰芳．上海市高技术服务业经济贡献研究［J］．科技和产业，2012（8）：102－104.

［116］李力，郑英，王清波，等．基于内容分析法的部分地区健康服务业政策比较研究［J］．中国卫生政策研究，2016（3）：11－15.

［117］李玫，张晓鸣．中小企业与大型企业融资效率的差异分析［J］．商业研究，2004（6）：91－93.

［118］李美云．服务业的产业融合与发展［M］．北京：经济科学出版社，2007.

［119］李平．我国高技术服务业集聚的经济增长效应研究［D］．重庆：重庆工商大学，2016.

［120］李胜，姚正海，付一慧．高技术服务业与制造业互动关系研究——基于产业关联视角［J］．科技与管理，2018（1）：45－50.

［121］李书昊．新时代中国经济发展方式转变的测度研究［J］．经济学家，2019（1）：53－61.

［122］李淑燕，吴远仁．科技服务业集聚、区域一体化及对工业升级的影响［J］．合肥工业大学学报（社会科学版），2019，33（4）：7－15.

［123］李业．企业生命周期的修正模型及思考［J］．南方经济，2000（2）：47－50.

［124］李勇坚，夏杰长．中国高技术服务业集聚发展现状及政策建议［J］．经济与管理，2011（6）：5－10.

［125］李郁璞．北京市高技术服务业发展的经济增长效应及模式选择研究［D］．北京：北京工业大学，2010.

［126］李志刚，汤书昆．科技中介服务业建设水平评价指标体系研究［J］．科学学与科学技术管理，2004（8）：88－91.

［127］梁龙武，袁宇翔，付智，等．区域创新驱动全要素生产率测度及其影

响因素研究——基于 Malmquist – Tobit 方法的实证分析 [J]. 科技管理研究，2016 (10)：197 – 202.

[128] 梁小红，许智云，黄克安. 福建省科技服务业发展环境及对策探析 [J]. 莆田学院学报，2012 (6)：46 – 52.

[129] 廖艳，沈亚娟，杨选思. 新三板中小企业融资效率及其影响因素研究 [J]. 会计之友，2017 (11)：49 – 53.

[130] 林昌华. 台湾服务业技术效率评估及其影响因素 [J]. 台湾研究，2017 (2)：60 – 67.

[131] 刘丹鹭. 中国服务业技术效率的系统性分析 [J]. 财经论丛，2012 (2)：20 – 25.

[132] 刘军. 重庆发展高技术服务业的意义与模式选择 [J]. 重庆科技学院学报（社会科学版），2011 (20)：57 – 59.

[133] 刘力昌，冯根福，张道宏，等. 基于 DEA 的上市公司股权融资效率评价 [J]. 系统工程，2004 (1)：55 – 59.

[134] 刘丽君，唐水源. 基于 CAS 理论的大学多主体科技合作的体制与机制研究 [J]. 研究与发展管理，2004 (5)：82 – 88，118.

[135] 刘沛罡，王海军. 高技术产业内部结构多样化、专业化与经济增长动力——基于省域高技术产业制造业、高技术产业服务业面板数据的实证分析 [J]. 产业经济研究，2016 (6)：46 – 56.

[136] 刘小丽. 中国上市公司融资效率研究化 [J]. 中国集体经济，2013 (25)：43 – 44.

[137] 刘长平，叶春明. 上海知识产权服务业发展环境研究与战略选择 [J]. 科技管理研究，2011 (4)：142 – 144，148.

[138] 卢福财. 企业融资效率分析 [D]. 北京：中国社会科学院研究生院，2000.

[139] 吕民乐，金妍. 知识密集型服务业对中国制造业创新的影响——基于高技术制造业的实证分析 [J]. 工业技术经济，2016 (4)：17 – 24.

[140] 马媛. 灰色关联度分析法下西安市中小企业融资效率研究 [J]. 财

会月刊，2010（36）：66－68.

［141］马占新，马生昀，包斯琴高娃．数据包络分析及其应用案例［M］．北京：科学出版社，2013.

［142］满莉．现代服务业演化发展的动力机制［J］．技术经济，2009（2）：41－46，90.

［143］毛释谊，吴传清．高技术服务业的分类问题刍议［J］．学习月刊，2013（8）：23－25.

［144］孟丽君．山东省上市中小企业融资效率的实证研究［D］．青岛：中国海洋大学，2012.

［145］倪广顺，徐向阳．上市公司融资效率预评价指标体系的构建［J］．技术经济，2009（7）：82－86.

［146］潘永明，喻琦然，朱茂东．我国环保产业融资效率评价及影响因素研究［J］．华东经济管理，2016（2）：77－83.

［147］庞德良，苏宏伟．日本生产性服务业与制造业产业升级的内生与联动效应分析［J］．亚太经济，2016（3）：60－67.

［148］祁致廷．我国上市公司融资效率研究［D］．天津：天津财经大学，2013.

［149］钱明辉，黎炜祎．我国知识产权服务业发展政策浅析［J］．中国发明与专利，2015（5）：15－18.

［150］秦瑜，王宗水．软件与信息技术服务业上市公司生命周期研发投入及影响因素研究［J］．数学的实践与认识，2017（8）：82－92.

［151］邱均平．信息计量学（九）——第九讲 文献信息引证规律与引文分析法［J］．情报理论与实践，2001（3）：236－240.

［152］任玉香，杨淑芝．企业的筹资方式与融资效率［J］．工业技术经济，2002（3）：132－133.

［153］沈忱．中小企业在新三板市场融资效率研究——基于三阶段 DEA 模型定向增发研究［J］．审计与经济研究，2017（3）：78－86.

［154］盛昭瀚，蒋德鹏．演化经济学［M］．上海：上海三联书店，2002.

[155] 石庆焱，赵玉川．高技术服务业统计体系研究［J］．数据，2010（1）：60－62.

[156] 史一鸣，包先建．高技术服务业与装备制造业的耦合熵模型及运行机制［J］．长春工业大学学报（自然科学版），2013（1）：26－29.

[157] 史一鸣．高技术服务业与制造业耦合发展协调机制研究［D］．芜湖：安徽工程大学，2013.

[158] 束兰根．科技型中小企业融资风险识别及融资能力评价研究——基于商业银行视角［J］．江苏科技信息，2015（1）：1－6.

[159] 司晓悦，王园园．我国高技术服务业政策研究－政策工具理论视角下《关于加快发展高技术服务业的指导意见》内容分析［J］．科学管理研究，2013（6）：25－36.

[160] 宋刚，唐蔷，陈锐，等．复杂性科学视野下的科技创新［J］．科学对社会的影响，2008（2）：28－33.

[161] 宋光辉，李洪发，许林．基于两阶段 DEA 的科技型中小企业融资效率研究［J］．科技管理研究，2017（2）：191－195.

[162] 宋文兵．关于融资方式需要澄清的几个问题［J］．金融研究，1998（1）：35－37.

[163] 宋怡茹，魏龙，潘安．价值链重构与核心价值区转移研究——产业融合方式与效果的比较［J］．科学学研究，2017，35（8）：1179－1187.

[164] 宋玉臣，李楠博．科技创新型企业创业板上市融资效率研究［J］．财经理论与实践，2014（4）：38－42.

[165] 宋增基，张宗益．上市公司融资效率实证分析［J］．商业研究，2003（5）：97－100.

[166] 苏华，方向阳，廖文杰．基于 AHP 的苏州市高技术服务企业发展评价指标体系研究［J］．科技管理研究，2013，33（24）：60－64.

[167] 孙建强，许秀梅，高洁．企业生命周期的界定及其阶段分析［J］．商业研究，2003（18）：12－14.

[168] 孙莉萍．主板市场与新三板市场企业融资能力影响因素对比［J］．

商场现代化，2014（1）：152－154.

［169］孙月平．促进城市现代服务业的特色化发展［J］．现代经济探讨，2008（2），10－13.

［170］谭跃进，邓宏钟．复杂适应系统理论及其应用研究［J］．系统工程，2001（9）：1－6.

［171］陶长琪．基于融合的信息产业系统演进与协同机制［M］．大连：东北财经大学出版社，2010.

［172］田娟娟，李强．战略性新兴产业融资的效率与风险研究［M］．大连：东北财经大学出版社，2017.

［173］田娟娟，梁峰．战略性新兴产业融资风险与保险业支持路径［J］．地方财政研究，2015（11）：84－89，96.

［174］田萌．促进我国信息服务业发展的财税政策研究［D］．北京：首都经济贸易大学，2012.

［175］田小平．高技术服务业与制造业的共生关系研究［J］．企业经济，2016（2）：117－120.

［176］田跃，赵琪．中外高技术服务业发展比较研究［J］．时代经贸，2015（17）：89－91.

［177］汪翔，葛磊．高技术服务业对安徽省经济贡献研究［J］．企业导报，2014（12）：111－112.

［178］王晨宇，史小坤．保证贷款是降低融资成本的有效手段吗？——基于中国上市企业的经验证据［J］．金融论坛，2017（10）：41－52.

［179］王传荣，李玉珍．科技服务业与高技术制造业的均衡增长路径分析［J］．山东财政学院学报，2012（3）：94－99.

［180］王卉．国内外高技术服务业的发展现状及比较［J］．现代经济信息，2013（11）：322－323.

［181］王家庭，张容．基于三阶段DEA模型的中国31省市文化产业效率研究［J］．中国软科学，2009（9）：75－82.

［182］王建平，曹洋，史一哲．物联网软件产业链研究［J］．中国软科学，

2011 (8): 27-32.

[183] 王江，李郁璞. 北京市高技术服务业发展现状及前景分析 [J]. 国际商务 (对外经济贸易大学学报), 2010 (3): 57-62.

[184] 王杰芳. 中小高技术企业融资渠道优化路径选择 [J]. 科技管理研究, 2009 (10): 177-179.

[185] 王静. 科技型中小企业融资效率评价指标体系构建探讨——基于DEA-Malmquist的视角 [J]. 财会通讯, 2014 (7): 17-19.

[186] 王琼，耿成轩. 江苏省战略性新兴产业上市公司融资效率研究——基于2009—2014年面板数据 [J]. 华东经济管理, 2016 (7): 14-20.

[187] 王瑞丹. 高技术型现代服务业的产生机理与分类研究 [J]. 北京交通大学学报 (社会科学版), 2006 (1): 50-54.

[188] 王铁山. 中国服务业技术效率的影响因素及其效应分析——基于岭回归方法的实证研究 [J]. 科技管理研究, 2015, 35 (13): 206-210, 217.

[189] 王维，桂嘉伟，乔朋华. 多维视阈下信息技术企业融资效率比较研究 [J]. 科技进步与对策, 2017 (21): 141-146.

[190] 王维安，贺聪. 金融服务业与地方经济增长——杭州金融业发展促进地方经济增长的实证研究 [J]. 浙江金融, 2005 (9): 14-16.

[191] 王文倩. 结构性货币政策、企业融资成本和投资规模 [J]. 金融理论与实践, 2018 (9): 17-20.

[192] 王晓莉. 辽宁省高技术服务业人才战略SWOT分析 [J]. 中国市场, 2013 (11): 41-47.

[193] 王欣，靖继鹏. 信息产业演化的动力机制研究 [J]. 情报科学, 2009 (12): 1885-1890.

[194] 王欣. 信息产业发展机理及测度理论与方法研究 [D]. 长春: 吉林大学, 2008.

[195] 王秀明. 中国服务业投资效率研究——基于历史数据修正的史实证据 [J]. 财贸经济, 2013 (3): 123-131

[196] 王延霖，郭晓川，刘虹. 高技术服务业与资源型产业融合对资源型企

业两阶段创新效率的影响［J］．科技进步与对策，2020（11）：60－69.

［197］王仰东，安琴，祖立新，等．珠三角高技术服务业SWOT分析与发展对策研究［J］．中国科技论坛，2010（10）：75－80.

［198］王仰东，范毅，李享，等．低碳经济与高技术服务业的可持续发展［J］．科技导报，2011（5）：65－68.

［199］王仰东，谢明林，安琴，等．服务创新与高技术服务业［M］．北京：科学出版社，2011.

［200］王仰东，杨跃承，越志强．高技术服务业的内涵特征及成因分析［J］．科学学与科学技术管理，2007（11）：10－13.

［201］王仰东．高技术服务业项目评价指标体系初探［J］．技术经济，2009（2）：21－23.

［202］王永贵，张言彩．元分析方法在国内外经济管理研究中的应用比较［J］．经济管理，2012（4）：182－190.

［203］王玉冬，邱金明．基于灰色关联分析的CHPP融资效率影响因素及提升策略研究［J］．科技与管理，2012（9）：27－30.

［204］王玉梅，罗公利，田恬．知识溢出视角的高技术服务业技术创新能力评价研究［J］．情报杂志，2012（7）：110－115.

［205］王玉荣，吴刚．我国创业板上市公司股权融资效率研究［J］．西部论坛，2018（1）：118－124.

［206］王元琨，李健，靳泽凡．新兴服务业发展与我国区域经济增长分析：基于区域发展差异视角［J］．商业经济研究，2019（6）：169－172.

［207］王正新，朱洪涛，陈雁南．我国高技术服务业区域发展水平综合评价——基于因子分析与改进聚类分析的实证研究［J］．科技管理研究，2016，36（15）：70－76.

［208］王志强，刘伯凡，曹建华．生产性服务业集聚对制造业集聚的影响——基于一般制造业和高技术产业的比较分析［J］．经济问题探索，2017（3）：56－62.

［209］王智毓，冯华．科技服务业发展对中国经济增长的影响研究［J］．宏观经济研究，2020（6）：102－113，121.

［210］王智毓．创新驱动背景下科技服务业对经济增长的影响研究［D］．北京：北京交通大学，2020.

［211］魏光兴．企业生命周期理论综述及简评［J］．生产力研究，2005（6）：231－232.

［212］魏开文．中小企业融资效率模糊分析［J］．金融研究，2001（6）：67－74.

［213］闻乃荻，綦良群．知识密集型服务业与装备制造业互动融合过程及影响因素研究［J］．科技与管理，2016（2）：7－14.

［214］吴凌娇，薛恒新．区域电子商务产业集群发展模式研究［J］．常州大学学报（社会科学版），2014（3）：37－41.

［215］吴瑞明，胡代平，徐博艺．我国高技术服务业区域发展水平分析［J］．上海管理科学，2013（5）：24－29.

［216］吴畏．日本高技术服务业的发展［J］．华东科技，2011（4）：54－55.

［217］吴旭晓．我国高技术服务业效率演化及其影响因素研究［J］．管理学刊，2015（2）：50－56.

［218］吴艳霞，殷仲民．陕西电子信息产业发展的竞争力分析［J］．情报杂志，2006（4）：82－83，86.

［219］伍装．中国中小企业融资效率研究［J］．软科学，2006（1）：132－137.

［220］武杰，李润珍，程守华．从无序到有序——非线性是系统结构有序化的动力之源［J］．系统科学学报，2008（1）：13－18，24.

［221］夏海力，贾海成．苏州市促进高技术服务业发展的政策环境研究［J］．中国科技论坛，2012（7）：115－119.

［222］肖兵．效率分析对我国转轨时期融资方式发展思路的启示［J］．财经理论与实践，1999（4）：40－42.

［223］肖劲，马亚军．企业融资效率及理论分析框架［J］．财经科学，2004（5）：337－340.

［224］肖科，夏婷．湖北中小企业融资效率的模糊综合评价［J］．武汉金融，2006（7）：42－44.

［225］肖怡文．高技术服务业与制造业互动发展实证研究［J］．数学的实践与认识，2020（13）：81－89．

［226］肖争艳，陈惟．货币政策、利率传导与中小企业融资成本——基于实际融资成本的实证研究［J］．经济评论，2017（5）：79－90．

［227］谢海琳．我国新三板医疗器械行业融资效率研究［D］．湘潭：湘潭大学，2017．

［228］谢泗薪，戴雅兰．经济新常态下科技服务业与现代产业联动模式创新研究［J］．科技进步与对策，2016，33（5）：9－15．

［229］邢学杰．我国服务业面临的产业生态环境因素影响研究［J］．改革与战略，2015（3）：125－129．

［230］熊义杰．企业生命周期分析方法研究［J］．数理统计与管理，2002（3）：36－39，16．

［231］熊正德，阳芳娟，万军．基于两阶段 DEA 模型的上市公司债权融资效率研究——以战略性新兴产业新能源汽车为例［J］．财经理论与实践，2014（5）：51－56．

［232］修国义，李岱哲．科技型中小企业新三板融资效率测度研究［J］．科技进步与对策，2016（14）：124－128．

［233］徐冠华，刘冬梅，刘琦岩．现代服务业的发展趋势与对策［J］．中国科学院院刊，2009（3）：248－255．

［234］徐可达．融资方式的效率比较［J］．武汉金融，2003（4）：50－52．

［235］徐玲，赵博睿，杨雪峰．基于 DEA 模型的省域服务业投入产出效率评价［J］．西安工程大学学报，2016，30（6）：848－853，868．

［236］徐琪．知识密集型制造业与高技术服务业互动发展研究［J］．商业研究，2007（6）：30－33．

［237］徐书彬，叶晗堃．跨境电商上市企业经营效率评价——基于三阶段 DEA 模型［J］．技术经济与管理研究，2019（10）：75－81．

［238］徐顽强，孙正翠，周丽娟．基于主成分分析法的科技服务业集聚化发展影响因子研究［J］．科技进步与对策，2016，33（1）：59－63．

[239] 许建平，任燕．我国服务业效率特征研究——基于区域发展差异影响因素的解释［J］．产业经济研究，2012（1）：70－77.

[240] 许陆军，陆源．基于低碳经济视角的东部地区高技术服务业发展能力评价［J］．科技和产业，2014（7）：10－14.

[241] 许其高．知识产权服务业发展水平评价指标体系设计及应用——以江西省为例［J］．商业经济研究，2016（23）：183－184.

[242] 宣烨．江苏产业发展报告2018：江苏现代化产业体系［M］．北京：中国经济出版社，2019.

[243] 严舒．财税政策对高技术服务业发展的影响研究［D］．苏州：苏州大学，2016.

[244] 阎璐彬．发展高技术服务业推动制造业升级研究［D］．沈阳：辽宁大学，2013.

[245] 阎小培．信息产业与城市发展［M］．北京：科学出版社，1999.

[246] 杨丹萍，张冀．经济开放度对经济增长的影响分析——基于浙江省1992—2009年数据的实证检验［J］．国际贸易问题，2011（6）：101－110.

[247] 杨嫩晓，王雪，杨洵．信息服务业对西安经济增长的影响分析［J］．西安邮电大学学报，2015（1）：107－112.

[248] 杨圣明，刘力．服务贸易理念的兴起与发展［J］．经济学动态，1999（5）：50－55.

[249] 杨瑶，娄策群．我国高技术服务业研究述评与展望［J］．科技创业，2012（6）：1－3.

[250] 杨宜．北京高科技中小企业融资效率研究［J］．科技管理研究，2009（10）：151－154.

[251] 杨周复，施建军，等．大学财务综合评价研究［M］．北京：中国人民大学出版社，2002.

[252] 杨子杨．我国高技术服务业发展及国际比较［J］．中国科技投资，2012（1）：22－24.

[253] 姚苗苗，车晶晶．基于因子分析法的高技术服务业集聚发展研究

[J]. 经济论坛, 2017 (6): 104-108.

[254] 姚敏, 张森. 模糊一致矩阵及其在决策分析中的应用 [J]. 系统工程理论与实践, 1998 (5): 3-5.

[255] 姚战琪. 中国加快发展高技术服务业的意义及模式选择 [J]. 学习与探索, 2012 (5): 79-82.

[256] 姚正海, 付一慧, 李胜. 高技术服务业推动国民经济增长的贡献分析 [J]. 中国集体经济, 2018 (33): 21-22.

[257] 姚正海, 刘肖, 路婷. 我国高技术服务业创新效率评价研究 [J]. 经济问题, 2016 (9): 82-86.

[258] 姚正海, 倪杰. 高技术服务业的概念、分类以及对社会经济发展的影响 [J]. 商业经济, 2012 (6): 41-43.

[259] 姚正海, 王艺. 基于 CAS 理论的高技术服务业演化动力机制研究 [J]. 中国人民大学复印报刊资料 (国民经济管理, 2019 (1): 108-115.); 原刊发于: 湖南财政经济学院学报, 2018 (5): 58-66.

[260] 姚正海, 王艺. 我国高技术服务业研究述评——基于 CNKI 的元分析和引证分析 [J]. 科技和产业, 2017 (12): 74-80.

[261] 姚正海, 姚苗苗. 基于内容分析法的高技术服务业政策研究 [J]. 科技与经济, 2018 (1): 6-10.

[262] 姚正海, 姚佩怡, 王珊珊. 我国区域高技术服务业发展水平评价研究——基于主成分分析法 [J]. 经济问题, 2014 (11): 70-74.

[263] 姚正海, 张海燕. 高技术服务业发展环境评价指标体系的构建 [J]. 财经科学, 2013 (12): 112-120.

[264] 姚正海. 江苏高技术服务业发展现状与对策研究 [J]. 广州广播电视大学学报, 2013 (6): 93-97, 112.

[265] 叶红春, 邓琪. 湖北省人力资源服务业服务效率的影响因素研究 [J]. 湖北大学学报 (哲学社会科学版), 2015 (4): 132-137.

[266] 伊查克·爱迪思. 企业生命周期 [M]. 赵睿, 译. 北京: 华夏出版社, 2004.

[267] 殷凤，张云翼．中国服务业技术效率测度及影响因素研究［J］．世界经济研究，2014（2）：75－86.

[268] 余熙雅．新三板高新技术企业融资效率评价及影响因素研究［D］．郑州：河南工业大学，2020.

[269] 袁海明．我国科技型中小企业融资效率分析［J］．商业经济，2011（14）：87－88.

[270] 袁金星．高技术服务业与制造业互动发展实证研究［J］．区域经济评论，2014（6）：94－99.

[271] 原小能．加快发展现代服务业新业态新模式［J］．群众，2019（17）：12－13.

[272] 原毅军，陈艳莹．中国高端服务业发展研究［M］，北京：科学出版社，2011.

[273] 苑泽明，李田，王红．科技型中小企业创新效率评价研究——基于科技金融政策投入视角［J］．科技管理研究，2016，36（16）：39－44.

[274] 岳希明，张曙光．我国服务业增加值的核算问题［J］．经济研究，2002（12）：51－59.

[275] 张寒旭，邓媚．广东省科技服务业发展环境分析与战略研究［J］．科技管理研究，2018（3）：134－141.

[276] 张恒，周中林，郑军．长江三角洲城市群科技服务业效率评价——基于超效率DEA模型及视窗分析［J］．科技进步与对策，2019，36（5）：46－53.

[277] 张吉军．模糊层次分析法（FAHP）［J］．模糊系统与数学，2000（2）：80－88.

[278] 张继良，胡健．中国高技术服务业的聚集特征与影响因素研究［J］．地域研究与开发，2014，33（4）：8－12，41.

[279] 张孟威．科技型中小企业挂牌新三板融资效率研究［D］．贵阳：贵州财经大学，2017.

[280] 张世朝．高技术服务业发展对制造业升级的作用研究［D］．天津：河北工业大学，2014.

[281] 张涑贤，姚玲，何书渊．西安市现代服务业的发展环境评价研究[J]．科技管理研究，2013 (9)：199－202.

[282] 张铁山，李萍．信息产业民营上市公司融资效率分析 [J]．会计之友，2009 (10)：70－73.

[283] 张文娟．新三板市场融资效率的影响因素分析 [J]．江苏科技信息，2016 (28)：11－12.

[284] 张永安，李晨光．复杂适应系统应用领域研究展望 [J]．管理评论，2010 (5)：121－125.

[285] 张云，刘帅光，李双建．契约执行效率、融资成本与 TFP 增长率——来自中国制造业企业的证据 [J]．南开经济研究，2017 (5)：118－135.

[286] 赵春燕，潘卫军．高技术服务业研究述评 [J]．科技管理研究，2014 (3)：131－135.

[287] 赵冬梅，陈前前，吴士健．双创环境下发展科技服务业助推经济转型升级问题研究——以江苏科技服务业为例 [J]．科技进步与对策，2016 (14)：41－46.

[288] 赵锋．发展低碳服务业的必要性与对策建议 [J]．陕西行政学院学报，2013 (2)：30－33.

[289] 赵弘，谢倩．北京高技术服务业发展环境与比较优势分析 [J]．中国科技论坛．2008 (4)：52－55，59.

[290] 郑伯良．中小企业融资效率的模糊综合评价 [J]．科技进步与对策，2002 (11)：134－136.

[291] 郑声安．基于产业生命周期的企业战略研究 [D]．南京：河海大学，2006.

[292] 周可，顾力刚．基于生命周期的企业成长模型研究 [J]．商场现代化，2006 (3)：23－24.

[293] 周荣江．现代企业融资实务 [M]．济南：山东人民出版社，2011.

[294] 周霄．高技术服务业与经济贡献的关系研究——以山西省为例 [J]．科技和产业，2014 (7)：40－42.

[295] 周霄. 基于元分析视角的国内高技术服务业研究综述 [J]. 科技和产业, 2014 (2): 6-9, 62.

[296] 朱冰心. 浙江中小企业融资效率的模糊综合评价和实证分析 [J]. 浙江统计, 2005 (10): 12-15.